**Oona Horx-Strathern**

Wir bauen ein Zukunftshaus

# Oona Horx-Strathern

# Wir bauen
ein Zukunftshaus

## Ein Familiendrama in drei Akten

Aus dem Englischen von
Jörn Pinnow

Deutsche Verlags-Anstalt

Das für dieses Buch verwendete FSC®-zertifizierte Papier
*Munken Premium Cream* liefert Arctic Paper Munkedals AB, Schweden.

1. Auflage
Copyright © 2012 Oona Horx-Strathern
Copyright © für die deutschsprachige Ausgabe
2012 Deutsche Verlags-Anstalt, München,
in der Verlagsgruppe Random House GmbH
Alle Rechte vorbehalten
Fotos auf den Vorsätzen: Klaus Vyhnalek, Wien
Lektorat: Anne Nordmann, Berlin
Typografie und Satz: DVA/Brigitte Müller
Gesetzt aus der Adobe Garamond
Druck und Bindung: GGP Media GmbH, Pößneck
Printed in Germany
ISBN 978-3-421-04450-1

www.dva.de

*Für Paul, meinen Vater*
(als Rache dafür, dass er es nicht bemerkt hat,
als ich und meine Mutter in den Siebzigern
unser bislang weißes Badezimmer dunkellila
gestrichen haben)

»Gewöhnliche Häuserbauer sehen sich mit denselben Herausforderungen konfrontiert, die sich den Architekten von Chartres oder der Masjede-Emam-Moschee in Isfahan stellten.«

*ALAIN DE BOTTON*

# Inhalt

# Das Zuhause-Gefühl

*»Jedes Mannes eigenes Wohnhaus und Heim ist
das Theater seiner Gastfreundschaft, der Ort seiner
Selbst-Verwirklichung, der komfortable Teil seines
eigenen Lebens, das Edelste seiner Söhne Erbe, eine
Art privates Fürstentum, nein, für die Besitzer ist
es gar die Verkörperung der ganzen Welt.«*
SIR HENRY WOTTON

*»Ich möchte unsere Art und Weise zu leben gar
nicht verändern, nur worin wir wohnen und wie
wir darin wohnen.«*
FRANK LLOYD WRIGHT

Kurz nachdem unser erster Sohn Tristan 1993 geboren worden
war, erstand mein Mann ein schmales und seriös wirkendes Buch
über die Psychologie Neugeborener. Nachdem er zwei Tage intensiv darin gelesen hatte, zumeist mit dem schlafenden Tristan auf
dem Schoß, fragte ich, was er gelernt habe. Nun, kündigte er an,
unser Sohn befinde sich derzeit in einer Phase der Regression
(heute ist er ein wunderbar normaler, »regressiver« Teenager).
Eigentlich hätte ich mich damals nicht wundern dürfen, schließlich hatte mein Mann kurz nach unserer Hochzeit auch ein Buch
über die Ökonomie der Ehe gekauft, das mathematische Formeln für das Gelingen einer Partnerschaft enthielt. So war es
natürlich nur eine Frage der Zeit, bis Matthias, nachdem wir
uns entschlossen hatten, ein Haus zu bauen, ein nicht besonders

umfangreiches, trocken wirkendes Buch über die Psychologie des Hausbaus in Händen hielt. Der Band, den ich auf seinem Nachttisch entdeckte, trug den Titel: *Das Haus. Symbol für Leben und Tod, Freiheit und Abhängigkeit.* Nach einer kurzen Zusammenfassung gefragt, erklärte mein geliebter Ehemann, dass wir jetzt eigentlich unserer Mausoleum bauen würden. Mein Mann ist ein notorischer Optimist, und so blieb er trotz meines Protests bei der Meinung, dass man den Bau eines Grabes auch positiv sehen könne. Aber nur, wie ich ausführte, wenn man nicht gerade tot sei. Dies war symbolisch der Anfang vom Ende, und die nachfolgenden Diskussionen darüber, ob wir wirklich ein eigenes Haus bauen sollten, liefen in etwa so ab:

Ich (weinerlich): »Ich halte es in dieser Mietswohnung nicht länger aus. Die Farbe blättert von der Wand, und die Kinder sind jetzt schon so groß, dass wir gar nicht mehr alle gleichzeitig in der Küche Platz haben.«
Um meinen Standpunkt deutlich zu machen, zeigte ich ihm das Bild einer schreienden Frau, die ihren Kiefer so weit aufgerissen hatte, dass sie aussah wie ein gereizter Gorilla. Es stammte aus einer cleveren Anzeigenkampagne des American Institute of Architecture und war mit dem Text versehen: »Mama hat schlechte Laune. Papa ist gereizt. Die Kinder sind mürrisch. Sie sind reif für eine Beratung. Die eines Architekten.«
Er (selbstgefällig): »Wie wär's, wenn wir einfach in ein nettes Design-Hotel ziehen?«
Ich (überrascht): »Wie, für immer?«
Er (noch selbstgefälliger): »Für das Geld, das wir für den Bau eines bescheidenen Einfamilienhauses ausgeben würden, könnten wir alle für die nächsten fünfzig Jahre in einem hübschen Hotel mit Wäscheservice wohnen.«
Ich (nachdenklich): »Und was ist mit der Katze? Hotels mögen keine Haustiere.«

Er (resigniert): »Okay, aber was, wenn wir uns nicht auf einen Entwurf und einen Architekten einigen können?«

Ich (jetzt selbst an der Reihe, selbstgefällig zu werden): »Aha, ich dachte mir schon, dass du das sagen würdest ...«

Statt mich weiter zu erklären, zeigte ich ihm ein Bild von Castle Ward in Nordirland, das im 18. Jahrhundert für Lady Anne Blight und ihren Mann Viscount Bangor gebaut worden war. Lady Blight war eine glühende Anhängerin der Gotik mit ihren spitzen Fenstern und Dachzinnen. Der Viscount dagegen bevorzugte den klassischen Stil mit Erkern, Säulen und palladischen Proportionen. Der Architekt, der dieses Stilproblem löste, war nicht nur ein Genie, sondern auch das, was man im wahrsten Sinne des Wortes einen Querdenker nennen könnte: Er teilte das Haus in zwei Hälften. Die Ansicht der Vorderseite entsprach dem Geschmack des Gentleman, die Rückseite (was irgendwie unfair ist) dem der Lady.

Dieses Prinzip zieht sich durch das ganze Gebäude, das damit eines der großartigen und seltenen Beispiele dafür ist, wie ein Architekt zwei völlig unterschiedliche Geschmäcker befriedigen und damit eine Ehe retten kann.

Er (nachdenklich): »Wir sind Zukunftsforscher. Wir sollten ein Zukunftshaus bauen.«

Ich (muffelig): »Heißt das, es muss wie ein Raumschiff aussehen?«

Er (begeistert): »Wir könnten es das Future Evolution House nennen.«

Ich (weinerlich): »Ich möchte einfach nur einen Ort, den ich mein Zuhause nennen kann.«

Er (intellektuell die Stirn runzelnd): »Aber was ist das, ein Zuhause?«

Ich (seufzend): »Ich dachte mir schon, dass du das fragen würdest ...«

Je mehr wir darüber sprachen, desto konfuser wurde es. Wir fragten uns, wie wir je das perfekte Zuhause würden bauen können, wenn wir als Autoren noch nicht einmal in der Lage waren, es zu definieren? Ist es ein Ort oder ein Gefühl? Entspricht es dem englischen Sprichwort »My home is my castle« oder vielleicht eher dem Kokon eines Menschen nach der Trendforscherin Faith Popcorn? Oder ist es einfach dort, wo sich Ihr Herz und Ihr Herd befinden? Vielleicht ist es ja nur eine »Wohnmaschine«, wie der Architekt Le Corbusier einst die von ihm gestalteten Häuser nannte? Oder geht es, wie es der Autor und Fotograf Andrew Bush formulierte, beim Zuhause einfach »um das Familiäre, um die Anziehungskraft, um das in sich selbst Zurückfallen, nachdem man sich überall auf der Welt ver- und ausgebreitet hat«? Und obwohl sich die Menschen aus den Höhlen hinaus in Hütten und jetzt Häuser entwickelt haben, haben wir doch nicht alle unsere nomadischen und Sammler-Jäger-Instinkte verloren. Wir streben noch immer danach, ein Dach über dem Kopf zu haben, einen Ort, an dem wir uns verkriechen können, einen Ort, an dem wir unsere Vorräte lagern, aber auch eine Basis, von der aus wir uns aufmachen können, die Welt zu entdecken. Ein Zuhause kann viele Formen annehmen, oder wie Alain de Botton es in *Glück und Architektur* beschreibt: »Um sich diese Bezeichnung zu verdienen, muss das Zuhause keineswegs der Platz sein, an dem wir uns dauerhaft aufhalten oder an dem wir unsere Kleider aufbewahren. [...] Zu Hause können wir uns folglich auch in einem Flughafen oder einer Bibliothek fühlen, in einem Garten oder einer Autobahnraststätte.«

Um die Sache noch zu verkomplizieren, bedeutete ein Zuhause für jeden von uns vier etwas völlig anderes. Zu dem Zeitpunkt, als wir über einen Umzug nachzudenken begannen, wohnten wir bereits acht Jahre in unserer »Übergangswohnung«. Als zweisprachige und mobile Familie hatten wir beschlossen, eigentlich überall auf dem europäischen Kontinent leben zu können, waren aber 1999 von Hamburg nach Wien gezogen. Wir verstanden diese Stadt als das zukünftige geografische Herz Europas. Historisch gesehen hatte Wien immer schon Fremden, Exilanten und Kreativen eine Heimat mit viel Lebensqualität geboten. Für meinen Mann Matthias bedeutete »Zuhause«, den bösen Geist seiner traumatisierenden Familiengeschichte zu besiegen. Seine Eltern waren Flüchtlinge und nach dem Krieg aus Ostdeutschland nach Kiel gezogen, wo sie so lange unglücklich als »Ausländer« lebten, bis sie nach Frankfurt gingen. Als junger Hippie zog Matthias quer durch Europa und verstand das Reisen als Gegenbewegung zu jenem Trauma, was ihn jedoch auch jahrelang daran hinderte, feste, stabile Wurzeln mit einer Familie auszubilden. Heute, als Unternehmensberater, Vortragsredner und Zukunftsforscher, belegen die gesammelten Flugmeilen seine Umtriebigkeit, zugleich aber braucht er ein Basislager, von dem aus er auf Beutefang für seine Familie gehen kann. Für mich bedeutete ein Zuhause zu haben vor allem, einen Ort zu finden, der nicht mit meiner Sehnsucht nach meiner Heimat England konkurrieren würde, sie aber ergänzen könnte und mir die Freiheit ließ, schnell durch Europa und zu meinem Vater nach London sowie zu meinen Freunden in Italien, Deutschland und Frankreich reisen zu können. Für unsere beiden Kinder ging es bei dem Umzug um ein merkwürdiges, neues Haus, das sie vermutlich eines Tages erben würden. Und für uns alle war es die Erschaffung eines Ortes, an dem man sich nicht erklären muss, an dem man einfach »sein« darf.

Doch so sehr wir uns auch bemühten, rational an die Sache heranzugehen, ein »Eigenheim« barg sehr viele Erwartungen in sich. An Ruhe und Erholung, an Erneuerung und Regeneration. Es sollte energiesparend sein und dabei aus bezahlbaren Materialien bestehen, aber doch auch komfortabel sein und uns glücklich machen. Physisch und mental. Jetzt und auf absehbare

Zukunft. Heute müssen die eigenen vier Wände zunehmend auch als Arbeitsplatz herhalten. Wo die Technologie Einzug hält, folgt ihr die Arbeit, und jetzt, da der »Work-Life-Balance-Geist« einmal aus der Flasche gelassen ist, tut man gut daran, sich dem anzupassen und nicht gewaltsam zu versuchen, ihn zurück stopfen zu wollen. Genauso wie wir uns den neuen Gegebenheiten anpassen müssen, sollte auch ein Haus dazu in der Lage sein.

Das lateinische Wort *domus* bezeichnete ursprünglich sowohl das Haus als auch dessen Bewohner, es bezieht sich also nicht nur auf das Gebäude, sondern auch auf die Menschen, die innerhalb seiner Mauern leben. Es impliziert damit eine Koexistenz oder Koevolution von beidem. In den Begriffen der Systemtheorie ist Wohnen ein komplexes adaptives System oder, wie Stewart Brand es formuliert: »Das Alter und die Möglichkeit, sich anzupassen, sind es, was ein Gebäude liebenswert machen kann. Das Haus lernt von seinen Bewohnern und sie lernen von ihm.« Früher, Jahrhunderte zurück, entsprachen die Häuser, die sich die Menschen bauten, automatisch viel besser ihren Bedürfnissen. Der Nachteil war der, dass man sie je nach Lust und Laune beziehungsweise den eigenen Fähigkeiten errichtete, was hinsichtlich der Sicherheit und des Komforts zu sehr unterschiedlichen Ergebnissen führte. Dafür ließen sie sich schnell an familiäre und berufliche Veränderungen anpassen. Als die Baumethoden immer ausgefeilter und zusehends professioneller wurden, lagerte man den Hausbau aus. Dadurch wurde das Bauen zwar sicherer, standardisierter und kostengünstiger, es bedeutete aber auch, dass sich die Menschen jetzt dem Haus anpassen müssen. Einen Preis, den man in Kauf nehmen kann – hat doch allein das letzte Jahrhundert ganz offensichtlich jede Menge verbesserter Materialien, Technologien und Bauweisen hervorgebracht. Die andere Seite der Medaille ist, dass heutzutage viele mit der Trägheit eines relativ unflexiblen Systems zu kämpfen haben. Ein Blick auf die Standardwohnungen mit ihren tiefen Decken, kleinen Fenstern und den »vorgeschriebenen« Zimmern in Einheitsgröße genügt. Dazu kommt der demografische und soziale Wandel, der dazu führt, dass die Bedürfnisse an ein Haus sich schneller ändern, als Architekten und Bauindustrie in der Lage sind, den Anforderungen nachzukommen. Immer mehr Frauen gehen einem Beruf nach, immer mehr Männer übernehmen Haushaltsaufgaben. Traditionelle Familienstrukturen verändern und öffnen sich, und ein Ende der Entwicklung, wer alles mit wem wie zusammenleben will, scheint nicht in Sicht. Viele Familien setzen sich enorm unter Druck, um für die unterschiedlichen Familienmitglieder einen Ort zu schaffen, an dem sie sich wirklich zu Hause fühlen, ohne dabei Kompromisse bei der Kommunikation oder Privatsphäre eingehen zu müssen. Und zu all dem bedeutet ein moderner Lebensstil, dass ein reges Kommen und Gehen herrscht. So wie sich die Veränderungen in der Gesellschaft und in den Geschlechterrollen auch zu Hause eine Bühne verschaffen mussten, bedarf es dort jetzt auch einer neuen Kulisse.

Rückblickend war das der einfache Teil – bei dem man weitschweifig über die Bedeutung eines Zuhauses philosophieren, die sozioökonomischen Faktoren analysieren, die Psychologie der Gesellschaft und der eigenen Familie studieren und dann abstrakt mit der Idee, ein Haus zu bauen, spielen kann. Wirklich schwierig wurde es, als es darum ging, einen Architekturstil zu finden, der all die Bedürfnisse, die man an ein Haus stellt, vereint und nebeneinander befriedigt. Es ist ein bisschen so, als hätte man fünfzehn Liebhaber parallel zueinander, um so den perfekten Partner zu bekommen. Oder um es in den Worten Alain de Bottons zu sagen: »Der Glaube an die Bedeutung der Architektur setzt nicht nur die Annahme voraus, dass wir – ob wir wollen oder nicht – an einem anderen Ort ein anderer Mensch sind, sondern auch die Überzeugung, dass es Aufgabe der Architektur ist, uns vor Augen zu halten, wer wir im Idealfall wären.« Das beantwortet noch nicht die Frage, ob gute Architektur uns auch zu guten Menschen macht.

Ein kurzer Blick in das Buch *Zu Besuch bei Diktatoren* würde uns oberflächlich bestätigen, dass es tatsächlich einen Zusammenhang gibt zwischen unglaublich schlechtem Geschmack und entsetzlich schlechtem Verhalten, auch wenn dies natürlich ein wenig umstritten sein dürfte. Imelda Marcos' vulgärer Pseudo-Hollywoodstil macht klar, dass die Philippinen ein reicheres Land gewesen wären, wäre Imelda Marcos nicht Präsidentin geworden. Tyrannenkitsch erleben wir auch in Mobutu Sese Sekos falschem französischem Schloss und in Saddam Husseins Louis-der-Soundsovielte-Retrostil seiner über hundert Paläste. Eines der bleibenden Bilder von Gaddafis zerbröckelndem Regime wird jenes Foto sein, auf dem Rebellen auf einem unglaublich hässlichen, goldenen Sofa posieren, das eine Meerjungfrau mit den Gesichtszügen von Gaddafis Tochter Aisha ziert. Wie damals ein Journalist des *Guardian* schrieb, ist eine solche Meerjungfrauencouch nur in Ländern denkbar, in denen Witze über die Armee tabu sind.

Wenn sie uns schon nicht zu besseren Menschen machen kann, so erwarten wir von der Architektur doch zumindest, dass sie uns zu glücklichen Menschen macht, jetzt und in Zukunft. Und umgekehrt glauben wir, dass schlechte Architektur uns unglücklich macht. Ich war daher nur unter der Bedingung mit dem Bau eines Eigenheims einverstanden, dass wir es an dem Tag verkaufen werden, an dem wir morgens aufwachen und feststellen, dass wir darin untröstlich unglücklich (oder aber zu Tyrannen) geworden sind. Mit diesem Gedanken im Hinterkopf machten wir uns auf die Suche nach Inspirationen für ein Haus, mit Platz für vier Personen, eine in die Jahre gekommene Katze und einem optimistischen Blick in die Zukunft.

Obwohl das menschliche Gehirn heute relativ weit entwickelt ist, leiden wir unter einem unglaublich kurzen und selektiven

Gedächtnis, was die realistische Einschätzung von Architektur angeht. Genau so, wie Sie vermutlich nicht freiwillig zu einem Zahnarzt von vor hundert Jahren würden gehen wollen, würden Sie auch nicht im Haus eines Durchschnittsmenschen aus dieser Zeit leben wollen. »Waren die Häuser früher nicht alle schöner?«, seufzen die Menschen, wenn sie sehnsüchtig an die großen Gebäude der Aristokraten, die Villen, Gutshäuser und königlichen Paläste denken, mit denen Europa übersät ist. Auch ich ließ mich von Geschichten über große herrschaftliche Anwesen verführen, in denen den Gästen silberne Kästchen mit personalisiertem Konfetti überreicht wurden, mit dem sie ihren Weg durch die Korridore markieren konnten, um später wieder hinauszufinden – was sich insbesondere nach einem skandalösen nächtlichen Stelldichein als nützlich erwies. Oder ich hing romantischen Gedanken nach, wie es wohl zu Jane Austens Zeit gewesen sein musste, als es sich für junge Damen aus gutem Hause gehörte, einen eigenen Frühstücksraum zu haben. Und ich dachte an die Männer um 1900, die, wenn sie eine gewisse gesellschaftliche Stellung hatten, über ein eigenes Raucherzimmer verfügten.

Während Wohnungen heute grob anhand der (Schlaf-)Zimmer gemessen werden, war es früher üblich, dies durch die Größe der Dienstflügel und Tanzsäle zu tun. Wer wäre nicht einem Haus zugeneigt, das ein Extrazimmer fürs Bügeln der Zeitung, einen Raum ausschließlich für Kerzen oder Bettwäsche, Wasserkrüge oder sogar Bettpfannen vorweisen kann? Ganz zu schweigen von dem Wunsch nach einem großzügigen Eingangsbereich. Früher versprach ein repräsentatives Entrée mindestens einen Butler, der einem aus dem Mantel half, wohingegen heute der Flur zu einer unspektakulären und vollgestopften Ablage für matschige Schuhe, Taschen und Mäntel verkommen ist, die kaum noch in einem Grundriss auftaucht. Architektonische Ambitionen in Richtung dieser Relikte der

Vergangenheit zu haben heißt, sie zu romantisieren und für ihre Architektur, ihre opulente Einrichtung und großen Gärten zu schwärmen, deren exotische Pflanzen von einer Armee an Gärtnern in Schuss gehalten wurden. Aber es heißt auch zu vergessen, wie der Rest der Bevölkerung wohnte. Dass Glas und Türen besteuert wurden, die Wohnungen ohne fließend Wasser oder Heizung waren, bedeutete für die meisten Menschen, in spartanisch möblierten, kalten, düsteren und beengten Verhältnissen zu leben. So wie Menschen nie behaupten, in einem früheren Leben ein einfacher Bauer gewesen zu sein, sondern immer nur Prinzessin oder Prinz waren, so vergessen wir auch allzu gerne, in welch elenden Umständen die durchschnittliche arbeitende Bevölkerung lebte. In der »guten alten Zeit« wurde man nicht nur deshalb krank und starb, weil man zu viel schuftete oder feuchte Wände hatte, sondern auch weil der Klebstoff der Tapeten einen langsam vergiftete, falls man denn zu den wenigen Glücklichen gehörte, die sich solche überhaupt leisten konnten.

König Ludwig II. von Bayern war jemand, der schlichtweg ignorierte, wie andere Menschen lebten. Er war ein Mann, für den der Spruch »my home is my castle« hätte erfunden werden müssen, und ihm gelang es, durch den Bau von ein, zwei, drei »Häusern« den Staat Bayern in spektakulärer Weise zu ruinieren. Sein Geschmack war reine Manieriertheit, seine Verwendung von Geldern fragwürdig, und dennoch war er durchaus ein Vorbild für unser Projekt, zumindest was seine mutigen Visionen und die beispielhafte Geduld und den Einfallsreichtum seiner Architekten und Baumeister angeht. Jeder Bauherr hat seine individuellen Ansprüche, und König Ludwig war da keine Ausnahme: ein Tisch, der wie ein Fahrstuhl direkt und gedeckt aus der Küche nach oben ins Speisezimmer gefahren werden kann, damit das Essen auf den langen, zugigen Wegen durch das Innere des Schlosses nicht kalt wird – was für eine wunderbare Idee, Sir. Eine künstliche Grotte mit See, auf dem man Sie nach Belieben herumrudern kann – nichts leichter als das, Majestät. Ein großer Ballsaal, dessen Wände mit den Szenen aus Ihren geliebten Wagner-Opern bemalt sind – nur ein Pinselstrich, Hoheit. Die einzige Sache, die er offensichtlich nicht umsetzen konnte, war eine Flugmaschine, die ihn zwischen seinen Prachtbauten hin und her bringen sollte, weil die Fahrt mit dem Schlitten im tief verschneiten Winter ihm zu langweilig war.

Bei einem Bildungsbesuch auf Schloss Neuschwanstein, dem aufwendigsten und teuersten seiner Projekte, stand ich schwer beeindruckt vor den Früchten eines außergewöhnlichen Egos und einer wilden Vorstellungskraft. Plötzlich fragte ein Mann aus unserer Besuchergruppe den Reiseführer allen Ernstes: »Gibt es überhaupt einen Beweis dafür, dass König Ludwig verrückt war?« Tatsächlich war aber einer der Punkte, die die Psychiater seinerzeit gegen ihn verwandten, der, dass er Diener auf lange, kostspielige Reisen aussandte, damit sie im Ausland Erkundigungen über architektonische Details einholten. Für mich ist das eher ein Beweis seines gesunden Verstands als für seinen Wahnsinn (Ludwig selbst unternahm ausführliche Forschungsreisen nach Versailles und in die ländlichen Gegenden Englands, wo er Sakralbauten in Augenschein nahm). Während seine finanziellen und architektonischen Exzesse Grund genug gewesen wären, ihn hinter Gitter zu bringen, spielten Berichte über Picknicks im Mondschein mit nackten männlichen Tänzern eine wohl eher kleine, aber entscheidende Rolle bei seiner Entmündigung.

Nur wenige Monate bevor Ludwig 1886 unter mysteriösen Umständen starb, erblickte etwa 600 Kilometer entfernt, in Aachen, ein weiteres architektonisches Genie mit dem Namen Ludwig das Licht der Welt. Doch die beiden hätten unterschiedlicher nicht sein können. Ludwig Mies van der Rohe wurde zu einem Architekten, dessen Mottos »Weniger ist mehr« und »Gott steckt im Detail« lauteten. Während Letzteres durchaus auch aus der manischen Phase Ludwig II. hätte stammen können, ist Ersteres doch von ihm so weit entfernt, wie man es in Bezug auf Architektur nur sein kann. Auch charakterlich liegen Welten zwischen den beiden: Anders als der theatralische, nervöse Bayernkönig war Mies, als er berühmt wurde, ein ruhiger, charismatischer Intellektueller.

Was ihr architektonisches Erbe betrifft, so verdanken wir Ludwig II. den Prototyp von Disneyland und Mies den Minimalismus und jene Bewegung, die die Lebensumstände der breiten Bevölkerung an der Wende zum 20. Jahrhundert verändert hat. Mies war maßgeblich an der Gründung des Bauhauses beteiligt und hat, zusammen mit einer Handvoll weiterer Architekten des 20. Jahrhunderts, unseren Geschmack und unsere Wertschätzung moderner Architektur grundlegend geprägt. Zusammen mit anderen Koryphäen wie Walter Gropius und Marcel Breuer umspann seine Karriere die wohl aufregendste Periode der Architekturgeschichte, als industrielle Produktionsmethoden, neue Materialien, andere Paradigmen und der Hausbauboom, der jeweils nach den beiden Weltkriegen einsetzte, neue Möglichkeiten eröffneten. 1919 in Weimar gegründet, rief das Bauhaus zu einem radikal neuen Stil auf, der den Beginn einer neuen Ära markieren sollte, in der Architektur und Konsumgüter funktional und billig waren und massenhaft produziert werden konnten. Obwohl dabei zunächst alle Künste gemeint waren, also auch die Malerei, das Theater, die Fotografie, das Weben, die Typografie, fasste Gropius es später so zusammen: »Das Endziel aller bildnerischen Tätigkeit ist der Bau!« Die Prinzipien des Bauhauses fingen quasi bei null an. Wie Alfred Barr, der Direktor des Museum of Modern Art in New York, es 1938 im Vorwort seines Bauhaus-Buches resümierte, waren die Prinzipien genauso gerade und sachlich wie die Linien, die sie zeichneten:

- Die Studenten sollten sich vorrangig mit industrieller und Massenproduktion beschäftigen statt mit individueller Handwerkskunst.
- Es ist schwieriger, einen erstklassigen Stuhl zu entwerfen als ein zweitklassiges Bild – und zudem wesentlich nützlicher.
- Das Studieren von rationalem Design sollte nur der erste Schritt hin zu einem neuen und modernen Schönheitsverständnis sein.
- Die Architektur- oder Designstudenten sollten keine Zuflucht in der Vergangenheit nehmen, vielmehr sollten sie in künstlerischer, technischer, sozialer, ökonomischer, geistiger Hinsicht für die moderne Welt gerüstet werden, in der sie nicht die Rolle des Dekorateurs einnehmen, sondern sie aktiv mitgestalten.

In die Praxis umgesetzt hieß Bauhaus: kein überflüssiger, bürgerlicher Schnickschnack im oder am Haus, Flachdächer und glatte Fassaden statt überhängender Dachtraufen oder Gesimse. Die Bewegung war eine klare Ansage, so konsequent wie möglich zu sein, und zugleich der Aufruf, die Gesellschaft zu verändern, indem man alle historischen Stile ablehnte. Der Philosoph der Gruppe war Walter Gropius, wegen seines distinguierten Auftretens bei gleichzeitiger Ablehnung gegenüber jeglichen Goldornaments auch der »Silberprinz« genannt. Zu ihm kamen, wie Tom Wolfe es in seinem Buch *Mit dem Bauhaus leben* beschreibt, »junge Architekten [...], um ihm zu Füßen zu studieren. Manche [...] standen erst Jahrzehnte später wieder auf.«

Das Bauhaus war weniger eine Schule als vielmehr eine Kommune mit einer eigenen Lehre und Philosophie. Ab einem gewissen Zeitpunkt führte sie sogar bestimmte Essensregeln ein, etwa ein Mus aus zwar frisch geerntetem, aber sehr weich gekochtem Gemüse, das mit viel Knoblauch schmackhaft gemacht werden musste. Dieser Edel-Vegetarismus war es, der Alma Mahler, die Frau von Gropius, zu der Aussage veranlasste, das eigentlich Charakteristische des Bauhausstils – neben den viel bekannteren, aber nicht weniger geschmähten »gläsernen Ecken, Flachdächern, den als solchen erkennbaren verwendeten Materialien und den zweckdienlichen Strukturen« – sei der »Knoblauchatem« gewesen. Während der Kochstil sich nicht durchsetzte, erreichte die Architekturrichtung jedoch ihren Höhepunkt, als Ludwig Mies van der Rohe 1930 dritter Direktor des Bauhauses wurde. Aber schon drei Jahre später schlossen die Nationalsozialisten es und verurteilten es als »entartete Kunst«. Es gehört zur Ironie der Geschichte, dass die Nazis die moderne Betonbauweise des Bauhauses für ihre Autobahnen und Mammutbauten wie Prora auf der Insel Rügen verwendeten.

Auch wenn das Bauhaus selbst nicht lange bestand, so wirkte sein Erbe doch lange nach, denn wie alle revolutionären Bewegungen hatte auch das Bauhaus ein überzeugendes, kompromissloses Manifest und eine klare Mission für seine Studenten, die diese wiederum an andere weitergaben. Allerdings, und darin gleicht es anderen radikalen Bewegungen, wurde das Bauhaus auch massiv missverstanden: Es wurde schlecht kopiert oder gar korrumpiert und damit zum Synonym für die schlimmsten Exzesse – oder Minimalismen – zeitgenössischer Bauten. Oder wie Martin Filler es in einem Artikel für die *New York Review of Books* auf den Punkt brachte: »Ein anderer, weit verbreiteter Irrtum über das Bauhaus ist, dass man es irgendwie für die beklagenswerte, weltweite Zunahme langweiliger, modernistischer Geschäftsarchitektur nach dem Zweiten Weltkrieg verantwortlich macht. Aber eigentlich tragen kommerzielle Bauträger die Schuld, die Mies' minimalistische ›Haut-und-Knochen‹-Formel für Stahlrahmen- und Glasfassadenhochhäuser ausgenutzt haben, die billiger und gewinnbringender zu errichten waren als die stabil gemauerten, hübsch ausgestalteten Bauten aus der Vorkriegszeit; und sie ahmten Mies' Pläne nach, ohne dass sie je dessen Feinsinn für Proportionen oder technische Finesse erreicht hätten.«

Als angehende Bauherren bewunderten wir die Prinzipien und Visionen des Bauhauses, und dabei wurde uns klar, wie viel ihm wir in ideologischer und architektonischer Hinsicht zu verdanken haben. Zugleich wurde uns aber bewusst, dass wir nicht in einem solchen Haus wohnen wollten. Vor ein paar Jahren verbrachte der Journalist Harald Martenstein ein Wochenende in Dessau in einem 250 Quadratmeter großen, von Gropius für eine fünfköpfige Familie gebauten Haus. Er beschrieb in der *Zeit*, wie groß seine Begeisterung war, als er das Haus von außen betrachtete, wie die Fenster den Fassaden Rhythmus geben. Von innen allerdings stellte sich heraus, dass die Fenster in der falschen Größe am falschen Ort waren. Das große Fenster im Bad bedeutete, dass die Dessauer einem beim Duschen zuschauen konnten, die Fenster im Wohnzimmer waren kleiner als das im Bad, und der Fensterschlitz im Kinderzimmer war so weit oben, dass es Kindern unmöglich war, aus dem Fenster zu sehen (so sie nicht schon längst vom Balkon gestürzt waren, dessen Geländer gerade einmal 70 Zentimeter hoch war). Des Weiteren waren die Türen schmal und niedrig, so dass große oder dicke Menschen kaum durchpassten, und das Schlafzimmer sah aus wie ein Krankenhauszimmer (Gropius erlaubte grundsätzlich keine Bilder an den Wänden und ließ Fotos, auf denen zu sehen war, dass die Bewohner es gewagt hatten, doch welche aufzuhängen, retuschieren). Auf der anderen Seite sind diese Schönheitsfehler ein kleiner Preis dafür, dass wir uns von bestimmten Materialien und Formen frei machen konnten, denn wenn das Bauhaus, neben anderen Reformbewegungen, nicht alle Regeln gebrochen und »bei null« begonnen hätte, würden wir möglicherweise noch immer unter der Peinlichkeit der extravaganten Gesimse und Zinnen im Stile König Ludwigs leiden.

So, wie man auch den Irrsinn, in den in Neuschwanstein investiert wurde, nur dann wertschätzen kann, wenn man einmal quasi »mit der Nase auf die Vergoldung gestoßen wird«, so musste ich, um die Revolution, für die das Bauhaus steht, wirklich zu verstehen und daraus Ideen für unser Haus zu schöpfen, einmal ein Original-Mies-Haus gesehen und erlebt haben. Die Villa Tugendhat steht in Tschechien, am Stadtrand von Brünn, und wurde zwischen 1928 und 1930 erbaut. Heute steht sie unglücklich eingequetscht zwischen etwas, was nur als bürgerliche, mit Türmchen versehene Monstrositäten und mit Kranzleiste geschmückte Verbrechen beschrieben werden kann und sticht als imposante Erinnerung daran hervor, wie modern der Modernismus damals war. Ich besichtigte das Haus zusammen mit meiner Freundin Gisela Erler und ihrer achtzigjährigen Mutter, die damit prahlte, dass sie nicht nur älter als das Gebäude, sondern auch noch viel besser in Schuss sei. Sie stammte aus einer strammen sozialdemokratischen Familie und stellte fest, dass die Villa genauso aussehe wie ihr Haus in Pforzheim, einer Stadt, die 1945 eines der schwersten Bombardements durch die Engländer über sich ergehen lassen musste. Achtzig Prozent der Stadt waren zerstört, und der neue Modernismus kam dem Wiederaufbau sehr gelegen.

Mit ihren klaren Linien und den großen Glasfenstern ist die Villa Tugendhat eine Ikone der modernen Architektur. Von der Straße aus erscheint sie wie eine flach liegende, nichtssagende Garage, doch vom Garten aus öffnet sie sich mit ihren großen Fenstern, die offen und wohlwollend auf die Ansiedlung darunter blicken, wie ein Lachen in Richtung Stadt. Nicht nur, dass die Wohnzimmerfenster in ihren Ausmaßen großzügig bemessen waren, sie waren zudem mit einem einzigartigen und teuren Mechanismus versehen, der es ermöglichte, sie nach unten zu versenken, anstatt sie wie gewöhnlich zu öffnen. Da das damals schon technisch nicht ganz unaufwendig war, machten die Glasplatten einen unverhältnismäßig großen Teil der Baukosten aus, genau wie die außergewöhnliche Onyxwand im Wohnzimmer, die im Abendlicht wie ein Kaleidoskop glitzert. Die Wohnbereiche, große, von Licht durchflutete Räume, stehen beispielhaft für das, was wir heute als »offen« oder »durchgehend« bezeichnen, aber nur durch eine ganz neue Eisengestellkonstruktion machbar wurde. Mies' Philosophie gemäß gab es keine Bilder an den Wänden oder anderen dekorativen Schnickschnack im Raum. Und um sicherzugehen, dass nachfolgende Bewohner sich ebenfalls an seine Regeln hielten, entwarf er gleich die Möbel für das Haus mit.

So sieht wohl der Auftrag aus, von dem alle Architekten träumen: ein großes Budget, die Oberhand über das Design und Jahre später die Anerkennung als Weltkulturerbe durch die UNESCO. Das Haus glänzt sogar als Held in einem Roman, nämlich *The Glass House* von Simon Mawer, der die abwechslungsreiche Geschichte Tschechiens anhand der diversen Bewohner aufzeichnet und dem Leser das Gefühl gibt, selbst einmal dort gelebt zu haben. Und für all jene, die die Villa nicht selbst besichtigen können, hat er dieses Lebensgefühl in einem ganz und gar nicht Bauhaus-typischen Prosastil eingefangen, auf den wohl sogar Mies stolz gewesen wäre: »Und um sie herum ist das Glaszimmer, ein Ort der Ausgewogenheit und der Vernunft, alterslos, zusammengehalten von geraden Linien, der Licht wie eine Substanz und Volumen wie ein spürbares Material verwendet und jegliche Existenz von Zeit leugnet.«

Alain de Botton spricht dagegen eher zynisch von modernistischen Architekten, denn »[i]hre Wohnhäuser gleichen Bühnenbildern, die für idealisierte Dramen über das heutige Leben konzipiert wurden«. Wie auch immer, es wäre ungerecht, nur das Bauhaus und Mies für das Glaskasten-Syndrom im positiven wie im negativen Sinne verantwortlich zu machen, sie allein für die Sache des standardisierten Arbeiterhauses zu feiern oder ihnen allein als Inspirationsquelle für unser Haus zu danken. Etwas von all dem sollte auch auf seinen Zeitgenossen Le Corbusier zurückfallen, über den ich meine etwas wichtigtuerisch mit *Le Corbusier,*

*Utopist oder Optimist?* betitelte Dissertation verfasst habe. Die beiden arbeiteten an der berühmten Weißenhofsiedlung des Deutschen Werkbundes zusammen, ein Modellprojekt, das 1927 in Stuttgart entstand. Mies war für das Projekt verantwortlich und beauftragte sechzehn europäische Architekten, wobei er Le Corbusier großzügig nicht nur die zwei bedeutendsten Bauplätze, sondern auch das größte Budget zuwies. Die ganze Siedlung sollte ein Prototyp zukunftsweisender Arbeiterhäuser werden.

Während sie eine klare moderne, innovative Architektur hervorbrachten, scheiterten sie an ihrer grundlegendsten Aufgabe, nämlich für Arbeiter erschwingliche Häuser zu entwickeln. Le Corbusier brachte aber noch mehr – je nachdem wie Sie es sehen – Freud und Leid über uns gemäß dem klassischen Architektenwitz: »Corbusier war der größte Architekt des 20. Jahrhunderts«, um dann fortzufahren: »Umso schlimmer für das 20. Jahrhundert.« Er veränderte die Ästhetik moderner Architektur – in den zwanziger Jahren mit seinem puristischen Ansatz, in den Fünfzigern mit seinem Beton-Brutalismus. Wie die Ironie so spielt, kommt man kaum umhin zu übersehen, dass Corbusier ausgerechnet aus dem Land stammt, das die kitschige Kuckucksuhr populär gemacht hat. 1887 als Charles-Édouard Jenneret in der Schweizer Uhrenstadt Chaux-de-Fonds geboren, änderte er nach dem Ersten Weltkrieg seinen Namen in den interessanter klingenden Le Corbusier.

Sein erster Versuch, vorgefertigte Häuser für die breite Bevölkerung herzustellen, bestand in der Entwicklung eines verstärkten Stahlbetonskeletts, »Dom-ino«-System genannt, das nach dem Ersten Weltkrieg auch die Basis für einen flexiblen Hausbausatz wurde. Allerdings stellte sich die »Wohnmaschine« als kostspielig und uneffektiv heraus und wurde daher nie gebaut, dafür tauchte das Motiv in verschiedenen Formen immer wieder in seinem weiteren Werk auf. Etwa als er damit beauftragt wurde, für einen altruistischen und aufgeklärten Industriellen

Arbeiterhäuser zu bauen. Henri Frugès hatte eine Zuckerwür-
felfabrik geerbt und erklärte Corbusier: »Ich werde es Ihnen
ermöglichen, Ihre Theorien in die Praxis umzusetzen – bis hin
in ihre allerextremsten Konsequenzen.« Wie unschwer zu erraten,
errichtete Le Corbusier für die Arbeiter in Pessac (Frankreich)
weiße, würfelförmige Häuser, die alle gleich aussahen. Vor allem
wegen des vorherrschenden akademischen Snobismus erhielt er
nie die Anerkennung, die ihm seiner Meinung nach zustand.
Und obwohl dieser Umstand noch nie ein großes Ego von der
Umsetzung weiterer Pläne abgehalten hat, war Le Corbusier dennoch darauf angewiesen, dass seine Architektur von der bürger-
lichen Elite gefördert wurde.

Die Villa Savoye, als »romantischer Traum, um den sich die
ganze moderne Architekturbewegung drehte« bejubelt, ist das
bekannteste Privathaus, das Corbusier gebaut hat. Dieses Haus
gekünstelt und angeberisch als Vorbild für das eigene Domizil zu
benennen (was ich natürlich sofort getan habe), muss der Albtraum eines jeden Architekten heute sein. Die architektonische
Bedeutung, die die Villa auch mehr als achtzig Jahre nach ihrer
Fertigstellung hat, steht in scharfem Kontrast zu den Reaktionen,
die sie zu ihrer Entstehungszeit hervorrief – vor allem denen
der Bewohner, und hier besonders von Madame Savoye. Eine
Woche nachdem sie eingezogen waren, begann es im Zimmer
ihres Sohnes durch das Dach zu tropfen, was ihm eine Lun-
genentzündung einbrachte. Sechs Jahre später erachtete sie das
Haus als unbewohnbar: »Es regnet in den Flur durch, es regnet
in die Auffahrt durch. […] Und vor allem regnet es in mein
Badezimmer durch, das bei schlechtem Wetter regelrecht über-
flutet wird.« Während Corbusier sich große Mühe gab zu erklären, dass dies nur unbedeutende Lecks seien, das ganze Haus
aber ein architektonischer Triumph, waren nicht alle überzeugt
davon. Der Präsident der Architectural Association bemerkte
in seiner Jahresansprache 1927, dies sei »kein Heim für jeder-

mann, außer für einen vegetarischen Bakteriologen«. So klingt also Lob, wenn man wie Corbusier versucht, bei der Frage »Wie sollten wir leben?« Grenzen zu verschieben und gegen Vorurteile anzugehen. Man hörte auch, das Leben in der Villa Savoye habe unvermeidlicherweise etwas von einem Gesundheitscamp, das man heroisch absolviere – wobei dies heute als entscheidendes Verkaufsargument durchgehen könnte. Ob man sie mag oder nicht, Corbusiers fünf Punkte zu einer neuen Architektur sind noch heute die Eckpfeiler vieler moderner Gebäude:

1.  Betonpfeiler ermöglichen es, das Gebäude vom Boden in die Luft zu heben, so dass eine schwere Konstruktion leicht erscheint.
2.  Ein Dachgarten entschädigt für das, was an Grund für das Gebäude verloren geht.
3.  Der Grundriss ist dank belastbarer, tragender Pfosten flexibel (das heißt, die Innenwände sind nicht tragend).
4.  Das Fensterband, besser bekannt auch als horizontales Lang-fenster, ermöglicht einen großartigen Panoramablick.
5.  Die freie Fassadengestaltung kommt dadurch zustande, dass die Fassade (so wie die Innenwände) keine tragende Wand der Konstruktion ist, das heißt, es können beliebig große Fenster eingesetzt werden.

Für Corbusier war die Geschichte der Architektur der Kampf für mehr Fenster. Zu dieser Zeit war allerdings noch nicht jeder in die Vorstellung verliebt, in einem Glashaus zu leben – ein besonders prominenter Fall war seine Frau Yvonne Gallis, die sich über die Wohnung, die er für sie entwarf, mit den Worten beschwerte: »All dieses Licht bringt mich noch um, es macht mich verrückt.« Auf der anderen Seite war sie eine ausgespro-chen tolerante Ehefrau, die sich nicht für Architektur interes-sierte, sich einverstanden erklärte, auf Kinder zu verzichten, und einen derben Humor besaß. Der Architekturtheoretiker Jencks urteilte einmal scharf, das »sie nie wirklich anerkannt hat, was ihr Ehemann für die Architektur erreicht hat«. Und er sagte dies über eine Frau, die, als Corbusier ein Bidet direkt neben ihr Bett einbaute, es berechtigterweise mit einem übergroßen Teewärmer verdeckte.

Le Corbusier ist noch immer der Architekt, auf den wir uns gerne berufen und den wir gleichzeitig hassen. Sie müssen nur an einem der hässlichen großen Betonbauten vorbeigehen, und jeder, der meint, etwas von Architektur zu verstehen, wird sofort das »C«-Wort murmeln. Oder nach Marseille fahren und nach seiner *Unité d'Habitation* fragen – Sie werden nicht viel Glück haben. Wenn Sie aber nach dem »Corbusier« oder dem Spitznamen des Gebäudes, *La Maison du Fada* (Das Haus des Verrückten), fragen, wird man Sie schnell zu einem der spektakulärsten Wohnblocks dirigieren, die in Europa in den ersten Jahren nach dem Zweiten Weltkrieg gebaut wurden. Dieses Haus, 1952 fertiggestellt, baute Corbusier auf Einladung des französischen Ministers für Wiederaufbau, der dem Architekten den traumhaften Auftrag gab, sich von allen Bauvorschriften unabhängig zu machen: »Sie stehen […] über dem Gesetz. Sie sind der Richter dessen, was Sie tun, und Sie können nach Herzenslust Neues ausprobieren. Sie allein sind für das Gebäude verantwortlich.« Umso besser also, dass nur ein sehr kontrovers diskutiertes Gebäude im Stil des Brutalismus herauskam, der auf Betonpfeilern schwebte, die das Publikum an die Hüften einer Frau erinnerten (eine Anspielung auf die Tatsache, dass Corbusier als Schürzenjäger galt). Was aber viel wichtiger für ihn war: Dieses Gebäude erlaubte ihm, seine bisherigen, gescheiterten Anläufe, billige und nachhaltige Arbeiterwohnungen zu bauen, endlich zu einem positiven Ende zu bringen. Der ausgeklügelte Entwurf sah Wohnraum für 1300 Bewohner in 337 großzügig geschnittenen Wohnungen vor. Mithilfe eines Verschachtelungssystems gelang es ihm, jeder Wohneinheit in zwei Stockwerke

zu unterteilen, wodurch jedes Familienmitglied einen individuellen, privaten Rückzugsraum erhielt, und nebenbei auf dem
Dach und in den Gärten noch Gemeinschaftsräume entstehen
zu lassen. Die Apartments wirkten durch Corbusiers spezielles
Modularsystem besonders groß, wobei er die Proportionen des
Raumes immer in Relation zum menschlichen Körper setzte. Die
so entstandene großartige »Wohnmaschine« war eine radikale
Alternative zu den ausufernden Ballungsräumen, anhand derer
der Journalist Richard Boston zu der Feststellung kam: »Falsch
an den meisten modernen Gebäuden in Marseille ist nicht, dass
sie denen von Corbusier so ähnlich sind, sondern dass sie ihnen
eben nicht ähnlich sind.« Oder wie Alain de Botton es einmal
formulierte: »Jene Architekten leisten uns die besten Dienste, die
großzügig genug sind, ihre Ansprüche auf Genialität zurückzu-
stellen, um attraktive, doch eigentlich fantasielose Wohnkästen
zu errichten.«

Wenn wir Mies die glatte Fassade und das Flachdach und
Corbusier die großen Fensterfassaden, die nackten Betonwände
und -pfeiler in unseren Häusern und Wohnungen zu verdanken
haben, dann dürfen wir auch Frank Lloyd Wright nicht vergessen,
der uns viel über den Charme und die Eigenheiten von Architekten gelehrt hat. Wrights Eitelkeit und Arroganz sind legendär – so
soll er einmal belauscht worden sein, wie er ganz für sich selbst
»Ich bin der Größte« gesungen habe. Und falls diese Geschichte
nicht stimmt, so ist sie zumindest sehr gut erfunden, denn sie geht
nicht sehr an einer Beschreibung seines Charakters vorbei – wie er
selbst einmal zugab: »Ich musste mich früh im Leben entscheiden
zwischen ehrlicher Arroganz und heuchlerischer Bescheidenheit.«
Wofür er sich entschied, ist nur unschwer zu erraten, und es trug
maßgeblich dazu bei, dass er einen Großteil seiner Aufträge erst
im fortgeschrittenen Alter erhielt, als, wie ein Kritiker es nannte,
»Charaktereigenschaften, die man zuvor als Zeichen von Unreife
verstanden hatte – etwa die hohe Meinung von sich selbst und

die Bereitschaft, die veranschlagten Kosten für ein Projekt in die Höhe zu treiben –, nun als Ausläufer seines exzentrischen Genies angesehen wurden«. Er ging bereits auf die 70 zu, als er 1936 seine legendären Usonia-Häuser zu bauen begann, mit denen er die Stadt auf das Land bringen wollte. Anders als seine Zeitgenossen favorisierte er eine organische Bauweise und stand rein minimalistischem Design ablehnend gegenüber. Ganz ähnlich wie Mies und Corbusier beschäftigte ihn die Frage, wie man bezahlbare Häuser für die breite Bevölkerung bauen könnte. In seinem Fall dachte er dabei an die US-amerikanische Mittelklasse, das Haus sollte inklusive Garten und Carport höchstens 5000 Dollar kosten. Bei den sechzig Häusern, die dann schließlich für je 10 000 Dollar gebaut wurden, ging er davon aus, dass die Eigentümer ohne Personal auskommen würden. War dies allein schon ein beachtlicher Wandel bei der Planung eines Hauses, so war auch seine Idee, in dem eingeschossigen Haus zwischen Schlafzimmer und Wohnzimmer ein *service core*, nämlich die Küche und das Badezimmer einzubauen, neu. Die Küche war für ihn der »Arbeitsraum« des Hauses und damit der Mittelpunkt des Familienlebens, weshalb er bekanntlich Wohn- und Esszimmer miteinander verschmolz und damit die Kommunikation in der Familie förderte (keine schlechte Idee für einen Architekten, der selber drei Frauen und sieben Kinder hatte). Leider überschattet sein Ruf als arroganter Womanizer nur allzu oft seine Pionierleistungen als Architekt, der mit seinen Usonia-Wohnungen seiner Zeit weit voraus war und den Grundstein für modernes, offenes Wohnen legte, wie man es heute schätzt. Auch die Spannbreite seines Schaffens ist beachtlich, er entwarf für Arm und Reich und baute alles, von der utopischen Broadacre City über einen Biergarten, eine Tankstelle bis hin zum unverwechselbaren Guggenheim-Museum in New York.

Wer einen Eindruck von dem Menschen hinter dieser Architektur bekommen möchte, der sollte sich das packende, ungekürzte und ohne vorherige Absprachen geführte Interview aus dem Jahre 1957 mit dem damals 88-Jährigen anschauen. Es beginnt damit, dass sein Gesprächspartner sich selbst und die Zigarette vorstellt, die er während des Interviews raucht (»Mein Name ist Mike Wallace, und die Zigarette ist eine Philip Morris.«). Dann befragt er Wright über alles Mögliche, seiner Meinung zum Rauchen, über Sterbehilfe bis Charlie Chaplin. Mit einem ironischen Augenzwinkern lobt Wright schließlich sogar die »Architektur« von Marilyn Monroe. Und um die Erwartungen seiner Zuschauer nicht zu enttäuschen, gibt Wright tatsächlich etwas von seinem unerschütterlichen Glauben an sich selbst zum Besten: »Mir wurde vorgeworfen, ich hätte gesagt, ich wäre der größte Architekt der Welt. Wenn ich das wirklich getan haben sollte, glaube ich, dass es nicht sehr arrogant gewesen wäre, denn ich denke nicht, dass es so viele großartige Architekten gibt […].« Als er endlich über sein eigentliches Thema, die Architektur, sprechen darf, erklärt er: »Ich möchte unsere Art und Weise zu leben gar nicht verändern, nur worin wir wohnen und wie wir darin wohnen.« Um dann, weniger bescheiden, hinzuzufügen, dass er eines Tages wohl unsterblich sei.

Wir würden von der Architektur zu viel erwarten, sollten wir es allein Architekten überlassen, darüber nachzudenken, wie wir alle in Zukunft leben werden. Zum Glück gab es einen lustigen Haufen von Menschen, die man die Futuristen nennt und die im 20. Jahrhundert besonders aktiv und ideenreich an die Sache herangingen, so dass wir hoffentlich auch von ihnen einige Geistesblitze übernehmen können. Richard Buckminster Fuller war wohl einer der wenigen modernen Architekten, der den Zusatz »Futurist« wirklich verdient hat. Seine beeindruckende geodätische Kuppel mit 76 Metern Durchmesser und 60 Metern Höhe, die er als Pavillon der USA für die Weltausstellung 1967 in Montreal baute, war Fullers Entwurf für das Wohnen der Zukunft. Es war die Zeit, in der man sich zum ersten Mal Gedanken um die Zukunft unseres Planeten zu machen begann und das Leben unter einer Kuppel war, so glaubte er, die Alternative zum Leben unter einer Dunstglocke aus Smog. Solche Strukturen würden es uns nicht nur ermöglichen, den Energieverlust beim Heizen im Winter und dem Kühlen im Sommer zu reduzieren, sondern »Kuppelstädte werden unentbehrlich sein bei der Besiedlung der Arktis und Antarktis [...] werden in Wüsten verwendet werden [...] nach und nach wird der Erfolg neuer, überdachter Städte in verlassenen Gegenden sich auch in der Überdachung alter Städte niederschlagen, vor allem dort, wo antike Stätten geschützt werden müssen«. In seinem 1969 erschienen Buch *Utopia or Oblivion. The Prospects for Humanity* sagte er voraus, dass es »1975 möglich sein wird, mit aus der Luft angebrachten geodätischen Kuppeln kleinere Städte zu überdachen«. Fuller glaubte, dass die Menschheit, um die Oberfläche der Erde nicht vollständig zu verbrauchen, eines Tages auf »Wolke sieben« und auf »im Himmel schwebenden geodätischen Sphären [...], gemacht, um auf der bevorzugten Höhe von mehreren Tausend Metern zu treiben«, leben würde. Diese »Wolken« aus Fertigbauteilen würden Tausende von Passagieren aufnehmen und, noch besser, in wenigen Dekaden »können die Passagiere von Wolke zu Wolke kommen und gehen oder auch von der Wolke zum Boden, da die Wolken über die Erde treiben oder an Bergspitzen verankert sind«. Zusammen mit »schwebenden, tetraederförmigen Städten, durch die Luft transportierbaren Hochhäusern, Unterwasserinseln, [...] einer fliegenden Wohnmaschine«, hatte er die Vision eines hochhausgroßen Flugzeugs, das »wirtschaftlich sinnvoll einsetzbar und wirtschaftlich sinnvoll von hier nach dort geflogen werden kann, in dem Passagiere wie auf einem Kreuzfahrtschiff leben. Es könnte sein, dass die Menschheit auf eine völlig mobile Lebensweise umsteigen und auf Himmels- und Wasserschiffen leben wird. [...] Der Mensch wird mobilen Lebensraum besetzen, möglicherweise vor Anker liegende Habitate, auf denen er unabhängig von Tag, Nacht und Jahreszeiten lebt.«

Fuller war (im wahrsten Sinne des Wortes) ungewöhnlich weitsichtig, schielte und konnte offensichtlich nur große Muster erkennen. Im Alter von vier Jahren, das war 1899, bekam er eine Brille, die seine Sehschwächen korrigieren sollte. Doch seine Vorstellungskraft wie seine Sichtweisen blieben offenbar bei fantasievollen Formen. Schon im Kindergarten konstruierte Fuller ein achteckiges Gerüst aus getrockneten Bohnen und Zahnstochern, während die anderen Kinder mit Stofftieren spielten. Die erste seiner buchstäblich bodenständigen Erfindungen war das Dymaxion House, dem teils sein moralischer Antrieb zugrunde lag, mit den Mitteln der Massenfertigung ein bezahlbares Eigenheim zu entwickeln. 1928 patentiert, bestand es aus einer fünfeckigen Struktur mit dem Ziel, bei einem Minimum an technischem Einsatz ein Maximum an Vorteilen für seine Bewohner zu erreichen. Genau in diesem Jahr veröffentlichte das American Institute of Architects eine Erklärung, deren Mangel an Weitsicht Bände spricht und in der es hieß, dass die Mitglieder des Verbands »von Natur aus jedem Design ablehnend gegenüberstehen, das immer wieder dieselben Muster wiederholt«. Die Bezeichnung »Dymaxion« leitete sich von »DYnamic plus MAXimum tensION« (Dynamik plus maximale Spannung) ab, eine Methode, die er nicht nur auf seine Architektur, sondern auch auf sein Liebesleben, Fahrzeugdesign und sogar ein Badezimmer anwandte. Da ihm unzureichende Sanitäranlagen und teure Armaturen ein Gräuel waren, konstruierte er 1936 ein kompaktes, 1,5 Quadratmeter großes, aus Fertigteilen bestehendes und bereits mit Abflüssen versehenes Badezimmer (inklusive Toilette, Dusche, Badewanne und Waschbecken), das man billig und schnell in jede noch so kleine Wohnung einbauen konnte. Es erinnert an das glatte Stahlambiente eines Flugzeugklos, allerdings, so das Buckminster-Fuller-Institute, »beschlägt der Spiegel nicht, das Wasserhahn spritzt nicht und das Toilettenpapier bleibt trocken«. Die Entwürfe seiner Häuser entwickelten sich weiter und das 4D-Dymaxion-Haus hat einen so geringen Energie- und Wasserverbrauch, dass man es heute als »Passiv-Öko-Haus« bezeichnen würde. Diese Etikettierung würde ihm jedoch alles andere als gerecht. Denn Fullers Entwürfe hatten Windturbinen vorgesehen, eine Photovoltaikanlage, eine Multimedia-Zimmerklima-Kontrollanlage, die Bettzeug überflüssig machte, eine einzige Lichtquelle für das komplette Haus und eine *fog gun* (Nebelkanone) genannte Wasseranlage, einen feinen, atomisierten Wasserstrahl, mit dem man Geschirr, Kleider und sogar Menschen reinigen konnte. Mit der hart arbeitenden Hausfrau im Blick dachte er sogar an eine Waschmaschine, die nach dem Waschen die Kleider sogleich auch wegräumte, denn, so seine Überzeugung, niemand sollte »einen Acht-Stunden-Tag mit dem Schmutz von gestern zubringen müssen«. Auch wenn es zu seiner Zeit nicht an Interesse und öffentlicher Neugier für seine Projekte mangelte, die hohen Materialkosten und das zu geringe Entwicklungsbudget machten es ihm unmöglich, mit der Produktion zu beginnen. Ein Prototyp seines Hauses lässt sich allerdings in den USA, im Henry-Ford-Museum in Michigan, bestaunen. Futuristen wie Architekten mussten einsehen, dass die Menschen zwar grundsätzlich fasziniert von der Zukunft sind, im Allgemeinen aber nicht in ihr leben wollen.

Obwohl er sich geschlagen geben musste, war er nicht deprimiert und gab großzügig zu verstehen, dass, »mag dies die richtige Lösung sein oder nicht, etwas in dieser Richtung entwickelt werden wird«. Tatsächlich nahm dieses »Etwas« nach dem Zweiten Weltkrieg verschiedene Formen an, darunter das einflussreiche Case Study House-Projekt, dessen Bauanweisung lautete, dass die Häuser leicht »zu duplizieren sein müssen und in keiner Weise eine individuelle Ausprägung erhalten« sollten. Ein Haus also, das sich der durchschnittliche US-Amerikaner leisten konnte und in dem er wohnen wollen würde. Dieses Projekt wurde 1945 von der Zeitschrift *Arts and Architecture* gesponsert, »denn meist sind die Meinungen zum Thema Nach-kriegswohnungsbau, seien sie nun gut begründet oder leichtfer-tig geäußert, nichts als Vermutungen in Form von Reden und Bergen von Papier. Folglich erscheint es uns eine gute Idee zu sein, zu den Tatsachen zurückzukehren und zumindest einen Anfang zu machen, was das Sammeln der Berge von Material angeht, aus denen schließlich das sogenannte Nachkriegshaus entstehen soll.« Zu diesem Zwecke wurden acht wichtige zeit-genössische Architekten, darunter Charles Eames und Richard Neutra, eingeladen, Entwürfe zu machen. So unterschiedlich die Ergebnisse waren, das Grundkonzept war immer ein ein-facher rechteckiger Bungalow mit offenem Wohnbereich, das den veränderten häuslichen Aufgaben und Bedürfnisse der US-Amerikaner entsprechen sollte. Beispielsweise das Case Study House Nr. 1, das JR Davidson 1948 entwarf und für das er ein-faches Industriematerial verwendete, um ein Domizil für zwei berufstätige Erwachsene, eine Tochter im Teenageralter und eine Schwiegermutter zu Besuch zu entwickeln. Charakteristisch für dieses Haus ist etwa die räumliche Nähe von Garage und Küche, so dass die Einkäufe leicht ausgeladen werden konnten, und die von Schlaf- / Ankleideraum zur Küche, damit »Mrs X, während sie sich anzieht oder etwas am Schreibtisch im Schlafzimmer erledigt, sich mühelos um die Zubereitung des Frühstücks oder schneller Mahlzeiten kümmern kann«. Ein Beleg für die Moder-nität all dieser Häuser ist, dass sie, auch sechzig Jahre später, in denen es jede Menge Feminismus und sozialen Wandel gab – mit einer kleinen Verbeugung in Richtung Corbusier, Wright, Mies und sogar Buckminster Fuller –, wichtige Bausteine dafür gelie-fert haben, wie viele von uns aktuell und in Zukunft leben. In unserer Familie waren wir uns schnell einig, dass wir es uns gut vorstellen könnten, in einer Art »Bauhaus meets Case Study«-Traumhaus zu wohnen, das auf unsere persönlichen Bedürfnisse und Wünsche zugeschnitten ist.

Während wir noch damit beschäftigt waren, wie unser Zukunftshaus aussehen sollte, entdeckten wir, dass es schon längst Leute gab, die von sich behaupteten, bereits in der Zukunft angekommen zu sein. So wie die Familie Steiner, die seit 2003 in einem experimentellen Hochtechnologie-Zukunftshaus in der Schweiz lebt und ihre Briefe mit der Formel »Grüße aus der Zukunft« beendet. Von außen betrachtet, wirkt ihr Domizil wie eine besonders eintönige Vorort-Doppelhaushälfte. Von innen betrachtet, ist es vorgeblich genauso gewöhnlich, nur dass in den Wänden und Böden mehr Kabel verlegt sind, als man sich vorstellen kann. In diesem vollständig vernetzten und verlinkten, computergesteuerten Haus »sprechen« die Haushaltsgeräte miteinander mit dem Ziel, Energie zu sparen: So wartet etwa die Waschmaschine höflich, bis die Spülmaschine fertig ist, bevor sie die Solarzellen auf dem Dach um Strom anpumpt. Und wenn sich die Kaffeemaschine um sechs Uhr morgens, noch vor dem Aufstehen der Bewohner, in Bewegung setzt, hat der Kühlschrank den Supermarkt bereits darüber informiert, dass Milch gebraucht wird, weil die noch vorhandene bereits abgelaufen ist. Und auch wenn ein solargetriebener Rasenmäher durch den Garten flitzt, so mussten die Steiners doch ihre Jobs aufgeben, um das Haus am Laufen zu halten. Es schwingt schon leise Ironie mit, wenn man hört, dass diese Geräte eigentlich dafür gedacht sind, uns in Zukunft mehr Freizeit zu verschaffen. Dennoch bleiben die Steiners fest bei ihrer Behauptung, dass die Technik im Hintergrund steht und nicht ihr Leben bestimmen darf. Doch das System hat kulturelle und soziale Schwachstellen, die sich nicht einfach mit noch mehr Technologie überwinden lassen. So stellte sich beispielsweise schon bald heraus, dass ihr Fingerabdruck-Erkennungssystem an der Haustür nicht mit den Fingern ihres adoptierten Kindes aus Kenia zurechtkam. Stattdessen sprechen sie heute in ein Stimm-Erkennungssystem – auf Kisuaheli. Ihre Tochter fragt sich, ob ihre Klassenkameraden sie nur deshalb besuchen kommen, weil sie einen coolen Filmprojektor hat und nicht, weil sie mit ihr befreundet sein möchten. Und warum, wenn die Frage erlaubt ist, muss man wissen, wie viele einfache und doppelte Espressi die Kaffeemaschine seit ihrer Anschaffung gebrüht hat? Und steigert man tatsächlich nachweislich seine Lebensqualität, wenn man die Beleuchtung, Rollläden und Musikanlagen so programmieren kann, dass man gegen Ende des Jahres nur »Weihnachtsstimmung« ausrufen muss und voilà, sofort herrscht festliche Atmosphäre? Geht es nicht auch um den Geruch des Gänsebratens im Ofen, den Anblick von Weihnachtsschmuck und Tannenbaum und das Geräusch, das entsteht, wenn Kinder das Papier von ihren Geschenken herunterreißen? Kann das Leben in der Zukunft nicht mehr sein als ein vorhersehbares Klischee eines technologischen Xanadus?

Uns war klar geworden: Wir würden Kompromisse schließen müssen, aber auch einen Konsens finden können, was die Architektur, die Baumaterialien und die Frage angeht, welche technologischen und umweltgerechten Lösungen für unser Zukunftshaus sinnvoll wären. Eine unserer größten Ängste blieb jedoch, ob und wie unsere Beziehung den Bauprozess überstehen würde. Schließlich weiß man, was ein Hausbau mit Menschen alles anstellen kann. Die Geschichte der Amerikanerin Sarah Winchester ist mit Sicherheit ein Extrembeispiel. Das Buch *The Inscrutable Mrs Winchester and Her Mysterious Mansion* von Lisa L. Selby beschreibt, wie die Witwe des Gewehrfabrikanten William Winchester nach dem Tod ihrer Tochter und ihres Mannes, 1884 wie verrückt ein Haus zu bauen begann und bis zu ihrem Tod 1922 nicht mehr damit aufhörte – ein Spiritist hatte ihr geweissagt, dass sie in dem Moment sterben würde, in dem sie aufhörte zu bauen. Durch Bauen unsterblich zu werden – dieser Wunsch ist für Architekten nichts Ungewöhnliches, aber ihre Kunden sind im Normalfall nicht ganz so anspruchsvoll.

Mrs Winchester jedenfalls war ein spezieller Fall, und über die Jahre wuchs und wuchs ihr Haus und wurde immer bizarrer, weil sie Schornsteine an x-beliebigen Stellen, Treppen, die an der Zimmerdecke endeten, oder Kamine auf Treppenabsätzen anbringen ließ. Mit seinen Gängen, die nirgendwo hinführten, merkwürdigen Biegungen und Kurven sowie Innenfenstern war ihr Haus ein einziges Gewirr aus Materialien, und je merkwürdiger die Ausmaße, die es annahm, desto mehr wurde sie selbst es auch. Es war nicht einfach nur eine dekadente Ausstattung, es war das Lebenswerk einer traumatisierten Frau und einer ganzen Reihe ihr treu ergebener und gut bezahlter Handwerker (einer der Zimmerer blieb 36 Jahre lang dabei). Aber statt eine therapeutische Wirkung zu entfalten, wurde der Hausbau zur Obsession, und es wäre ihr sicherlich besser ergangen, wenn sie sich Rat von einem Psychologen statt von einem Architekten geholt hätte. Das Haus, das noch heute in San Jose in Kalifornien zu sehen ist, gilt als Denkmal viktorianischer Handwerkskunst, ist aber zugleich ein Zeugnis dafür, welchen psychologischen Schaden ein Hausbau anrichten kann, wenn das eigene Dachstübchen nicht ganz in Ordnung ist.

Der wichtigste Vorteil, den Mrs Winchester genoss, war der, dass sie, und zwar nur sie und sie ganz allein, entschied, was und wie gebaut werden sollte. Man geht wohl nicht fehl in der Annahme, dass ein weit weniger »einzigartiges« Haus entstanden wäre, hätte sie nicht ihren Mann und ihre Tochter unter tragischen Umständen verloren, und wäre sie nicht Erbin eines riesigen Vermögens gewesen. Dankenswerterweise haben wir meist einen Partner, Verwandten oder zumindest einen aufmerksamen Bankberater, der uns notfalls in die Schranken weist. Aber sogar mit beständiger Unterstützung und einer gesunden Partnerschaft bedeutet ein Hausbau im Allgemeinen Stress, und zwar nicht nur für die Person, die täglich zur Baustelle fährt, sondern auch für enge Freunde und Verwandte. Sogar Jahre später noch können sich völlig unerwartet Auswirkungen zeigen, wie ich aus einem Gespräch mit einem Freund schloss. Nach außen vollkommen stabil und ausgeglichen wirkend, wird Herr A. jedes Mal blass und zittrig, wenn er jemanden sagen hört: »Ich muss auf die Baustelle.« Er ist heute in den Fünfzigern; im Alter zwischen drei und acht musste er miterleben, wie seine Eltern im ländlichen Österreich das Haus der Familie bauten. Beinahe täglich wurde er mit auf die Baustelle gezerrt, immer die bedrohlichen Worte im Ohr: »Ich muss auf die Baustelle.« Anders, als man vermuten würde, war das Unterfangen alles andere als aufregend (all diese wunderbaren Bagger, Maschinen und der ganze Matsch) für den kleinen Jungen, dem vor allem eine permanent erschöpfte, genervte und unaufmerksame Mutter im Gedächtnis geblieben ist sowie ein Vater, der regelmäßig, rot vor Wut im Gesicht, den Architekten die Straße hinunterjagte und ihm dabei mit einem Stock drohte. Ein Freund, der Architekt Ike Ikrath, machte mir klar, dass ein Architekt »das erste Haus für einen Feind baut, das zweite für einen Freund und das dritte für sich selbst«. Und obwohl ich Ikraths Design und seinen stilsicheren Geschmack sehr schätze, kann es als weiterer Beweis für die Gültigkeit dieses Sprichwortes gelten, dass ich mich entschieden habe, ihn NICHT zu fragen, ob er unser Architekt werden wolle, schließlich ist er ein zu wertvoller Freund, als dass ich ihn verlieren möchte. Genauso wenig überraschend ist, dass Umziehen regelmäßig in den Top 50 der Liste mit den größten Stressfaktoren im Alltag auftaucht. In einer Studie (»The Life Events Inventory« von Spurgeon, Jackson und Beach aus dem Jahre 2001) erscheint es auf Platz 32, »sexuelle Schwierigkeiten« knapp auf Platz 33 verweisend.

Aus weiblicher Perspektive ist Bauen mit Geburtsschmerzen vergleichbar – niemand kann Sie wirklich darauf vorbereiten, nicht einmal die erfahrene Hebamme, die Ihnen die Angst nehmen will und erzählt, ein Kind auf die Welt zu bringen sei wie »eine Grapefruit scheißen« – Sie wollen ihr nicht wirklich glauben. Natürlich denkt man während einer solch schmerzvollen »Geburt« (sei es nun ein Haus oder ein Baby), dass es ein Wahnsinn ist, den man nie wieder erleben möchte. Aber dann gibt es da diese bezaubernden beziehungsweise wunderbaren Still- oder Hausbauhormone, die plötzlich anfangen zu wirken und einen all das Unglück und den Schmerz vergessen lassen, und man pflanzt sich weiter fort oder baut ein weiteres Haus. Oder tut, wenn man ein kompletter Masochist ist, sogar beides. Gäbe es diese posttraumatischen Endorphine nicht, wären wir alle wohl schon längst ausgestorben oder säßen noch immer in Höhlen. Nun, im Nachhinein und bequem in einem Designerstuhl in meinem Future Evolution House sitzend, entfaltet sich der ganze Bauprozess von der Wiege bis zum Grab vor meinen Augen zu einem spannenden Theaterstück. Wenn ich über den jetzt untadeligen Ort des Verbrechens blicke, dann scheint es sich mir ganz klar um einen Krimi zu handeln – mit Schurken und Helden, mit Blut, Gelächter und Tränen. Und sogar mit einem Happy End.

# Der Bau des Future Evolution House:
# Ein Drama in drei Akten

**Die Mitwirkenden:**

**Oona Horx-Strathern:** nervöse Bauherrin, Höhlenmensch,
  Autorin

**Matthias Horx:** Bauherr, Jäger und Sammler, Zukunftsforscher

**Tristan Horx:** Teenager mit einem eigenen Kopf und eigenen
  Ideen

**Julian Horx:** jüngerer Bruder von Tristan, mit noch mehr
  eigenen Ideen

**Der Architekt:** hat den Auftrag, unsere Bedürfnisse und
  Wünsche zu erraten

**Der Bauleiter:** übernimmt es, die Bauarbeiter und Bauherren
  auf der Baustelle in Schach zu halten

**Yarah David:** Innenarchitektin und Fliesentyrannin

**Der Controller:** alias der »dicke Kontrolleur«, wie in dem
  Kinderbuch *Thomas und seine Freunde*, gelegentlich in der
  Rolle des Mediators

**Isis:** Katze, die die Verantwortung für eine bedeutende
  Kostenkrise trägt

**Handwerker:** der Chor der Elektriker, Installateure, Maurer,
  Stahlarbeiter et cetera

# Erster Akt

## Erste Szene: Naiver Idealismus

> *»Glaube mir, jene Zeiten waren glücklich,*
> *bevor es Architekten und Wandmaler gab.«*
> LUCIUS ANNAEUS SENECA

Der erste Akt unseres Baudramas begann am 25. Januar 2007, als wir ein enormes Bankdarlehen aufnahmen und an einem Nordhang in einem noch unentdeckten Wiener Stadtteil ein großes Stück Wiese voller Unkraut und einer Reihe wild wuchernder knorrigen Apfelbäume erwarben, die angeblich, aber wenig wahrscheinlich, kaiserlicher Abstammung waren. Es war auch der Geburtstag meines Mannes, und wir scherzten, dass dies wohl sein teuerstes Geschenk aller Zeiten sein würde und von nun an alle weiteren Geschenke unterbleiben mussten, da wir ohnehin nicht mehr in der Lage sein würden, sie zu bezahlen.

So weit also die Eröffnungsszene des ersten Akts. Und wie in allen guten Stücken zeichnet sich schon hier eine leise Vorahnung und gewisse Spannung ab, als wir, die Hauptdarsteller, uns blindlings jenem heimeligen, traumtänzerischen Liebestaumel hingaben, in dem wir Bauschutt, jeglichen Irrtum und die Finanzierung erst einmal aus unserer Vorstellung und unserem Verstand verbannten. Dies ist die Zeit, während der jeder, mit dem man spricht und der selbst schon gebaut hat, bei jeder noch so kleinen Andeutung von ungezügeltem Optimismus oder naivem Idealismus völlig zu Recht diskret die Augenbraue heben wird.

Merkwürdig immun gegen jedes Anzeichen des drohenden Dramas, das sich in den nächsten drei Jahren unseres Lebens vor uns entfalten würde, schwebten wir auf einem von Buckminster Fullers wolkenähnlichen Gebilden und betrachteten von da aus die Häuser und Bauweisen der anderen Leute. Etwa zu jener Zeit lehnte sich unsere Nachbarin, die mit ihrem eigenen Bauvorhaben schon halb fertig war, über die Mauer, die die Gärten unserer beiden Mietwohnungen voneinander trennte, und hielt zwei trüb gefärbte Tafeln in die Luft. Welche ist denn eurer Meinung nach besser, fragte sie begeistert. Besser für was?, dachte ich. Um Farbenblindheit zu testen? Es waren Mustertafeln für die Fassade ihres Hauses, und im Wettrennen waren ein verstaubtes Gelb und ein kränklich blasser Pfirsichton. Nachdem ich taktvoll meine unmaßgebliche Meinung kundgetan hatte (der blasse Pfirsichton war das geringere Übel), fragte sie geduldig und höflich nach, welche Farbe wir denn für die Außenwand unseres Hauses in Betracht ziehen würden. »Eigentlich«, entgegnete ich wichtigtuerisch, »denken wir eher in Kategorien wie Texturen und nicht in Farben.« Es war der Ausdruck von Verwirrung (und Mitleid) in ihrem Gesicht, der mir hätte sagen sollen, dass wenn ich so weitermachte, es für uns keine einfache Zeit werden würde, so ein Zukunftshaus zu bauen. Doch damals war mein Idealismus noch grenzenlos. Ähnlich wie der, der Architekten wie Daniel Libeskind dazu inspiriert, eine Teekanne in einer Tüte aus dem Fenster zu schmeißen, wenn es darum geht, ein Kriegsmuseum zu entwerfen.

Ein paar Monate später, als meine nun Ex-Nachbarin mit ihrer Familie selbstzufrieden und fröhlich ihr neues Haus bezogen hatte, fuhr ich hin, um mir aus erster Hand Ratschläge für den Umgang mit Handwerkern und Architekten zu holen. Während ihr Haus wenig überraschend war, war ich überrascht über ihre Gemütsverfassung: Sie war entspannt, glücklich und zeigte interessanterweise keine Anzeichen einer posttraumatischen Belastungsstörung. Das Haus stand, funktionierte, ihr und ihrer Familie gefiel es, und es stand weder ein Gerichtsverfahren bevor, noch gab es Beschwerden über die Handwerker. Wir dagegen hatten bis dato lediglich ein paar architektonische Konzeptskizzen und Kritzeleien vorzuweisen. Noch immer spielten wir mit bestimmten Ideen, ließen auf Partys Namen wie Corbusier und Mies fallen und warfen idealistische Vorstellungen in den Raum in der Hoffnung, dass sie sich wie von Zauberhand zusammenfügen und sich dann irgendwie von selbst bauen würden. Aus der Sicht unserer früheren Nachbarn trieb ich hilflos umher und hätte besser daran getan, ihrem soliden, bodenständigen Weg zum glücklichen Eigenheim zu folgen.

Das Geheimnis ihres reibungslos verlaufenden, idiotensicheren Hausbaus war recht einfach, wie sie zugab. Und es kam ohne intellektuelle Nabelschau über Konzepte im dreidimensionalen Raum (meine Worte, nicht ihre) aus. Wie sie mir erzählte, hatte sie in einem Katalog das Bild eines Hauses gesehen, das ihr gefiel. Sie entschloss sich, auf die Mithilfe eines Architekten zu verzichten, zeigte das Foto einem Bauunternehmer und erklärte: »So eines hätte ich gerne.«

Nun ist dies vermutlich nicht die kreativste, herausforderndste oder innovativste Art, ein Haus zu bauen, aber andererseits hielten sich die Kosten im Rahmen, und es wurde pünktlich und stressfrei fertig. Und auch wenn ihr Haus niemals zu einer Ikone der Konstruktionslehre oder -praxis werden wird, niemals Architekturstudenten an ihrem Gartenzaun stehen werden, den Hals reckend, um einen Blick auf das Haus zu erhaschen, fühlen sie und ihre Familie sich doch ungemein wohl darin. Ein Teil von mir freute sich für sie. Ein anderer, etwas größerer Teil von mir war neidisch, dass ihr Hausbau so unproblematisch verlaufen war, denn obwohl wir beide etwa um die gleiche Zeit Baugrundstücke gefunden hatten, waren wir noch bei den »Diskussionen« mit unseren zukünftigen Nachbarn, während sie schon Richtfest feierte und mit den Handwerkern das Bierfass anstach. Und ein letzter kleiner Rest von mir wartete regelrecht darauf, dass die ersten Risse auftauchen werden, ihnen das Dach auf den Kopf fallen oder Feuchtigkeit ins Haus gelangen wird. Dies ist, so wird mir klar, ein eher merkwürdiges Verhalten und zeigt, dass etwas grundlegend schiefläuft in der Baubranche, wenn wir misstrauisch werden, sobald etwas letztendlich gut ausgeht.

Die Copy-and-Paste-Hausbau-Methode unserer Nachbarn führte uns schnurstracks zu der Idee, ebenfalls ohne einen Architekten auszukommen und einfach ein Fertighaus zu kaufen. Das einzige Problem war, dass das gar nicht so einfach war. Da war zum Beispiel die schiere Menge an Hausmodellen, die für jeden Geschmack etwas zu bieten hatte, vom amerikanischen Landhaus bis hin zur spanischen Luxus-Hacienda. Das erste, das wir uns näher ansahen, war Matteo Thuns »O Sole Mio« in einem kleinen Dorf südlich von München. Es hatte mit dem Fertighausmodell aus dem Katalog wenig zu tun und war bei Weitem nicht so elegant wie dieses, und wir wollten wissen, warum. Das Problem in diesem Fall war die Baugenehmigung für das Dach – in dieser Gegend war nur eine gewisse Sorte von bayerischen Dächern erlaubt, was eine teure Bauplananpassung und komplizierte Umbauten nötig machte. Das schreckte uns ebenso ab wie die Idee eines LoftCube von Werner Aisslinger, mit der wir kurz geliebäugelt hatten. Eine wirklich coole Wohnkapsel, die aussah, als wäre sie direkt aus dem Weltall kommend auf der Erde gelandet. Da sie in großen Teilen angeliefert wird, würde es nicht so einfach werden, sie auf unser Grundstück zu bringen – die Zufahrt ist zu eng, um sie auf diesem Wege anliefern zu lassen, und der Transport per Hubschrauber überstieg unser Budget. Damit kam der futuristische Wohnwürfel für uns als schnelle und saubere Lösung nicht in Frage.

Als Nächstes schauten wir uns ein U.M.A.-Haus – entworfen von einer Gruppe Wiener Designer – an, das einzig und allein aus dem Grund unsere Aufmerksamkeit auf sich gezogen hatte, weil wir es lustig fanden, in Oonas U.M.A.-Haus zu wohnen (zumindest in den ersten paar Monaten). Wie andere seinesgleichen rühmt sich dieses Konzept mit einer Vielzahl von Anpassungsvarianten, mit denen sich unterschiedlich flexible und veränderliche Strukturen schaffen ließen, was eine gewisse Individualität herstellen und gewährleisten soll, obwohl es sich eigentlich um ein Reihenhauskonzept handelte. Und genau hier liegt der Hund begraben. Je genauer wir uns diese Fertighäuser anschauten, umso mehr wollten wir sie unseren Wünschen anpassen oder »pimpen«, wie unsere Kinder es nannten. Uns wurde klar, dass wir doch bei null anfangen und uns einen Architekten suchen sollten.

## Zweite Szene: Mythos Architekt

> *Man sollte einem Kunden nicht das geben,*
> *was er will, sondern das, was er braucht.«*
> FRANK LLOYD WRIGHT

> *»Sie glauben, die Philosophie sei ein schwieriges*
> *Geschäft, aber ich kann Ihnen sagen: Verglichen*
> *mit der Schwierigkeit, ein guter Architekt zu*
> *sein, ist das gar nichts.«*
> LUDWIG WITTGENSTEIN

Architekten sind eine merkwürdige Spezies. Bittet man jemanden, einen Architekten zu beschreiben, ist typischerweise die Rede von einem gut aussehenden Mann in einem schwarzen *Mad Men*-Anzug, einen gepflegten Dreitagebart ums Kinn, gerne im schwarzen Rollkragenpulli oder Poloshirt und natürlich mit dieser eckigen Brille, die dafür gemacht zu sein scheint, Leute intelligenter oder attraktiver aussehen zu lassen, als sie es eigentlich sind. Typischerweise wird er ein schwarzes Saab-Cabriolet fahren. Jeremy Till, Architekt und Autor des Buchs *Architecture Depends*, meint, »wie jeder Stamm eignen sich auch Architekten gewisse Rituale und bestimmte Codes an, sowohl was das Äußere als auch was die Sprache anbelangt. Sie kleiden sich häufig typspezifisch und verwenden eine spezielle Sprache.«

Zweifellos haben Architekten das Image, interessante, mächtige und sexy Menschen zu sein, was dazu führte, dass eine Freundin von mir bei der Online-Suche nach einem Partner völlig besessen war von einem eigenartigen und frustrierend schwer zu fassenden potentiellen Kandidaten. Sein Schwarz-Weiß-Foto war gewollt künstlerisch, leicht unscharf, aus einem waghalsigen Winkel aufgenommen, er selbst von Kopf bis Fuß schwarz gekleidet mit einem markanten, aber durchaus gewinnenden Grinsen in seinem leicht kantigen Gesicht, das Zuversicht und Selbstzufriedenheit ausstrahlte. Seine Biografie, die potentielle Partnerinnen anlocken sollte, las sich so: »Architekt, Single, derzeit in Berlin und Japan lebend, sucht flexible Partnerin mit der Bereitschaft zu reisen.« Zwischen all den Angestellten des öffentlichen Dienstes, schlecht bezahlten, mürrischen Servicekräften und gelangweilten Bankmanagern gelang es ihm damit sicherlich, Eindruck zu schinden. Aber die Sache funktionierte nicht so richtig. Als meine Freundin mir traurig mitteilte, dass er wieder einmal nicht auf ihre E-Mails reagiert habe, versuchte ich sie mit dem Gedanken zu trösten, dass er vermutlich mit einem preisverdächtigen, prestigeträchtigen Projekt in Osaka so beschäftigt sei, dass er weder ausreichend Zeit noch Energie habe, um sich um rein zwischenmenschliche Beziehungen zu kümmern. Meine wahre Theorie war jedoch die, dass er ein Lockvogel war – ein Fake, der nur deshalb auf der Webseite gelandet war, um ein bisschen Glamour und Verheißung zwischen all die Langeweiler zu bringen.

Während wir noch auf der Suche nach einem Architekten waren, der unseren Anforderungen genügte, wollte ich unbedingt den ultimativen Architektenfilm sehen, der bis heute für das Fortbestehen des Architektenklischees als unnahbare, tief nachdenkliche und gut aussehende Männer verantwortlich ist. Wenn ich »der ultimative« sage, hätte ich eigentlich auch »der einzige« sagen können, schließlich gibt es nur wenige Filme mit Architekten in den Hauptrollen und bestimmt keinen anderen, der das kollektive Bewusstsein so beeinflusst hat wie *Ein Mann wie Sprengstoff.* Basierend auf Ayn Rands Roman *Der Ursprung* und 1949 in die Kinos gekommen, ist er noch heute quasi der Pflichtfilm für alle Architekturstudenten im ersten Semester. Aber eigentlich müsste er für Studenten verboten und stattdessen für all jene verpflichtend werden, die einen Architekten engagieren wollen. Die Geschichte dreht sich um Howard Roark, einen US-amerikanischen Architekten mit einer kompromisslosen Vision davon, wie wir heute leben sollten und wie er bauen will. »Ich baue nicht, um Kunden zu bekommen«, sagt er bedrohlich, »ich habe Kunden, um bauen zu können.«

Der Film erzählt von radikalem Individualismus, von einem Mann, der »genauso unnachgiebig ist wie die Gebäude, die er baut«. Verwegen und mit einem ziemlichen Dreitagebart spielt Gary Cooper den skrupellosen Roark, der die Frau, die er liebt, opfert, um seinen Stolz und seine Prinzipien aufrechterhalten zu können. Dann sprengt er ein Gebäude in die Luft, das er zwar entworfen hat, dessen Fertigstellung aber durch die Einmischung anderer gefährdet wird – und landet vor Gericht. Nach einem flammenden Plädoyer, in dem er seine Werte verteidigt, wird er von den Geschworenen für nicht schuldig befunden. Wegen seiner großartigen Szenen, in denen es um das Übereinanderherfallen von Männern und Frauen (beziehungsweise von Menschen und Gebäuden) geht, ist dieser Film atemberaubend, auch wenn er den Zuschauer etwas verstört und benommen zurücklässt, vor allem wenn man weiß, dass er lose auf der Biografie Frank Lloyd Wrights beruht – der als einer der größten Architekten gilt, die es je gab.

Allerdings führte dieses cinematografische Erlebnis bei mir zu keiner größeren Einsicht oder einem besseren Gefühl dafür, wie wir jetzt den für uns entscheidenden Mann (oder Frau) finden sollten. Also fragte ich meinen Vater in London um seine Meinung. Er hat noch kein Haus gebaut und wird es auch nie tun, sondern lebt in einer ausgesprochenen Junggesellenwohnung in Notting Hill. Allerdings hat er vor Architekturstudenten Philosophievorlesungen gehalten, und einer seiner besten Freunde, Howard Martin, war ein origineller Architekturprofessor, dessen Vorlesungen über Akustik immer damit begannen, dass er im Hörsaal aus einer Pistole feuerte. Mein Vater sagte, er würde darüber nachdenken. Es war typisch für ihn, dass er mir keinen direkten Rat gab, sondern mir eine großartige, aber etwas zweifelhafte Geschichte erzählte, die in etwa so ging: Vor langer Zeit, als er noch Student war, ergatterte er einen Traumferienjob als Aufsichtsperson bei einem Architekturkongress an der Londoner South Bank. Er und sein Freund Jerry, die beide Philosophie am Trinity College in Dublin studierten, dachten, es würde ein Kinderspiel werden. Wir befinden uns im Jahr 1961 und sehen die beiden friedliebenden Studenten vor uns, die für die Sicherheit eines großen, provisorischen Gebäudes zuständig waren, das extra für diesen Kongress errichtet worden war. Busladungen voller Architekten aus aller Herren Länder hatten sich angekündigt. Wie schwer kann das schon werden, redeten sie sich ein. Die Besucher, Mitglieder der International Union of Architects, waren merkwürdige Gesellen. Sie tauchten in diesem recht spektakulären Gebäude mit seinem dramatisch designten Dach und allen möglichen, für diese Zeit supermodernen architektonischen Errungenschaften, auf, stürmten begeistert hinein und stellten umgehend zwei ungemein dringende Fragen an die hilflosen zwei.

Die erste war: »Wo können wir etwas trinken gehen?«, die zweite lautete: »Wo können wir Frauen kennenlernen?« Offensichtlich nicht willens oder vielleicht auch nicht in der Lage, letztere Frage angemessen zu beantworten, lotsten sie die Gentlemen (denn es waren nur Männer) mit einem gewissen Vergnügen direkt zum nächsten Pub und kehrten dann zu ihrer eigentlichen, viel drängenderen Aufgabe zurück – die vor allem darin bestand, Eimer dort hinzustellen, wo es durch das lecke Dach tropfte. Was auch immer mir diese Geschichte über architektonische Experimente sagen sollte, sie brachte mir zwei wichtige Dinge über Architekten bei. Erstens, auch sie sind nur Menschen. Und zweitens, sie sollten ein wenig an ihrem Image arbeiten.

Kurz nachdem wir das Grundstück gekauft hatten, riet man uns, einige renommierte Architekten, möglichst aus Wien, zu einer Ausschreibung einzuladen und uns dann zu entscheiden. Das bedeutete aber Arbeit: Man muss seine Vorstellungen formulieren (was man denkt, was man vielleicht möchte) und verschicken, eine Frist setzen und darauf warten, dass die Angebote und Entwürfe eintrudeln. Ich hatte mehrere Probleme mit dieser Methode. Eines war, dass die Entwürfe bei einer solchen Ausschreibung in der Regel nicht honoriert werden (also für eine Menge Leute eine Menge Arbeit für nichts bedeuten). Ein zweites war, dass man hinterher vielen Leuten sagen muss, dass ihre Arbeit umsonst war. Ein weiterer Aspekt, den wir berücksichtigen mussten, war, dass Architekten und Architektur in Wien eine lange Tradition haben. Im Gegensatz zu anderen Ländern stehen Architekten hier seit Langem ganz oben auf den Listen der reichsten, berühmtesten und einflussreichsten Leute. Dieses Vermächtnis – das der berühmte Versuch des exzentrischen österreichischen Philosophen Ludwig Wittgenstein, ein Haus für seine Schwester zu bauen, vermutlich am besten illustriert – ist heute noch lehrreich. Zusammen mit dem Architekten Paul Engelmann begann er 1926 ein Haus im modernistischen Stil zu bauen, bei dem Wittgenstein allein ein Jahr brauchte, um die Türgriffe und ein weiteres um die Heizkörper zu entwerfen. So schön sie schließlich auch aussahen, Wittgensteins Perfektionismus hatte noch nicht sein Ende erreicht. Nachdem das Haus so gut wie fertig war, bestand er – besessen von perfekten Proportionen – darauf, die Decke um 30 Millimeter anzuheben. Und als es 1928 endlich bezogen werden konnte, setzte man seine schwer geprüfte Schwester in Kenntnis, dass Vorhänge und Teppiche in dem Haus verboten seien. Dies geschah ganz im Geiste des österreichischen Architekten Adolf Loos und seiner umstrittenen Abhandlung *Ornament und Verbrechen*, in der er Dekoration mit Degeneration gleichsetzte – bei allem, von Frauenmode über Tattoos, bis hin zu Möbeln und Gebäuden. Wittgensteins ältere Schwester schrieb dem Bruder taktvoll: »Auch wenn ich das Haus sehr schätze, wusste ich doch schon immer, dass ich selbst weder darin leben kann noch will. Es erscheint mir tatsächlich eher eine Wohnung für die Götter, denn eine für eine kleine Sterbliche wie mich zu sein.« Heute beherbergt das Haus das bulgarische Kulturinstitut, welches angeblich die Heizkörper weiß gestrichen und Teppichboden verlegt hat. Stuart Jeffries schrieb im *Guardian*, Wittgenstein hätte es gehasst, was die »vulgären Bulgaren seinem nicht liebenswerten, nicht bewohnbaren Haus angetan haben«.

Die Frage, die nun im Raum stand, lautete: Wie »interessant« sollte unser Architekt sein? Im Laufe unserer Bemühungen trafen und besuchten wir einige, von denen wir schon gehört hatten; namentlich einer hinterließ einen besonders tiefen Eindruck bei uns (wenn auch nicht unbedingt aus den gewünschten Gründen). Seine Webseite öffnet sich mit dem Slogan »Genius at Work«. Als Britin vermutete ich, das sei witzig-ironisch gemeint im Sinne von »eigentlich bin ich eher bescheiden«. Wir statteten ihm also einen formvollendeten Besuch ab. Sein Büro glich einem Grand Palais, voll mit interessanten und gewagten Ideen und wie zufällig herumstehenden Modellen. Er war jung, auf gesellschaftlich akzeptable Weise verwegen und versprühte jene Art von Selbstvertrauen, die nur Geld oder ein langer Aufenthalt in einem strengen britischen Internat hervorrufen können. Man kann regelmäßig in den Society-Kolumnen der österreichischen Presse über ihn lesen. Wie Rowan Moore einmal so treffend im *Observer* schrieb: »Ich kenne so gut wie keinen Architekten, der es nicht genießt, sein Gesicht in der Zeitung zu sehen. Irgendwo tief in der DNA der meisten Angehörigen dieser Berufsgruppe scheint ein Rampensau-Gen fest verankert zu sein.«

Abgesehen von der Tatsache, dass schnell klar wurde, dass wir nicht in seiner Preisliga spielen konnten, schied er noch aus einem anderen Grund aus: Einige Wochen später sah ich ihn am Flughafen beim Einchecken für einen Flug nach London wieder. Ich stand ein paar Meter von ihm entfernt in der langen, nur langsam vorwärtskommenden Schlange für die Economy Class. Aus den Augenwinkeln sah ich, wie er, offensichtlich sehr nervös, vor dem Schalter der Business Class auf und ab hüpfte. Er war zu spät, das Gate war schon geschlossen, und man ließ ihn nicht mehr einchecken. Der Tobsuchtsanfall, der folgte, bestätigte all meine Vorurteile über Architekten.

Die klassische Falle, in die man auf der Suche nach einem Architekten tappt, ist die, dass man sich davon verführen lässt, wie er seine Arbeiten in der Öffentlichkeit oder in Architekturzeitschriften präsentiert. Architekten entwerfen nicht einfach irgendetwas, sondern sie »formen unsere kulturellen Ambitionen«, »definieren den Raum neu«, »arbeiten in neuen Dimensionen« et cetera et cetera. Fairerweise muss man zugestehen, dass es das wohlverdiente Privileg einer jeden Berufsgruppe ist, dass diejenigen, die es an die Spitze geschafft haben, die eigene Arbeit intellektualisieren, das Maß aller Dinge bestimmen, die Grenzen ihres Faches verschieben und als inspirierende Mentoren für den idealistischen Nachwuchs dienen. Bauherren sind oft beeindruckt oder sogar etwas ratlos ob mancher dieser Formulierungen, wenn doch alles, was sie wollen, nur vier gerade Wände mit einem Dach darüber sind. Der Mehrheit der Architekten geht es aber immer noch darum, wie man diese vier Wände und das Dach so schnell und so preiswert wie möglich bauen kann – auch wenn ein klein wenig retrogefärbtes Philosophieren über Konzepte und Raum natürlich immer verführerisch ist. Bei der Suche nach einem Architekten sollte man, wenn man nicht gerade nach der »Ich möchte so eines bitte!«-Methode meiner Ex-Nachbarin vorgeht, versuchen, jemanden zu finden, dem man zutraut, die eigenen gegenwärtigen und zukünftigen Ansprüche in ein funktionierendes Modell übersetzen zu können. In der Nicht-Architekten-Sprache heißt das, ein Haus bauen, in dem man bis an das Ende seiner Tage glücklich leben kann. Annie Proulx schreibt in ihren Erinnerungen an ihren Hausbau, *Ein Haus in der Wildnis*, wie glücklich sie war, als sie bemerkte, dass ihr Architekt einen Artikel von ihr gelesen hatte, in dem sie ihr Traumhaus beschrieb. »Ich war erleichtert zu erkennen, dass er schon verstanden hatte, was ich für ein Haus brauchte. Später erkannte ich, dass falls er den Text wirklich kannte, er den Inhalt wohl vergessen hatte.« Interessanterweise stellte sie später, als sie ihren eigenen Artikel selber noch einmal las, fest, dass er mehr einer Anklage denn einer konstruktiven Idee glich.

Wenn man sich mit dem Gedanken trägt, einen Architekten zu beauftragen, sollte man sich über eines im Klaren sein: Trotz aller Mythen und Neider, die sogenannte Stararchitekten wie Norman Foster und Zaha Hadid umgeben, hat er keinen einfachen und in vielerlei Hinsicht auch keinen beneidenswerten Job. Hat man Rang und Namen, kann man viel Geld verdienen, aber die Mehrzahl der Architekten entwirft dann doch eher Supermärkte und Bürogebäude oder – wenn sie es ganz glücklich getroffen haben – Hütten für reiche Autoren tief in der Provinz. Eine Sache, die Sie hinnehmen müssen, ist die, dass Ihr Architekt vermutlich lieber etwas Aufregendes entwickeln würde, als mit Ihnen gemeinsam zu überlegen, wo in Ihrem neuen Zuhause der beste Platz für die Waschmaschine ist. Und dann sollten Sie sich noch vor Augen halten, dass nicht jeder Architekt Sie zu ruinieren versucht, sondern einfach überleben will. Falls es zu Streit kommt, kann es wie eine missglückte Ehe in einer schmutzigen Scheidung enden: Es gibt Tränen, Vorwürfe und wahrscheinlich einen Anwalt, der teuer und bestenfalls hilfreich mitmischt. Kann man sich nach dem Scheitern einer Ehe oder einer Beziehung wenigstens noch Hilfe in Form einer Beratung oder Therapie holen, ist man mit seiner Verletztheit in seinem Verhältnis zu einem Architekten ziemlich alleine. Bevor man sich für einen Architekten entscheidet, sollte man jedenfalls verstehen, wie Architekten arbeiten und denken. Und dafür sollte man dorthin zurückkehren, wo alles beginnt, dorthin, wo Architekten studieren und ausgebildet werden, wo sie die Werte kennenlernen, die ihren Berufsstand ausmachen und mit denen wir es dann in der einen oder anderen Form zu tun bekommen.

Die Ausbildung eines Architekten dauert bis zum qualifizierten Abschluss in der Regel sieben Jahre und ist nach allem, was man so hört, eine echte Schufterei. In seinem Buch *Architecture Depends* gibt uns Jeremy Till einen ganz wunderbaren Einblick ins das anstrengende und schwierige Leben eines typischen Architekturstudenten. Er druckt darin eine amüsante E-Mail ab, die vor ein paar Jahren in Architekturhochschulen Kreise zog. Sie trägt die Überschrift: »Man weiß, dass man ein Architekturstudent ist, wenn …«. Dann folgt diese Auflistung:

… der Wecker einem sagt, dass man jetzt schlafen gehen sollte.

… man im Badezimmer eingeschlafen ist.

… man die genauen Zeiten kennt, an denen die Getränke- und Süßigkeitenautomaten wieder aufgefüllt werden.

… man glaubt es sei möglich, Raum zu ERSCHAFFEN.

… man seine Freundin / seinen Freund zu einem Date auf eine Baustelle mitgenommen hat.

… man RAUM feiert und den Geburtstag BETRACHTET.

… man in der Öffentlichkeit nicht mehr zu sehen ist.

… man von großen Architekten (verstorbenen oder lebendigen) nur noch in der Kurzform spricht, so also würde man sie persönlich kennen (Frank, Corb, Mies etc.).

Will man einen noch tieferen Einblick in die Gedanken, die Motivation und das Unglück eines Architekten bekommen, stehen zwei Optionen zur Verfügung: Entweder man setzt sich selber noch einmal hin und studiert Architektur, was ich nicht unbedingt empfehlen würde (siehe oben), oder man verlegt sich auf das Lesen von Büchern wie Tills *Architecture Depends*. Das ist die Pflichtlektüre für jeden, der Architekten verstehen will oder sich zumindest besser in ihre schrecklichen Erfahrungen mit dem Bauen einfühlen können will. Das Buch ist keine Strandlektüre und wird sicherlich auch auf keiner Bestsellerliste zu finden sein – trotz des faszinierend surrealen Umschlags des Hardcovers, der einen Mann zeigt, der als Bär verkleidet ist und in einem Raum steht, der bar jeder Verkleidung ist (bitte beachten Sie das visuelle Wortspiel). Offensichtlich richtet es sich in erste Linie an die sadomasochistischen Architekten, die sich selbst dafür bestrafen wollen, dass sie sich von der wirklichen Welt mit ihrem Chaos, ihrer Politik und Moral zurückgezogen haben. Der mutige Autor behauptet, dass trotz des Anspruchs auf Autonomie, Reinheit und Kontrolle, den Architekten gerne für ihre Arbeit reklamieren, die Architektur durch Unsicherheit und Kontingenz in Mitleidenschaft gezogen wird. Immer wieder gibt es unvorhersehbare Umstände, die die besten Pläne beeinflussen oder gar torpedieren. Und da Architekten dies im Allgemeinen fürchten oder leugnen, ziehen sie sich lieber ganz zurück und streben nur noch nach ästhetischer Perfektion. Für den Bauherrn bedeutet dies, dass er nicht bekommt, was er will, sondern was der Architekt glaubt, was er braucht.

Wenn Sie irgendetwas von dem eben Gesagten bezweifeln, hören Sie sich die Geschichte von Eisenmans House VI an.

Anders als Wittgenstein ist Peter Eisenman tatsächlich studierter Architekt. Laut dem Artikel in der englischsprachigen Wikipedia gab er seinen Platz in einer Schwimmmannschaft auf, um in das Architekturstudium der Cornell University einzutauchen. Er ist vor allem als von Derrida inspirierter, dekonstruktivistischer »Papier-Architekt« bekannt – ein Umstand, der bei jedem potentiellen Auftraggeber ausreichend Warnglocken hätte läuten lassen sollen. Seine ersten Kunden, Richard und Susan Frank, sind daher bemerkenswert – entweder für ihre Dummheit oder ihren Mut. Das Haus, das Eisenman für sie entwarf, war eine »befreite« architektonische Form, die auf seinem postfunktionalistischen Verständnis von Architektur fußte. Übersetzt bedeutet dies, dass es elementare Entwurfsfehler hat, etwa die Tatsache, dass die Franks wegen einer poetischen baulichen »Besonderheit« keinen Platz für ein Doppelbett in ihrem Schlafzimmer hatten. Als Außenstehender hat man gut lachen, doch das Haus setzte nicht nur den Schlafgewohnheiten der Franks ein Ende, es sprengte auch ihr Budget und verschlang ihre gesamten Ersparnisse (Wittgensteins Schwester hat sich übrigens geweigert, für die Änderungen am Haus zu zahlen, und der »Architekt« spielte Lotto in der Hoffnung, so seine Verluste wettzumachen). Interessanterweise hatte das alles anscheinend keine negativen Auswirkungen auf die Ehe der Franks, sie schrieben sogar ein Buch darüber. Vielleicht hat sie dieses architektonische Unglück einfach unumstößlich zusammengeschweißt.

Auch wir sind mit einem völlig überflüssigen Objekt gesegnet worden: Es ragt aus einem Glasvorbau, der als zweiter Eingang an der Hinterseite des Hauses dient. Nicht nur, dass dieser zwei Meter lange, feuerfeste, lackierte Stahlträger keinerlei ästhetisch ausgleichende Qualitäten hat, er irritiert mich auch deshalb so sehr, weil er für mich der Inbegriff von Geld- und Ressourcenverschwendung ist. Allerdings würde es mehr als ein Lotterielos kosten, ihn entfernen zu lassen. Jedoch: Nichts wirkt so gut wie ein berühmter Name, den man fallen lassen kann, um Fehler zu rechtfertigen. Und so erzähle ich unseren Gästen nun stolz, dies sei unser Eisenman-Extra. Die einen nicken daraufhin wissend, die anderen, die keinen blassen Schimmer haben, wovon ich rede, lächeln verständnislos.

Der Gerechtigkeit halber muss man aber zugeben, dass Eisenman das Extrembeispiel eines Architekten ist. Denn das übliche Problem bei der Architektensuche ist natürlich nicht, dem Wittgenstein-Eisenman-Genie aus dem Weg zu gehen, sondern jemanden zu finden, der von diesen Vorgängern nicht beeinflusst, inspiriert oder unterrichtet worden ist. Also, wo fängt die Misere des Architekten an?

Architekturhochschulen sind laut Stewart Brand wunderbar und schrecklich zugleich. »Wunderbar, weil sie die letzte große Berufsgruppe heranziehen, die noch ein Renaissancegefühl kennt, und schrecklich, weil sie es auf eine sehr engstirnig Weise tun. Sie sind wie besessen auf visuelle Fähigkeiten wie das Erstellen von Skizzen, Modellen, Plänen und Fotografien fokussiert. Das ist nur ein schwacher Ersatz für wirkliche Erkenntnis. Die Betonung des Künstlerischen lenkt von der wirklichen intellektuellen Suche ab.« Und genau das ist der Diskurs, den man führt, wenn man in dem Beruf eine gewisse Stellung erreicht hat. Es ist ein Thema, über das sich bei dem einen oder anderen Bier in der Kneipe wunderbar diskutieren lässt, wie gemacht für Dissertationen und ein dankbares Sujet für Vorträge bei Architekturtagungen.

Der Laie sollte aber eigentlich davon ausgehen können, sich darüber keine Sorgen machen zu müssen. Doch wer diesen Diskurs ignoriert, tut es auf eigene Gefahr, denn obwohl es vor allem Dilemmata sind, die am Schluss nur die Fachleute lösen können, fühlt man sich als Außenstehender besser, wenn man weiß, warum man seinem Architekten gegenüber so empfindet, wie man es tut.

Jeremy Till äußert sich ähnlich unverblümt. Er behauptet, dass »Architekturstudenten im ersten Studienjahr in eine Art zu Denken hineingezogen werden, die sie ihre Menschlichkeit vergessen lässt«. Verantwortlich dafür macht er eine ganze Reihe von Ritualen, in die die Studenten angeblich eingeführt werden und die ihnen zeigen, wie sie ihre Arbeit aggressiv verteidigen können. Schon früh müssen sie für ihre Ideen einstehen und ihre Entwürfe begründen. Dabei verteidigen sie Entscheidungen, die sie in diesem Moment noch gar nicht in der Lage sind, wirklich zu rechtfertigen. Till ist hier schonungslos: »Man geht als Mensch hinein und kommt als Architekt heraus.« Und obwohl sein Buch ein Angriff auf die Art und Weise ist, wie Architektur sich heute von der realen Alltagswelt verabschiedet hat, verweist er doch auch gleich zu Beginn darauf, warum dies in beruflicher Hinsicht nötig ist, denn »man muss sich von sich selbst lösen, um ein Profi zu werden«. So empfindet es auch Ricky Brudett von der London School of Economics, der meint, »man braucht ein gewisses Maß an Abstraktion, um innovativ zu sein, aber danach muss man wieder den Anschluss finden. Das Problem entsteht, wenn das Ganze über die vielen Jahre des Studiums hinweg zunehmend selbstreferentiell wird.« Ein Ex-Architekt war so freundlich, mir das in eine allgemein verständliche Sprache zu übersetzen. Es soll heißen, Architekten leiden an einer Art Selbstverkrümmung. Dieses Charakterzug ist zum Teil also der Grund dafür, dass manche Architekten so abgebrüht sind, dass sie nicht nur versuchen, das Geld zu bekommen, das vereinbart war, sondern das, was sie zu verdienen glauben.

Architekten, das habe ich gelernt, werden per Gehirnwäsche darauf vorbereitet, niemals die Kontrolle zu verlieren. Dies zeigt sich auch an ihrer Vorliebe, ihre Gebäude zu fotografieren, bevor »Schadensmöglichkeiten« (Menschen) einziehen. Sicher ist das eine Folge der sogenannten Wettbewerbs- oder Auszeichnungsarchitektur. Stewart Brand erinnert sich in *How Buildings Learn* an eine vielsagende Unterhaltung mit Clare Cooper Marcus von der Fakultät für Architektur der University of California, Berkeley. Cooper Marcus weist darauf hin, dass Architekten ihre Aufträge dadurch bekommen, dass sie Preise gewinnen, und die Jurys stützen sich bei ihren Entscheidungen nun mal auf Fotografien. »Kein Gebrauch, kein Kontext. Nur leblose Fotografien, aufgenommen bevor Menschen angefangen haben, das Gebäude in Gebrauch zu nehmen.« Daher auch das Gerücht über hoch ambitionierte Architekten, die Häuser entwerfen, die sich gut fotografieren lassen, und dabei weniger Wert darauf legen, ob es sich auch gut darin leben lässt. Die Jurys der Wettbewerbe sind nicht ganz unschuldig daran. Herb McLaughlin, ein Architekt aus San Francisco, erzählt, wie er als Jurymitglied einmal eine neuartige Methode vorschlug, um aus den zehn Häusern auf der Shortlist den Gewinner zu ermitteln: »Wir könnten doch die Bauherren anrufen und fragen, wie sie sich in den Gebäuden fühlen. Schließlich will ich keinen Preis für ein Gebäude verleihen, in dem es sich nicht gut leben lässt.« Er wurde, so erinnert er sich, von seinen entsetzten Mitjuroren »niedergeschrien«.

Der durchschnittliche Bauherr liest keine Fachzeitschriften für Architektur. Das ist nicht weiter schlimm, da man darin sowieso kaum ein kritisches Wort über ein Gebäude findet. »Architekturzeitschriften könnten für die Berufsgruppe ein Weg sein, monatlich Feedback darüber zu bekommen, was funktioniert und was nicht. Stattdessen sind sie eine monatliche Scheuklappe«, so Brand. Obwohl die Bauherren häufig zu dem von ihnen beauftragten Gebäude befragt werden, wird man selten von Problemen oder Beschwerden hören. Auch wenn es wohl keinen Markt für Zeitschriften wie *Die größten Baudesaster* oder *Architektonische Albträume* gibt, sollte man beim Betrachten der Hochglanzfotos die Frage im Hinterkopf behalten, warum etwas ausgewählt und der Abbildung für würdig gefunden wurde. Stewart Brand zitiert in *How Buildings Learn* die Worte des Architekten Frank Duffy, der sich ärgert über »den Fluch der Architekturfotografie, der es nur um das wundervoll komponierte Bild, das absolut leblose Foto geht, das Zeit aus der Architektur heraushält. [...] All diese schönen, aber leeren Stillleben unbewohnter und unbewohnbarer Räume haben mehr Leben aus der Architektur herausgequetscht als vermutlich jeder andere einzelne Faktor.« Ehrlicherweise hat es für viele Kunden aber aus diversen Gründen einen Reiz, mit ihrem Haus in solchen Zeitschriften aufzutauchen – aus Eitelkeit und wegen des dadurch gesteigerten Werts ihrer Immobilie. Trotzdem sollten ein bewohnbares Haus und jemand, der darauf erpicht ist, durch solche Bilder unsterblich zu werden, keine sich gegenseitig ausschließende Existenzzustände sein.

Der gefeierte Architekt Sir Richard Rogers, der das Centre Pompidou in Paris entworfen hat, lässt Bauherren ein wenig hoffen, wenn er sagt, dass »eines der Dinge, die wir suchen, eine Architekturform ist, die, anders als in der klassischen Architektur, nicht perfekt und bei der Fertigstellung begrenzt ist. [...] Wir suchen nach einer Art von Architektur, die eher wie Musik und Dichtung vom Nutzer verändert werden kann, eine Architektur der Improvisation.« Dennoch möchten sich vermutlich die wenigsten von uns Gedanken machen müssen, wie sie improvisieren können, oder in einem Kunstwerk oder einem Gedicht wohnen. Als er in das menschenleere Atrium des von ihm selbst mitbegründeten Media Lab blickte, bemerkte Marvin Minsky, der Pionier der Künstlichen Intelligenz, dazu niedergeschlagen, das Problem sei wohl, dass Architekten sich für Künstler hielten.

Nehmen wir einmal an, Sie können einen unkomplizierten Architekten finden. Er hat kein übergroßes Ego und ist zudem kein »Künstler« im negativen Sinne des Wortes. Nun erliegen Sie vielleicht dem Gefühl, dass Sie als Kunde entscheiden, was geschieht. Der heiß begehrte Architekt Philip Johnson bekannte einmal in erfrischender Offenheit: »Architekten sind im Grunde wie Edelhuren. Wir können ebenso manche Projekte ablehnen wie sie manche Freier ablehnen können, doch beide müssen wir irgendwann Ja zu jemandem sagen, wenn wir im Geschäft bleiben wollen.« Schlussendlich ist auch dies ein Wettbewerbs-Business, und das Überleben darin läuft auf drei Grundregeln der Architekten hinaus:

1. den Auftrag kriegen,
2. den Auftrag kriegen,
3. den Auftrag kriegen.

Daher ist es nicht unfair, nebenbei daran zu erinnern, dass Architekten, um im Geschäft zu bleiben, ökonomisch mit der Wahrheit umgehen müssen. Ich würde nicht so weit gehen und behaupten, sie wären alle pathologische Lügner, aber ich bin überzeugt davon, dass die meisten rational denkenden und intelligenten Menschen sich gar nicht erst auf ein solch wahnsinniges Unterfangen einlassen würden, wenn man ihnen vorher offen und ehrlich sagen würde, was in finanzieller, ökonomischer und mentaler Hinsicht alles auf sie zukommen wird, bis sie ihr Traumhaus / ihre Traumwohnung haben. Wenige Architekten können es sich leisten, so ehrlich mit ihren zukünftigen Bauherren zu sein, auch wenn German Hassinger, Architekt in New Jersey, behauptet, alle Gespräche mit potentiellen Auftraggebern in etwa so zu beginnen: Es gibt drei Gesetze für menschliche Unternehmungen:

1. Nichts ist so einfach, wie Sie denken.
2. Nichts geht so schnell, wie Sie denken, dass es gehen müsste.
3. Nichts kostet am Schluss so viel, wie Sie dachten, dass Sie ausgeben würden.

Er erklärt seinen Auftraggebern auch, dass wenn sie bereit sind, diese drei Grundregeln zu akzeptieren, das Ergebnis ihre Erwartungen für gewöhnlich übertreffen wird. Ob sie ihm wirklich glauben, steht auf einem anderen Blatt.

Wir entschieden uns schließlich gegen einen Stararchitekten, ein Genie oder einen »Corbusier«, und wählten stattdessen einen ortsansässigen No-Name-Architekten. Ich werde ihn einfach »den Architekten« nennen. Seine wichtigsten Qualifikationen für seine

Beauftragung waren, dass er recht nett wirkte und wir in guter Stimmung einen Tee in seinem Büro tranken, das in Fußweite unseres Baugrundstücks lag. Sein Refugium war eher enttäuschend, am Ende einer schäbigen Treppe in einem Haus mit bröckelnder Fassade, das nicht den Anschein erweckte, als sei es seit seiner Erbauung noch einmal gereinigt oder gestrichen worden. Sein Büro befand sich in der Mansarde. Glücklicherweise erweckte der Anblick von ein paar Architekturskizzen, Büchern und Broschüren sowie einiger im Dämmerschlaf befindlicher Apple-Computer den Eindruck eines ernsthaft genutzten Arbeitsplatzes. Für ihn sprach zudem, dass er offenbar nicht das Ego eines Grizzlys hatte (oder es zumindest gut versteckte) und auch nicht der Typ zu sein schien, der uns einen furchtbaren Entwurf, den er auf geschickte Weise als genau unseren Wünschen oder Bedürfnissen entsprechend deklarierte, aufdrücken würde und dann monatelang schmollte, wenn er uns nicht gefiel. Kurz vor der Vertragsunterzeichnung dachte ich an das, was Vincent Kling einmal sagte, dass »kein Architekt, wie gut er auch sei, ein gutes Gebäude für einen schlechten Bauherrn machen kann. Dagegen kann kein Architekt, wie schlecht er auch sei, ein wirklich schlechtes Gebäude für einen guten Bauherrn machen.« Natürlich waren wir, zumindest aus unserer eigenen Perspektive, von nun an sehr gute Bauherren.

## Dritte Szene: Das Entschlüsseln der DNA

>*Ein Selbstporträt in Stein ... ein Haus wie ich.*«
*CURZIO MALAPARTE*

Als wir uns auf Gedeih und Verderb schließlich für unseren netten »normalen« Architekten entschieden hatten, verspürten wir für einen Augenblick ein verfrühtes, köstliches Gefühl der Erleichterung. Einen winzigen Moment lang gewann die Aufregung Oberhand über die finanziellen und persönlichen Ängste. Ein Stein fiel uns vom Herzen. Nur um kurz darauf auf den Zehen zu landen. Und zwar genau in dem Moment, in dem einen die Wirklichkeit einholt und man realisiert, welche gigantische Aufgabe noch vor einem liegt. Denn erstens war dies nur der Beginn einer langen, komplizierten und zudem irgendwie widernatürlichen Beziehung, denn man freut sich logischerweise von Anfang an ja nur auf ihr Ende. Und zum Zweiten ist einem völlig klar, dass es nun an der Zeit ist, sich ernsthaft mit der Diskrepanz zwischen der Fantasie und der Realität der eigenen Bedürfnisse und Wünsche auseinanderzusetzen. Im Leben der meisten Menschen gibt es nämlich einen Unterschied zwischen der Realität, in der sie leben, und dem Zustand, von dem sie glauben, so in Zukunft leben zu wollen oder zu sollen. Der Ärger geht in der Regel in dem Moment los, in dem man sich entscheidet zu bauen oder zu renovieren, und man den Umfang dieser »Realitätslücke« erkennt, die sich vor einem auftut. So werden Teenager zum Beispiel nicht nur deshalb plötzlich ihre Zimmer immer in Ordnung halten, weil die Wände und der Boden von einem (Innen-)Architekten entworfen wurden, wie berühmt oder nett er oder sie auch sein mag. Das gilt auch für Lebenspartner oder Mitbewohner, die vermutlich nicht urplötzlich dazu übergehen werden, die Zahnpastatube nie mehr offen zu lassen. Oder für das durchgesessene, alte Sofa, das weder morgen noch irgendwann sonst in der Zukunft besser aussehen wird.

Jetzt ist der Augenblick gekommen, in dem man die DNA seines zukünftigen Hauses entschlüsseln muss. Kinder zu zeugen ist da bedeutend einfacher: Sie suchen sich einen Partner mit einer passenden DNA und überlassen den Rest der chemischen Kombination dem Schicksal. Aber jetzt geht es um Ihr Haus, in dem, natürlich in den Grenzen Ihres Budgets und dessen, was die Bauvorschriften erlauben, so ziemlich alles möglich ist. Wenn Sie also an das Ausformen der DNA Ihres zukünftigen

Lebensraums herangehen, erscheint das zunächst ausgesprochen befreiend. Man glaubt, alles sei möglich, sogar der bahnbrechende Entwurf eines einzigartigen Raumes, der nur für einen selbst und die eigene Familie existiert, frei von allen Konventionen und allen bereits durchdachten Ideen darüber, wie ein Haus sein sollte. Doch tatsächlich ist es gar nicht so einfach, Tausende von Jahren der Wohnraum-Evolution mal eben schnell zu verbessern. Und vielleicht ist das auch gar nicht erstrebenswert.

Was wir als Bewohner von unserem Haus verlangen, ist doch, dass es der idealisierende Spiegel unserer persönlichen Werte und Ansichten ist. Eine Absichtserklärung in Stein, Glas oder Stahl. Und vielleicht sogar eine Art ernüchternde Erinnerung, wenn die Dinge schlecht laufen oder es schwierig wird. Curzio Malaparte hatte dies erkannt, als er erklärte, er wolle »ein Haus wie ich« bauen. Dieses »Ich« war kein gewöhnliches »Ich«, sondern ein von Zwangsvorstellungen besessener italienischer Autor, der ein abgeschieden gelegenes Haus in einem Vorgebirge auf Capri entwarf. Zum Glück orientierte sich der Entwurf mehr an den edlen Seiten seines Charakters, und Alain de Botton erinnert uns in *Glück und Architektur* daran, dass dies, wäre es ein ganz originalgetreues Abbild des Erbauers geworden, doch bedeutet hätte, »dass auch so manch protziges Mobiliar zum Haus gehören müsste, ein paar nirgendwohin führende Flure und vielleicht auch ein Schießstand (er blieb bis 1943 Faschist) sowie einige zerbrochene Fenster (er trank oft und prügelte sich dann gern).«

In der Rückschau sind wir der Ansicht, wir hätten zu unseren ersten Konzeptionsgesprächen mit dem Architekten vielleicht besser psychologische und psychotherapeutische Gutachten über uns mitgebracht. Stattdessen nahmen wir Ausschnitte aus Design- und Einrichtungszeitschriften sowie Fotos von Arbeiten der modernistischen Missetäter mit, die wir verehrten – vor allem Mies, Eames und Corbusier. Für mich waren sie Orientierungspunkte. Eine Art Kleiderschrank, in den man seine Ideen hängt. Für den Architekten war es vermutlich eine Bedrohung, obwohl er sein Bestes gab, seine Angst zu verbergen.

Das ist der Zeitpunkt, an dem man entschieden haben sollte, was man möchte – oder wenigstens so klingen sollte, auch wenn man es noch nicht genau weiß. Aber glauben Sie bitte nicht, der Architekt sei in dieser Phase schon an der Lage des Waschkellers, der Katzenklappe oder der Fliesenfarbe interessiert. Er oder sie wird an den groben Umrissen der Ideen arbeiten, und Sie als Auftraggeber werden ihm vorauseilen, enorm aufgeregt und auch ein bisschen überfordert von der schieren Fülle an Details, die berücksichtigt werden müssen und über die man sich noch zu einigen hat. In diesem Moment besteht das große Bild noch aus vielen kleinen Einzelteilen. Der Architekt, der in der Regel wesentlich systematischer vorgeht als Sie, wird geduldig an einem ersten »Konzept« oder Grundriss arbeiten und sich den irrelevanten Details später widmen. Unsere Bedürfnisse waren eigentlich recht einfach. Zumindest glaubten wir das.

Als wir die ersten Entwürfe zu Gesicht bekamen, war das erst der Anfang eines langen Entwicklungsprozesses. Wir erkannten, dass wir eine bungalowähnliche Box à la Eames' Case Study House wollten, ja, genau, eingeteilt in verschiedene Bereiche. Die Aufteilung und Anordnung der Zimmer war aber noch völlig offen. Um die Modernität zu betonen, war das Skelett des Hauses als eine Holz-Stahl-Kombination geplant, die es leicht und flexibel machen sollte. Als die Stahlpreise anstiegen, verschoben sich die Verhältnisse zwischen den beiden Materialien entsprechend. Es gab endlose Diskussionen in alle Richtungen, auf Anspannung folgte eine Lösung, Wände wurden verschoben, Toiletten kamen und gingen, und die Pläne wurden immer genauer, bis wir den Zustand eines optimalen Kompromisses erreichten, der es uns möglich machte, einen Bauantrag zu stellen, und die zukünftigen Bewohner ruhiger werden ließ.

Bis dahin waren wir davon ausgegangen, alle unsere Ideen und Bedürfnisse (sowohl aktuelle wie zukünftige) herausgefunden und erschöpfend durchdacht zu haben, doch plötzlich überkam uns das merkwürdige Gefühl, dass das Ergebnis weder sehr futuristisch noch besonders spannend war. Halt, riefen wir, lassen Sie uns etwas Verrücktes machen. Überraschen Sie uns mit etwas völlig Neuem. Die listige Reaktion des Architekten war ein DIN-A4-großes Stück Papier mit einem Entwurf, der an einen großen, bauchigen Kokon erinnerte. In gewisser Weise war es das Klischee von allem Futuristischen – und zwar so weit getrieben, dass wir umgehend beschlossen, dass das, was wir wirklich wollten, ein hübscher, rechteckiger Bungalow war, so wie wir ihn ursprünglich geplant hatten.

Während der Planungsphase unseres Hauses bemerkte ich, dass mein Gehirn nicht in der Lage war, die Grundrisse in echtes Leben zu übersetzen. Vermutlich gibt es einen medizinischen Ausdruck dafür, vermutlich aber kein Medikament dagegen. Es geht nicht nur darum, dreidimensional denken zu können, sondern darum, sich selbst in den Raum hineinzuversetzen, ihn zu visualisieren. Die schönen, sauberen Linien auf dem Papier geben einem das Gefühl, man wäre von all dem Müll, den überfüllten Kellerräumen und den Wollmäusen unter dem Sofa befreit. Sie sind das Versprechen eines aufgeräumten, sauberen, perfekten neuen Lebens, eines Lebens, in dem die Kinder ihre Zimmer von alleine aufräumen und sich niemals irgendwo Staub niederlässt. Ich nenne es den »magischen Trick des weißen Papiers«, der leider auch bedeutet, dass das Gefühl der Befreiung nicht nur zeitlich begrenzt, sondern eine Illusion ist. Schon bald wird es durch eine dunkle Vorahnung getrübt, dass man es niemals schaffen wird, ausreichend Kleidung / Bücher / die Sammlung von Flugzeug-Kotztüten / Steinen / Fotos sowie alles andere, was sich über Jahrzehnte in Beziehungen / bei Reisen / Fahrten zu Ikea angesammelt hat, loszuwerden.

Leider ermuntern einen auch Architekten in der Regel nicht zu dieser realistischen Sicht der Dinge. Vielleicht weil man ihnen eingeredet hat, dass ihre Auftraggeber eine Art Patienten mit einer furchtbaren Krankheit sind, die nur sie, die Architekten, mit ihrem größeren Wissen und ihrer Weisheit, heilen können. Eine schnelle und sehr unrepräsentative Umfrage unter Freunden, die auch mit der »Hilfe« eines Architekten gebaut oder renoviert haben, kommt zu dem gleichen Ergebnis: dass »Stauraum« ein schmutziges Wort sein muss und dass er oder sie durchaus einen zu »heilen« versucht, so als trüge man eine ansteckende Krankheit in sich. Eine Bekannte gab zu, sie habe ihren Architekten quasi mit vorgehaltener Waffe dazu gezwungen, Platz für Einbauschränke zu schaffen. Ihre Schränke waren sein Verlust an Raum und Stolz, und ihrem Wunsch nachzugeben bedeutete für ihn eine Art architektonischer Kastration. Er kam frisch von der Uni, arbeitete für einen Hungerlohn und litt, wie viele seiner Kollegen, an dem, was unter dem Ausdruck »Zeitschriften-Architektur-Syndrom« bekannt ist. Es ähnelt in seinen Symptomen sehr der Wettbewerbsarchitektur, was auf ein Bauherren- / Amöben-Level übersetzt heißt: Vonseiten des Architekten mangelt es an Interesse für so unattraktive Dinge wie einen Abstellraum, Platz zum Aufhängen der Wäsche oder zur Aufbewahrung des Katzenstreus. Denn das, was sie wollen, und für die Karriereleiter brauchen, sind Fotos von so viel freiem architektonischem Raum wie möglich. Und nützliche Schränke und Wäschekammern sind da keine Hilfe.

Eine der frühen, wichtigen Schlachten dreht sich also um Raum. Das, was Sie mit ihm anfangen wollen, gegen das, was der Architekt von seinem Können zeigen will. Wegen unseres begrenzten Budgets sollte unser Haus nicht übermäßig groß werden, circa 180 Quadratmeter zum Wohnen plus Garage und Keller und 110 Quadratmeter für das Büro, das etwa 30 Meter entfernt vom Wohngebäude steht. (Als Selbstständige und Wissensarbeiter war ein wichtiges Thema des Projektes die »Work-Life-Balance«, also die Frage, wie um alles in der Welt man zu Hause arbeiten kann, ohne dabei ständig von Handwerkern und anderem unterbrochen zu werden. Um es vorwegzunehmen: Wir arbeiten bis heute daran.)

Auf den DIN-A2-Plänen des Architekten sah alles riesig aus, denn dort gab es keine Eventualitäten. Egal, ob man die Grundrisse oder die Querschnitte des Hauses (wie ein Schinken in Scheiben geschnitten) anschaut, sie lullen einen in ein falsches Gefühl von Ordnung und Sauberkeit ein. Eine der Möglichkeiten, dieser Illusionen zu entgehen, ist, ein maßstabsgetreues Modell anfertigen zu lassen. Leider kann das ziemlich teuer werden. Doch abgesehen davon, dass seine Herstellung Ewigkeiten brauchte, und der Architekturstudent, der es baute, beim Zurechtschneiden des Styropors fast einen Finger verloren hätte, lohnte sich die Bastelarbeit durchaus.

Zunächst schien unser Ein-Meter-fünfzig-Modell aus Styropor, Sperrholz und Folie, das in unserer alten Wohnung den ganzen Esstisch blockierte, nur Verwirrung zu stiften. Es fügte dem Projekt lediglich eine weitere Dimension des Denkens hinzu, die uns noch mehr irritierte.

Nachdem wir aber aus Pappe und reichlich Klebeband ein paar Miniaturmöbel gebastelt hatten, konnten wir immer mehr mit dem Modell anfangen. Ich machte ein fantastisches, maßstabsgetreues Modell unseres Philippe-Starck-Faulenzer-Arbeits-Sofas, mit dem Ergebnis, dass es prompt auf der Ausrangierliste landete (viel zu klobig). Ich investierte auch nicht wenig Zeit darin, eine Mini-Boffi-Küche, komplett mit Kochfeld und Arbeitsplatte nachzubauen (was den Designer Piero Lissoni mit Sicherheit mächtig amüsiert hätte) und hatte einen Riesenspaß daran, zwei kleine Figürchen in dem Küchen-Wohnraum herumzuschieben. Die elegante Dame des Hauses verbrachte den Großteil ihrer Zeit liegend auf dem zum Ausmisten verurteilten Sofa, während der Mann im Anzug meist arbeitend hinter dem eher wackeligen »Designer«-Küchenblock stand.

Ein seltsamer und unerwarteter Effekt dieses Modells war, dass es so perfekt wirkte, dass wir für eine Weile die Lust verloren, weiterzumachen. Warum überhaupt bauen, dachten wir, und damit die Illusion eines vollkommenen, sauberen, minimalistischen Hauses zerstören? Das war eine der eher glücklichen Phasen des Bauprozesses, eine Phase, in der wir erkannten, dass wir uns all die Mühen und das Geld sparen könnten, wenn wir stattdessen dieses Modell als unser Alter-Ego-Haus behalten würden. Wir könnten es anschauen und uns dann und wann in es hineinversetzen. Es wäre nur eine Frage der Übung, uns gedanklich auf das Sofa oder hinter den Ofen zu beamen und uns dabei vorzustellen, wie es sich in Wirklichkeit anfühlen würde. Die Kinder und mein Mann waren darin wesentlich besser als ich, was wohl mit den Computerspielen zu tun hat, vor denen sie endlos lange sitzen. Vermutlich war dies die einzige Zeit, in der ich jemals dachte, dass die Virtual-Reality-Technologie hilfreich sein könnte – die Idee, dass man sich ein Headset aufsetzt und dann durch ein computergeneriertes 3D-Modell seines Hauses »laufen« kann.

Zwei Momente sind für Architekten von heute entscheidend. Der des Startsignals, wenn, wie Brand es nennt, die Reputation des Architekten, die verführerischen Qualitäten des Renderings, also der computergenerierten, lebensecht wirkenden Ansicht des Gebäudes, und des Modells des zukünftigen Hauses den Widerstand des Auftraggebers überwinden. Tatsächlich ist dies der Augenblick, in dem sich der Vorhang auf der Bühne hebt und die Zuschauer tief Luft holen. Der andere ist der Moment der Übergabe, wenn das Gebäude von der Verantwortung des Erbauers in die Verantwortung der Besitzer übergeht und die Realität des Wohnens beginnt – der Augenblick, wenn sich der

Vorhang am Ende des dritten Akts senkt und die Zuschauer nicht wissen, ob sie lachen oder weinen sollen.

Ein Architekt wird Sie, wenn er gut ist, wie einen Idioten behandeln. Er wird sich mit Ihnen hinsetzen und Ihnen sorgfältig alles erklären, was auf dem Grundriss zu sehen ist. Zum Beispiel die kryptischen Hieroglyphen, die in tausendfacher Variation auf den Plänen auftauchen wie die Symbole einer außerirdischen Sprache. Magische Dreiecke, Pfeile, Kreise mit Kreuzen und ohne Kreuze. Er wird sich auch Zeit nehmen, um mit Ihnen die endgültige Einkaufsliste zu erstellen, auf der stehen wird, wie Sie wohnen möchten. Er wird sich genau anschauen, wie Sie jetzt leben und Sie fragen, was Ihnen daran gefällt und was Sie daran nicht mögen. Rufus Stillman, der sich von dem Bauhaus-Architekten Marcel Breuer ein Haus hat bauen lassen, schrieb, dass ein Bauherr »seinem Architekten erzählen sollte, wie er lebt, wo und wie er am liebsten welche Menschen trifft, wie er, sommers wie winters, seine Abende verbringt. Er sollte ihm sagen, was er sich leisten kann und von seinen Kindern erzählen. Er sollte über Essen und Kunst und Arbeit und Musik mit ihm sprechen.« Das Problem ist nur, dass Architekten gar nicht so gerne Zeit damit verbringen, die Schubladen ihrer Bauherren zu durchforsten. So wie auch viele Bauherren nicht gern vor einem Fremden Privates und ihre Gewohnheiten preisgeben. Der große Fehler ist der, dass es als unhöflich gilt, danach zu fragen. Wie etwa, wenn Sie jemand nach Ihrem Sexleben oder der Beziehung zu Ihrer Mutter / Ihrem Therapeuten / Ihrem Verflossenen fragen würde. Man geht nicht damit hausieren, dass man gerne ein schalldichtes Schlafzimmer oder einen großen Geheimschrank für seine Schokoladen- / Sexspielzeug- / Alkoholvorräte hätte. Doch wenn man gefragt würde, und vielleicht tatsächlich perverse oder, besser gesagt »ungewöhnliche« Vorlieben hätte, würde man vermutlich sowieso lügen, allein schon um der peinlichen Situation zu entgehen (jedenfalls würde ich das tun). Teenager dagegen wären froh, wenn man sie fragen würde. Ein großes Tiefkühlfach für Pizza, einen Kühlschrank fürs Bier, einen Roboter, der die Hausaufgaben erledigt et cetera. Glücklicherweise wurden sie in unserem Fall nicht gefragt.

Marcel Breuer verfasste schon 1955 ein diplomatisch formuliertes Eltern-Grundgesetz: »Die Eltern möchten mit ihren Kindern zusammenleben, aber zugleich möchten sie auch frei von ihnen sein, so wie die Kinder auch frei von den Eltern sein möchten.« Breuer entwarf für Stillman ein sogenanntes binukleares Haus, das seine Vorstellungen von der Trennung / Verbindung zwischen Eltern und Kindern entsprach. Zu seiner Zeit wurde er dafür kritisiert, die Kinder sowohl symbolisch als auch physisch in den Keller zu verbannen. Obwohl Stillman darauf verwies, dass »im ›Keller‹ unserer Kinder das Gras bis zu den Fenstern wächst und sie ihren eigenen Ausgang ins Freie haben […] und sonnendurchflutete Räume. Dies scheint irgendwie eine weitaus großzügigere Lösung für ihre Probleme zu sein als das Kinderzimmer ›oben‹, neben dem Schlafzimmer der Eltern.«

Als Vorgabe für unser Haus legten wir zunächst nicht viel mehr fest als dass sowohl die Eltern als auch die Kinder gewisse Grundrechte, es außerdem nachts nicht weit zur Toilette und morgens nicht weit zum Teekochen haben sollten. Als aber die ersten Pläne vorlagen, wurde klar, dass sie mehr neue Fragen aufwarfen als beantworteten. Das ist nichts Ungewöhnliches, die Frage war nur, wie man sie jetzt am besten löste. Der erste Einwand kam von unserem jüngeren Sohn Julian, der bemerkte, dass unser Badezimmer größer sei als sein Kinderzimmer. Ja schon, versuchte ich das zu begründen, aber du wirst hier ja auch nicht so lange leben wie wir. »Na ja!«, kündigte er damals, gerade zwölf Jahre alt, an, »wenn mir das Haus gefällt, werde ich nicht so schnell ausziehen.«

Und so entstand in einem Prozess, der schließlich mehr als eineinhalb Jahre dauerte, doch noch ein klar strukturierter

Hausplan, auf den wir uns mit dem Architekten einigen konnten. Der Schlüssel zu unseren ganz persönlichen Grundrechten lag in dem Vorhaben, den Lebens- und den Arbeitsraum in vier Bereiche, in vier Module aufzuteilen. Das theoretische »Konzept« dahinter war, einen flexiblen Wohnraum für eine mobile, individualistische vierköpfige Familie zu schaffen. Wir alle wollten den Luxus eines eigenen Zimmers, aber auch einen zentralen Treffpunkt für die Familie. Da wir mit einer bestimmten Quadratmeterzahl auskommen mussten und nicht endlos über Geld verfügten, teilten wir den Raum in vier klar definierte Bereiche auf – LOVE, zu dem ein großzügiges Badezimmer und das Elternschlafzimmer gehört, HUB, der Treffpunkt für Familie und Freunde mit der Küche und dem Wohnzimmer, KIN mit den Zimmern, dem Bad und der Miniküche für die Kinder und WORK, das Büro, das vom Rest des Hauses isoliert ist. Jedes Modul des Haupthauses kann durch Schiebetüren vom übrigen Wohnbereich abgetrennt werden, je nachdem ob man gerade das Bedürfnis nach Rückzug hat oder nach einem für alle offenen Haus. Für mich war dies die Verkörperung eines Schokoriegels, bei dem jedes Stück durch eine kleine symbolisch-psychologische Einkerbung von den anderen getrennt ist, wobei wir das Büro-Stück abgebrochen und für den Verzehr zu einem anderen Zeitpunkt beiseitegelegt hatten. Es ging darum, die Möglichkeit zu haben, innerhalb der Familie Privatsphäre oder offenen Raum zu schaffen und das jeweils selbst zu steuern. Für meinen Mann dagegen bedeutete es etwas völlig anderes – für ihn war das Haus ein Raumschiff, in dem jeder Bereich eine Art Kapsel mit eigener Luftzufuhr ist, so dass sie, würden die Kapseln voneinander getrennt und in den virtuellen Weltraum getrieben, für eine Weile unabhängig voneinander überleben könnten. Sein Zimmer im Bereich WORK stand symbolisch für die Befehls- und Kontrollstation des Mutterschiffs (HOME). Diese beiden unterschiedlichen Interpretationen des gleichen

Lebensraums (oder sollte ich »Universums« sagen?), waren lustigerweise geschlechterbedingt. Was die Planung und die architektonischen Konsequenzen anging, stellten wir erstaunt fest, dass die verschiedenen Denkarten dennoch zusammenarbeiten konnten, wenn auch in parallelen Universen.

### Vierte Szene: Schadenfreude und das N-Wort

> *»Wie in so vielen Dingen fischen wir auch in den Untiefen der Architektur nach Erklärungen für unsere Probleme und geben uns mit Banalitäten zufrieden.«*
> *ALAIN DE BOTTON*

Es war nicht vermessen zu hoffen, dass der Baubeginn ein denkwürdiges Ereignis sein würde. Das war er auch, allerdings aus den falschen Gründen. Wegen der großen Finanzkrise zu dieser Zeit hatte der Architekt Mühe, konkrete Angebote von Baufirmen zu bekommen – ökonomische Unsicherheit lag in der Luft. Unsere Freunde hatten irgendwann keine Lust mehr, danach zu fragen, ob wir schon mit dem Bau begonnen hätten. Der große Start, das Heben des Vorhangs vor der Bühne unseres neuen Lebens war, bei allem Respekt, eine komplette Antiklimax. Falls doch noch irgendjemand nachzufragen wagte, war ich mir nie ganz sicher, ob es ihn wirklich interessierte. So wie man ja auch auf die Frage »Wie geht's dir?« nicht wirklich einen vollständigen und ausführlichen Bericht über alle Krankheiten sowie finanzielle und persönliche Angelegenheiten hören will. In Tränen auszubrechen wäre wohl die ehrlichste Antwort gewesen, die ich während der meisten Zeit der Bauphase hätte geben können. Doch als Britin bin ich emotional eher zurückhaltend und höflich, so dass ich mir eine andere Antwort zurechtgelegt hatte:

»Um ehrlich zu sein, ich weiß nicht, warum wir nicht noch immer in Höhlen leben«, wurde zu meiner Standardfloskel. Ich bekam Mitleid mit jedem, der mich fragte, denn er / sie lächelte dann meist nervös und versuchte hastig das Thema zu wechseln.

Ich hatte auch Mitleid mit einer Nachbarin. Bis wir die Bühne betraten, hatte ihre Familie seit Generationen mit ungehinderten Blick auf einen Wald und prächtige grüne Wiesen gelebt, auf denen, wie sie uns erzählte, Hirsche und Fuchsbabys im Morgentau herumtollten. Die alten Apfelbäume – von denen der vorige Besitzer im Rahmen seiner Verkaufsstrategie behauptet hatte, sie seien Teil des Obstgartens gewesen, den Kaiser Franz Joseph I. höchstpersönlich angelegt habe – blühten, und der Kirschbaum bog sich unter der Last seiner Früchte. Eine romantische Idylle, deren Ende durch Bagger und Beton bevorstand.

Die Nachbarn – das gefürchtete N-Wort – sind in jedem Hausbau-Drama die Bösewichte. Sie tauchen traditionell im ersten Akt auf, um dem Ganzen ein bisschen Aufregung zu verleihen, und warten dann üblicherweise hinter den Kulissen, um immer dann, wenn der Plot etwas mehr Spannung und Dramatik vorsieht, wieder hervorzukommen. Während des Baus führte ich Tagebuch, und in Ermangelung einer anderen »Waffe« hielt ich in dramatischen Worten alles fest, was sich uns in den Weg stellte. Als ich mir später meine Notizen aus jenen Tagen ansah, fand ich folgende Einträge: »Mai: Ein Nachbar ist übergeschnappt. Juli: Er ist immer noch verrückt. August: Architekt berichtet, dass ein Privatauto in der Einfahrt zu unserem Grundstuck steht und die Bauarbeiter deswegen nicht anfangen können.«

Es hätte ein denkwürdiger Moment im Leben einer Familie, die ein Heim für sich baut, sein sollen: der erste Spatenstich, wenn der Champagnerkorken knallt, die Erwartungen und Emotionen hochfliegen und die Tränen fließen. Nur fand dieser Moment bei uns nie statt – wir konnten die symbolträchtige Spatenaktion nicht zuwege bringen, der Champagner wurde nie getrunken, und die Tränen flossen aus den falschen Gründen. Unser verspäteter Baubeginn war Teil eines bürokratischen Kampfes mit der Stadt Wien: Die Nachbarin war falsch informiert, dass wir die Größe unserer Baufahrzeuge etwa auf die eines Landrovers zu beschränken hätten. Es tue mir leid, hatte ich zuvor schon einmal schnippisch angemerkt, dass wir nicht nur mit einer Schubkarre bauen könnten. In lichteren Momenten verstand ich ihre Verwirrung allerdings sehr gut. Natürlich war es kein Vergnügen, die Lastwagen direkt am Fenster vorbeibrettern zu hören und zusehen zu müssen, wie mit jeder Drehung des Betonmischers ein Stück Kindheitserinnerung verschwindet. Der einzige Trost, den ich ihr anbieten konnte, war, dass es umso schneller vorbei sein würde, je schneller wir anfangen könnten. Und außerdem, daran erinnern wir sie auch heute noch gerne, ist unser Haus eine Hütte im Vergleich zu dem riesigen Apartmentkomplex, den der Vorbesitzer auf das Grundstück stellen wollte.

Probleme mit den Nachbarn lassen sich kaum vermeiden, es sei denn, man ist Oligarch oder Monarch (oder beides). Angesichts unserer vergleichsweise bescheidenen Mittel tat ich das, was die meisten rational denkenden Menschen in solchen Momenten tun – ich flüchtete mich in die Geschichten anderer Leute, um, mit einem Finger auf der Kurzwahltaste zu unserem Anwalt, mit dem anderen am Auslöser einer virtuellen Schrotflinte, meine Laune zu heben. Ich nenne dies den »Schadenfreude-Faktor«. Er funktioniert nach dem Prinzip, dass es einem wieder besser geht, wenn man nur ausreichend Storys anderer, noch katastrophalerer Bauvorhaben als dem eigenen findet. Geschichten über teuflische Nachbarn zusammenzutragen ist ein empfehlenswerter Zeitvertreib und bringt eine Menge positiver psychologischer Nebeneffekte mit sich. Erwähnen Sie nur einmal das N-Wort, und die meisten Menschen werden, wenn nicht von sich selbst, dann doch zumindest von Verwandten oder »Freunden von Freunden« zu berichten wissen. Sie können davon ausgehen, dass 90 Prozent dieser Geschichten zwar großzügig ausgeschmückt und übertrieben sind, aber leider doch der Wahrheit entsprechen. Eine meiner Lieblingsgeschichten – sie steht ganz oben auf meiner Schadenfreude-Befriedigungsskala – ist die eines kleinen Wohnblocks, der im 18. Wiener Gemeindebezirk errichtet werden sollte, von wo aus man etwas hochnäsig auf den weniger gefragten Stadtteil Gersthof niederschaut. Herr X, ein leicht nervöser und zeitweise nicht unerfolgreicher Geschäftsmann, der in einem Penthouse lebte, wäre seiner spektakulären Aussicht auf Wiens Altstadt durch die Errichtung dieser »Monstrosität« teilweise beraubt worden. Wie es der Zufall will, joggte ich mehrmals in der Woche morgens an der Baustelle vorbei, die, nachdem mit großem, Eifersucht erregendem Schwung zu bauen begonnen worden war, in einem traurigen, matschigen Baustopp endete. Die Fundamente waren bereits gelegt und das Bauvorhaben stand kurz vor dem ernsthaften Beginn, als der erwähnte Nachbar einen Brief an die Baubehörden schickte, in dem er unmissverständlich andeutete, dass jemand radioaktiven Abfall in dem Fundament vergrabe. Auch wenn große Ausschläge auf einer N-Faktor-Skala durchaus nicht unüblich sind – eine solche Kreativität und Bösartigkeit ist rekordverdächtig. Denn so weit hergeholt es auch sein mag, bei einer solch ernsten Anschuldigung haben die Behörden kaum eine andere Wahl, als ihr gründlich nachzugehen. Als ich das nächste Mal vorbeilief, waren die Arbeiten bei regenfleckigen Betonblöcken stehen geblieben. Doch damit nicht genug, wurde auf der anderen Seite des Penthouses gerade ein noch größerer und noch hässlicherer Block hochgezogen. Das Letzte, was ich hörte, war, dass Herr X seine Wohnung inzwischen zum Verkauf angeboten hat.

Das Gehirn wird zu einem gierigen Empfänger für Geschichten dieser Art, denn sie funktionieren nicht nur als Referenzrahmen, sondern erleichtern auch die eigene Bauzeit. Insbesondere eine Geschichte ließ mich nicht wieder los, ich hatte sie während der schlimmsten Zeiten mit dem »N-Faktor« immer im Hinterkopf. Sie stammt von unserem bärigen Finanzkontrolleur, der früher für die Baupolizei gearbeitet hatte. Genau in dem Moment, in dem ich drauf und dran war, endgültig zu verzweifeln, kam er auf mich zu und erzählte mir die Herz erwärmende Geschichte eines Falles, bei dem der Nachbar so unermüdlich lange Schwierigkeiten gemacht und Widerstand geleistet hatte, dass er schließlich von der Polizei abgeholt und so lange eingesperrt wurde, bis die Arbeiten abgeschlossen waren. Lustigerweise verursachte er danach nie wieder irgendwelchen Ärger. In diesem Moment fertigte ich mir eine gedankliche Notiz an: Wenn das hier alles vorbei ist, tu so, als sei nie etwas gewesen. Mach eine Party und lade alle Nachbarn, Architekten und wer sich sonst noch während der Bauphase mit dir gezankt oder gefreut hat dazu ein. Natürlich nur, falls sie dann nicht alle hinter Schloss und Riegel sind.

## Zweiter Akt

### Erste Szene: Die Diktatur des Designs

> *»Ich werde mich dann von den Bauarbeiten erholt*
> *haben, wenn ich wieder in der Lage bin, mir*
> *eine Ausgabe der* Elle Decoration *anzuschauen.«*
> FRAU X NACH DER RENOVIERUNG IHRES LOFTS
> IN BERLIN

In einem Drama mit drei Akten ist der zweite Akt üblicherweise der, in dem es aussieht, als ginge alles in die Brüche. Hier
spitzt sich für den Zuschauer die Handlung um die Figuren,
die ihm im ersten Akt ans Herz gewachsen sind, zu, und er
bleibt gespannt zurück, um zu sehen, was um alles in der Welt
als Nächstes passieren wird. Im Juni, zweieinhalb Jahre nach
dem rechtsgültigen Kauf des Grundstücks und anderthalb
Jahre nach dem Erhalt der Baugenehmigung schien, abgesehen
von den Betonfundamenten, einigen rohen Betonstützwänden
und einem eindrucksvollen Skelett aus Stahlträgern, nicht viel
Wesentliches auf der Baustelle geschehen zu sein. Als die Holz-
wände hochgezogen wurden, verwandelte sich die Szenerie von
einem abstrakten Kunstwerk in einen Rohbau. Im August fiel
dann plötzlich der Vorhang. Die Bauarbeiter machten zwei
Wochen Urlaub, angeblich um all die Überstunden, die sie

gemacht hatten, abzufeiern. Wo die Quelle dieses »Über« war und wann sie diese »Stunden« abgeleistet hatten, war mir ein Rätsel. Alles, woran ich denken konnte, war, dass wir perfektes Bauwetter hatten, während sie jetzt irgendwo am Strand oder in einer Bar saßen und gemeinsam über den Zustand der Baubranche, die abscheulichen Bauherren und die Architekten stöhnten, mit denen sie zwangsläufig zusammenarbeiten mussten. In ihrer Abwesenheit hatte ich genug Zeit und Raum, um mir die Knochen und die Haut des Gebäudes konzentriert anzuschauen. Da ich mir nicht sicher war, ob ich richtig verstand, welches Teil hier was wie aufrecht hielt und warum es diese riesigen Lücken in der Stahlkonstruktion gab, verabredete ich mich mit unsere Statikerin; erstens weil sie erstaunlicherweise noch arbeitete, zweitens, weil sie eine der wenigen Frauen war, die hier die Bühne betraten, und schließlich, weil sie diejenige war, die sicherstellte, dass das Bühnenbild nicht in sich zusammenfiel – weder jetzt, während der Aufführung des Dramas, noch lange nachdem der letzte Vorhang gefallen war. Während wir bei dieser Begegnung versuchten, einige technische Ausdrücke ins Englische zu übersetzen, um mir damit beim Verständnis der Konstruktion zu helfen, irritierte mich eine Bemerkung über die Wände im zukünftigen Büro meines Mannes. Eine beiläufige Äußerung über die rohen Betonwände, deren fertigen »Look« sie lobte, war besonders alarmierend. Ich hatte gerade *The Handmade House. A Love Story Set in Concrete* von Geraldine Bedell gelesen, in dem ihr größtes Ärgernis das ist, dass sie erst ziemlich spät in der Bauphase (das heißt im Grunde genommen: zu spät) mitbekam, dass ihr ganzes Haus eine Sinfonie aus rohen Betonwände sein wird. Bedell hasste Beton leidenschaftlich. Wie viele Menschen assoziierte sie ihn mit Kaufhausparkhäusern, schmutzigen und verwahrlosten Gebäuden sowie schmuddeligen öffentlichen Toiletten. Beim Lesen ihres Buches kostete ich kurz den süßen Geschmack der Schadenfreude, als ich mir selbst sagte: »Uff, wenigstens das bleibt uns erspart.« Und dann kam es doch. Danach gefragt, gab Matthias vor, schon die ganze Zeit gewusst zu haben, dass die Wände am Ende wie ein rauer, unfertiger, nackter, südamerikanischer Drogenkurierknast aussehen würden. Bedell wurde noch von anderen Dingen überrascht, so zum Beispiel als ihre Architekten plötzlich den Entwurf ihres Hauses änderten, von einer rechteckigen Form in eine Art Z-Form. »Man möchte meinen, ein halbwegs normal tickender Bauherr fragt, wie sie dazu kommen, das einfach zu ändern. Vielleicht haben wir das auch«, fährt sie fort. »Aber Bauherren, die schwierige Fragen stellen, sind nur dann eine Hilfe für Architekten, wenn diese noch nicht gemerkt haben, dass ihnen ein Fehler unterlaufen ist, nicht, wenn sie ihn schon zu korrigieren versucht haben und den Auftraggebern nun eine möglichst abstruse oder ausweichende Antwort geben müssen, damit diese die Frage sofort wieder vergessen.« Treffend fügt sie hinzu: »Sie sprechen ihre Fehler auch nicht von sich aus an, obwohl Architektur doch unvermeidlich ein Prozess ist. […] Lieber halten sie den Eindruck aufrecht, dass ihre Arbeit durch Zauberei entsteht, als dass sie zugeben, aus Fehlern zu lernen.« An diese Methode, das Detail eines Plans oder ein Entwurfskonzept im Nachhinein passend zu reden, muss man sich gewöhnen. Es war so wie bei diesen antiken Propheten, deren Erfolge auf dem *vaticinium ex eventu* basieren – der Technik, eine Prophezeiung erst nach dem Ereignis aufzuschreiben, das sie eigentlich vorhersagt.

Je mehr Rohbau mit seinem Stahl, seinen Röhren, Kabeln et cetera in die Höhe wuchs, desto größer wurde meine Ungeduld, endlich zu dem zu kommen, was ich laienhaft als die »schönen Dinge« bezeichnete. Der Architekt konzentrierte sich zu Recht erst einmal darauf, das Haus gegen Feuchtigkeit abzudichten und lotrecht auszurichten, während ich mich in vorauseilendem Gehorsam am liebsten schon mit Wandfarben und der Auswahl der Fliesen ausgetobt hätte. Kurz, mit den Dingen, die man tatsächlich beeinflussen kann; ich wollte, dass sich irgendwann das Gefühl einstellt, als wäre es mein Haus und nicht seins. Und vor allem auch, dass es langsam überhaupt wie ein Haus aussieht und nicht mehr wie eine Baustelle. Wie weit unsere Interessen voneinander entfernt waren, zeigte sich insbesondere bei den regelmäßigen Treffen mit dem Architekten. Ich hatte das Gefühl, dass ihn jegliche Fragen nach der Badezimmerausstattung oder den Vorhangschienen nervten. Und irgendwann kommt der Moment, in dem einem klar wird, dass man eigentlich zwei verschiedene Sprachen spricht und sich in zwei unterschiedlichen Zeitzonen, ja sogar Universen befindet. Bei einer Besprechung in meinem Büro kam es dann unerwartet zu einem offenen Eklat. Hinter meinem Schreibtisch war ein Sideboard – ein raffiniert designtes, nach Nicht-Design aussehendes Schränkchen von Nils Holger Moormann, der sich selbst als »Möbel-Verleger« bezeichnet. Es hat die für seine Produkte typischen klaren Linien mit einem Hauch von Individualität, dank der etwas schrulligen Papieretiketten, die in die vorgegebenen Ausstanzungen in den Schubladen passen, um deren Inhalt zu bezeichnen. Mit fiel auf, dass der Architekt es die ganze Zeit anguckte, aber keinesfalls in der bewundernden »Wo haben Sie denn diesen tollen Schrank her?«-Art. Was seine Aufmerksamkeit wohl erregt hatte, war der Stapel von Design- und Architekturbüchern darauf, und die Aktenordner mit munter aus Zeitschriften herausgerissenen Seiten, die sich zu einer Art bedrohlichen »So sollte unser Haus eigentlich aussehen«-Wucht zusammengebraut hatten. Wie ein Magier konnte ich regelmäßig einen Hasen aus diesem Hut zaubern, wenn ich argumentieren, einen Vorschlag machen oder sogar einen Wunsch formulieren wollte. Der ganze psychologische Druck, den dieser Haufen für den Architekten verkörperte, entlud sich bei einem Gespräch über unser Budget für die Toiletten-, Badezimmer- und Duschkacheln. Er schlug kleine weiße quadratische Fliesen vor, von denen er einen Sonderposten aufgetrieben hatte. Mit denen könne man alle Badezimmer und Toiletten ausstatten, ohne den finanziellen Rahmen zu sprengen. Zunächst erschrak ich darüber, dass unsere Finanzen nicht mehr hergeben sollten – hatte ich mich doch darauf verlassen, dass der Architekt uns anfangs einen vernünftigen Kostenplan vorgelegt hatte. Dann beging ich den Fehler, das nicht gänzlich unnatürliche Interesse an den wunderschönen neuen Mutina-Fliesen aus Italien zu bekunden, die ich vorab auf der Mailänder Möbelmesse gesehen hatte. Verführt von der plötzlichen Vision einer Duschkabine im postmodernen Pompeji-Design, beschrieb ich meine Entdeckung mit dem Enthusiasmus einer Archäologin, die selbst die unter Asche begrabene Stadt freigelegt hat. Was ich ihm nicht verriet, war, dass mein Mann eine starke Phobie gegen diese kleinen quadratischen Fliesen des Architekten hat, zweifelsohne resultierend aus irgendeinem traumatischen Erlebnis, das zu ergründen ich noch keine Zeit oder Energie gefunden habe. Der Ausdruck des Entsetzens auf dem Gesicht des Architekten hatte weniger mit ästhetischen Gründen zu tun (obwohl das vielleicht auch eine kleine Rolle spielte), sondern mit den organisatorischen und finanziellen Auswirkungen für unser Projekt. Anstatt zuzugeben, dass unser Budget für eine, sagen wir mal, etwas kreativere Innenausstattung nicht ausreichte, begannen wir über meinen Wunsch, diese wirklich hübschen Fliesen zu nehmen, zu diskutieren. Während sich seine Gesichtsfarbe in ein eher unvorteilhaftes Rosarot verfärbte, sagte er in seiner schönsten Ich-bin-sauer-aber-ich-versuche-es-nicht-zu-zeigen-Stimme: »Ich bin es einfach nicht gewöhnt, mit Menschen zusammenzuarbeiten, die so viele eigene Ideen für die Inneneinrichtung haben.« Als ich mich von einem jener Sekundenbruchteile erholt hatte, in denen man sich fragt, warum um alles in der Welt man sich ausgerechnet für diesen Architekten entschieden hat, fragte ich, wie er denn normalerweise mit seinen Bauherren zusammenarbeite. »Nun«, er atmete schwer aus, »ich zeige ihnen vier verschiedene Fliesen und sie suchen sich eine davon aus.« Die Frage, was diejenigen taten, denen keine davon gefiel, verkniff ich mir. Vielleicht trauen sie sich nicht, etwas zu sagen, oder sie akzeptieren einfach, dass es wohl nur vier Sorten Fliesen auf diesem Planeten gibt und sie mit einer davon zu leben haben. Und verbringen dann die nächsten Jahrzehnte damit, beim Zahnarzt wehmütig die schon etwas zerfledderten *Elle Decoration*-Ausgaben durchzublättern und sich zu fragen, ob es irgendwo da draußen noch ein Paralleluniversum gibt, in dem Menschen in einem Paradies mit selbst ausgewählten Fliesen leben.

Geraldine Bedell hatte ein solches »Erweckungserlebnis«, als sie im Nachhinein feststellen musste, dass ihre Architekten (erfolgreich) versucht hatten, eine ähnlich diktatorische Fliesentaktik bei ihr anzuwenden. Sie zeigten ihr drei Sorten Fliesen aus Kalkstein und erklärten, dass nur eine davon die richtige Farbe habe und leicht zu säubern sei – und das bei einem akzeptablen Preis. »Sie haben sich gar nicht erst die Mühe gemacht zu erwähnen, dass es noch Hunderte andere Typen von Kalkstein gibt, geschweige denn gefragt, ob wir noch welche sehen wollen. Genausowenig wie sie zugaben, dass es ziemlich bescheuert war, uns drei Sorten Kalkstein zu zeigen, von denen zwei untauglich waren.« Sie führt weiter aus: »Was hätten wir denn auch sagen sollen? O ja, danke, wir hätten dann gerne die überteuerten, die zu nichts anderem im Haus passen und dazu noch total beschissen zu reinigen sind!«

Yarah David, eine befreundete Innenarchitektin, die uns bei unserem Bauvorhaben beriet, wendet eine ähnliche Strategie bei ihren Kunden an – mit Erfolg, wie ich mich einmal selbst davon überzeugen konnte. »Von diesen beiden Mustern können Sie sich eines aussuchen«, sagt sie und fuchtelt ihnen damit vor der Nase herum. Wobei das eine wunderschön, das andere aber so schrecklich ist, dass ihre Kunden eigentlich keine echte Wahl haben. Selbstverständlich zeigt man begeistert auf das schönere von beiden und hat umgehend das Gefühl, man hätte eine kluge und vernünftige Entscheidung getroffen. »Ich wusste, Sie würden sich für das Richtige entscheiden«, verkündet sie dann triumphierend. Ein anderer Trick besteht darin, den Kunden einen Floh ins Ohr zu setzen, das dem, was man als eine gute Idee »verkaufen« möchte (zum Beispiel weil es dem Budget oder dem Zeitplan entspricht), ein gewisses Prestige verleiht. In unserem Fall war es die Zufahrt. Unser Grundstück ist ein sogenanntes Fahnengrundstück mit einer langen Zufahrt, die zwischen ein Stück Wald und das Nachbargrundstück gequetscht ist. Der Belag dieser Zufahrt war Thema in finanzieller und ästhetischer Hinsicht ein Riesenthema, aber da wir zudem noch in einem Naturschutzgebiet wohnen, musste der Weg auch waldtier- / kröten- / schlangen- und igelfreundlich sein. Der Architekt schlug eine sogenannte wassergebundene Schotterstraße vor, was sich weder sexy noch elegant anhörte. Als ihm klar wurde, dass er uns das so nur schwer würde verkaufen können, wies er triumphierend darauf hin, dass die Straße dann genauso wie die Wege am Schloss Schönbrunn aussehe.

Das Kluge an dieser Bemerkung war die assoziative Kraft der Aussage. Vergessen sind die Steinchen, die im Profil der Schuhe hängen bleiben oder im Sommer in die Sandalen und zwischen die Zehen rutschen. Die schmuddeligen grauen Steine im Gras und die Löcher im Weg vor sich nimmt man nicht wahr. Was man sieht ist der Glanz, das Gold und der königliche Palast. Hätte er uns gesagt, es wird genauso wie bei diesen Sozialwohnungen in dem Problemviertel da und da – ich vermute, wir würden heute nicht über eine Schotterstraße rumpeln (stattdessen hätten wir uns durch eine astronomisch teure Kopfsteinpflasterstraße ruiniert).

Kunden mit zu vielen »eigenen« Ideen, was die Architektur und das Design ihres Hauses betrifft, können für Architekten eine wahre Folter sein, denn ihr Syndrom entspricht dem der

»Zeitschriften-Architektur«. »Wenn wir Architektur ernst nehmen, stellen wir also ein paar schwierige und einzigartige Anforderungen an uns«, meint Alain de Botton und fährt fort: »Wir müssen gestehen, dass sich die Farbe unserer Tapete bedauerlicherweise höchst nachteilig auf uns auswirkt und unser Ehrgeiz unter einer unansehnlichen Bettdecke leiden könnte.« Weder überraschend noch, so hoffte ich, unheilbar war meine Obsession, Inneneinrichtungszeitschriften zu studieren – eine Sucht, die mit dem fortschreitenden Verfall unserer Mietwohnung exponentiell zugenommen hatte. Ich kaufte sie alle, *AD, Elle Decoration*, ja, ich ließ mir sogar die ultracoole *Dwell* als Abo aus den USA schicken. Und natürlich las ich die Style-Bibel schlechthin, *Wallpaper*, mit ihren aalglatten Hochglanzseiten, die städtisch-coole Jetset-Variation des Ganzen. Diese Magazine durchzublättern ist Eskapismus der primitivsten Art, werden uns darin doch Versprechungen gemacht, die nie eingelöst werden. Sie sind gemacht für Menschen, die mit unrealistischen Fantasien durchs Leben gehen.

Diese kurzen Fluchten aus der Realität in die Welt der Design-Fetischisten sind ein billiges und harmlos-sündiges Vergnügen. Ich kaufte diese Art stimulierender Zeitschriften jahrelang, genoss den Schauder über manch unfassbare Geschmacksverirrung (»Wie können die denn in SO WAS leben?«) oder malte mir aus, mit meiner perfekt gestylten / sich perfekt benehmenden Familie in einem New Yorker Loft zu wohnen, in dem wir ausschließlich Kleidung tragen würden, die zur Einrichtung passt. Wie viele andere Menschen fantasierte ich heimlich über die sexy Fotos von obszön ordentlichen Designtempeln. Ich hielt den Atem an beim Anblick der Schönheit eines kunstvoll platzierten Kruges mit Wildblumen auf einem individuell angefertigten Esszimmertisch, hergestellt von einem fast vergessenen Volksstamm im Amazonas. Diese Bilder verleugnen die Realität des Alltagslebens, in dem es, wie wir alle wissen, um feuchte Spülschwämme, eilig aufgehängte Bilder, die die Risse in den Wänden kaschieren, und locker auf dem Boden verteilte Kissen geht, die die Flecken auf dem Teppich verdecken sollen.

Eine sehr stylische und intelligente Freundin von uns ist hierfür ein wunderbares Beispiel. Ihr eleganter Wohnzimmertisch biegt sich unter der Last der Wohnzeitschriften, die sich darauf stapeln und dem Besucher unterbewusst signalisieren: »Ich habe mich hiervon gerade noch mal kurz inspirieren lassen, aber eigentlich habe ich ja meinen eigenen Stil.« Ihre latte-macchiato-farbene Boffi-Küche ist der Inbegriff zeitlos-modernen Designs. Aber es sind nicht die klaren Linien, die überdimensionierten Metalllampen oder die Streifen der Bohème-Tapete, die die Aufmerksamkeit auf sich ziehen. Es ist die große Plastiktüte vom Supermarkt um die Ecke, die an einer Schranktür neben dem Waschbecken hängt und als Mülleimer dient (der eigentlich für den Müll vorgesehene Ort befindet sich unter dem Waschbecken, aber keiner macht sich die Mühe, ihn dort zu entsorgen, weil es so viel praktischer ist). Ich muss immer lächeln, wenn ich die Tüte bei einem Besuch dort sehe. Ich liebe sie, und zwar nicht etwa, weil sie die Schwächen modernen Designs auf den Punkt bringt, sondern weil sie ein kleiner Akt des Auflehnens ist, der (mir) sagt: »So sind Häuser in Wirklichkeit.« Sie sind alles andere als perfekt, und genau so wird in ihnen gelebt – und deshalb sollten sie auch so fotografiert und in Designzeitschriften präsentiert werden. Dies ist tatsächlich das Konzept eines neuen Kultmagazins namens *Apartments* – eine der ersten Wohnzeitschriften, in dem Wohnungen abgebildet werden, in denen reale Familien, leere Flaschen und Schmutzwäsche zu sehen sind – und sogar Freunde des Hauses, die auf dem Sofa nächtigen. Wie der Designer Andy Beach in der siebten Ausgabe des Hefts sagte: »Ein wirklicher Lebensraum entsteht durch das Leben, nicht durch Dekoration.«

Einer der Gründe für die Einrichtungsobsession ist, dass wir uns durchaus bewusst darüber sind, dass unser Lebensumfeld etwas über uns aussagt; dass andere Menschen uns über unseren Möbel- und Tapetengeschmack, ja sogar über unseren Küchenrollenhalter definieren (nicht, dass ich je einen Küchenrollenhalter haben werde). Style ist Status. Denken Sie zurück an den ersten Besuch, den Sie als Jugendliche / Jugendlicher dem Zuhause eines potentiellen Freundes / einer potentiellen Freundin abgestattet haben. Sie wären wirklich eine Ausnahme, wenn Sie in dem Moment die Siebziger-Jahre-Ikea-Lampe, den schwarzen CD-Ständer aus Metall oder den geblümten Bettüberwurf mit den Fransen (falls Sie beim ersten Mal schon so weit gekommen sind) nicht mit einem kritischen Blick bedacht hätten. Waren Sie nicht trotz des entschuldigenden und im vorauseilenden Gehorsam geäußerten Flehens »Hab ich von meiner Mutter bekommen« von leisem Grauen erfüllt bei der Vorstellung, mit diesen Dingen leben zu müssen, falls Sie eine Beziehung mit der fraglichen Person eingehen würden? Auch wenn Sie genau wissen, dass es furchtbar oberflächlich ist, Menschen anhand solcher Dinge als potentielle Partner auszuwählen – haben Sie noch nie jemanden anhand seiner Vorhänge oder seiner Tasse beurteilt? Anhand von Büchern ja, aber eine Entscheidung über seine Zukunft und sein Glück von einem Bettüberwurf abhängig zu machen?

Vor vielen Jahren, als mich ein neuer Bekannter aus Deutschland in meiner Wohnung im Londoner Stadtteil Notting Hill besuchte, inspizierte er sofort meine Einrichtung und stellte dann zufrieden fest, dass es ja keine spießigen Dinge hier gebe. Außer vielleicht, so fügte er nach kurzem Überlegen in besorgtem Tonfall hinzu, die schwarzen Plastik-Pseudo-Siebziger-Haken an der Rückseite der Badezimmertür. Im ersten Moment war ich insgeheim erfreut über sein Urteil, doch meine Freude schlug schnell in Ärger um, als mir klar wurde, dass er mich auf ziemlich schonungslose und direkte Art unter die Lupe genommen hatte. Während mir bewusst wurde, dass ich offensichtlich einem uralten rituellen Test unterzogen worden war, fragte ich mich, ob Höhlenmenschen mit den Höhlenmalereien ihrer Artgenossen ähnlich verfahren waren. Die Größe ihrer Mammutfellvorräte oder die Schärfe ihrer Speerspitzen, das wäre ja verständlich, aber auch die Inneneinrichtung der Höhle? Den Höhlenmalereien in Chauvet in Südfrankreich nach zu schließen, scheint es den Wettstreit um Fragen der Inneneinrichtung schon seit Jahrtausenden zu geben. Auch ich hatte natürlich die »Höhle« von Matthias schon gescannt, als ich ihn in dem Fachwerkhaus seiner Kommune auf dem Land unweit von Frankfurt besuchte und einige Details wie etwa das Sofa im Neo-Memphis-Stil, den minimalistischen Schreibtisch oder die enttäuschend langweiligen Badezimmerfliesen stillschweigend hinnahm. Ich behielt meine (teilweise negative) Meinung über das Haus zwar für mich, dennoch war mir klar, dass in einem solchen Augenblick, wenn man zum ersten Mal den persönlichen Raum eines Menschen betritt, neuronale Verbindungen im Gehirn entstehen, die sich bemühen, Verbindungen zur eigenen Auffassung von Raum und Lebensstil zu finden.

Inzwischen ist besagter Freund mein Ehemann, und wir haben die Fliesen in seinem Fachwerkhaus nie ausgetauscht – weil Matthias seine Land-WG zwecks eigener Familiengründung verlassen hat. Die Haken hingegen hängen noch immer an der Rückseite meiner Londoner Badezimmertür. Meinen Vater, der jetzt in der Wohnung lebt, interessieren solche Stildetails überhaupt nicht. Und ich muss immer leise lächeln, wenn ich sie sehe.

Genau in diesem Apartment in Notting Hill bin ich in den siebziger Jahren aufgewachsen. Meine Eltern führten ein Leben, das Außenstehenden wie die Nachwehen der Hippie-Bewegung vorkommen musste. Das Wohnzimmer war voll mit Sitzsäcken in staubigen dunkelroten Samtbezügen, die aus alten Vorhängen gemacht waren und in regelmäßigen Abständen aufplatzten, um Tausende kleiner, weißer Styroporkügelchen auf den Boden zu spucken. Angesichts der Tatsache, dass wir keinen Staubsauger hatten (wäre zu spießig gewesen), war es eine Heidenarbeit, die Dinger wieder aufzulesen. Die Sitzsäcke wurden durch experimentelle Karton-Möbel und ein nach Orangen duftendes Bücherregal komplettiert, das aus den kostenlosen Obstkisten entstanden war, die es auf dem Portobello Market direkt vor unserer Haustür gab. Von der Decke hing das behaarte Bein eines Schweins, das uns Freunde von ihrem Bauernhof hatten zukommen lassen, damit man sich schnell ein Bacon-Sandwich machen konnte. Meine einzige Rebellion als Teenagerin – lassen wir die kurze Periode als Punk einmal beiseite – bestand darin, mir ein altmodisches Messingbett zu wünschen und es dann mit kleinen spitzenverzierten Kissen zu bedecken, die ich mir an den Antikständen auf dem Flohmarkt besorgt hatte. Ach ja, und einen hölzernen Frisiertisch im Landhausstil hatte ich auch. Das typische Mädchenzimmer wurde durch einen Korbhängestuhl abgerundet, in dem ich meine Hausaufgaben machte – bis mein Zen-Buddhisten-Onkel, der seine Körperfülle unter schwarzen Gewändern versteckte, darin Platz nahm und das ganze Ding auf den Boden krachte.

Vielleicht werden auch Sie Dinge bei sich zu Hause finden, die Sie ein Leben lang begleiten oder auf überraschende Weise wiederkehren. So bin ich inzwischen stolze Besitzerin eines Sessels namens »Float«, dessen Werbeslogan seine Zusammensetzung so beschreibt: »Polster aus Polystyrolkugeln in einem Überzug aus Polyesterstoff«. Eigentlich ist es nur ein Sitzsack. Ein Designersitzsack natürlich, aber dennoch, seinem Wesen, seinem Geiste und seinem inneren Zusammenhalt nach ein guter alter Sitzsack. Wenn man Kevin McCloud, dem Moderator der bekannten britischen Fernsehsendung *Grand Designs*

Glauben schenken darf, ist eine Wohnungseinrichtung dann geglückt, wenn sie ein sogenanntes autobiografisches Design hat. Einer der Hauptkritikpunkte an der minimalistischen Phase des Interior Designs in den neunziger Jahren war, dass es versuchte, die Vergangenheit auszulöschen. 1996 startete Ikea eine sehr witzige Werbekampagne, die jeden dazu aufrief: »Chuck Out Your Chintz« (wörtlich: »Schmeiß deinen Chintz raus«, in Deutschland: »Platz für neue Ideen«). Wer sich die Spots von damals im Internet anschaut, merkt, wie altmodisch sie einem heute vorkommen. Damals jedoch verkündeten sie eine neue Ära der Design-Demokratie (im Sinne von: jeder kann sich gutes Design leisten, es gibt also absolut keine Entschuldigung dafür, diesen von Mama geerbten Resopal-Beistelltisch weiter zu behalten). Jedoch führte die Aufforderung, den eigenen Nippes radikal zu entsorgen und die groben Chintzvorhänge herunterzureißen, dazu, dass der eintönige und kühle skandinavische Ikea-Look sich still und heimlich in jede Wohnungseinrichtung einschlich. Erbstücke (wie Omas Tischchen, Opas Bilder und Tante Ethels Tischtuch) wurden verkauft, verschenkt, weggeräumt oder sandgestrahlt. Diese Form mönchischen Minimalismus – die weißen leeren Böden und Wände, die verschwundenen Schränke und Ornamente – reduzierte das Wohnen aufs Hier und Jetzt. Sie verwandelte manche Häuser in etwas, was man nur als den Versuch beschreiben kann, jeden sinnlichen Reiz zu vermeiden. Auch Hotels folgten diesem Trend; das Hempel in London etwa wurde dafür berühmt, dass Gäste jegliche Orientierung darin verloren und sich auf der Suche nach der Toilette mitten in der Nacht nackt aus ihren Räumen ausschlossen. Eine meiner Lieblingsanekdoten aus dieser Stil-Ära ist jene über ein megaminimalistischen Haus, in dem die Bewohner jeden Morgen ihren Kulturbeutel mit ihrer Seife / Zahnbürste / Rasierklinge ins Badezimmer mitnehmen mussten, weil es keinerlei Möglichkeit gab, sie dort aufzubewahren. Das ist kein Design-Fehler mehr, das ist Design-Terrorismus.

Um unsere Design-Sucht etwas zu zügeln und zu kontrollieren, beschlossen wir, einen externen Innenarchitekten, unsere Freundin Yarah (die mit den zwei Fliesen), hinzuzuziehen. Aus rein praktischen Gesichtspunkten war dies wahrscheinlich nicht die beste Wahl: Sie lebt in London und spricht kein Deutsch. Aber unsere Entscheidung sollte auch einige Vorteile mit sich bringen, außerdem kenne ich sie, seit sie ein Baby war. Yarah wuchs in einem Fertighaus auf einem Hügel an der walisischen Grenze auf. Ihr Vater war Bauunternehmer, und eine meiner frühesten Erinnerungen an sie ist, wie ich in einer windigen Nacht zu ihr nach Hause kam und sie in ihrem Bett unter einem Haufen rot gefärbter Herbstblätter liegen sah. Der Wind hatte das Dach abgedeckt, doch sie hatte sich davon nicht in ihrem Schlaf stören lassen. Schon damals zeigte sich ihre Fähigkeit, in jeder Situation gelassen zu bleiben. Mit ihr Küche, Badezimmer und Toiletten zu planen war ein Vergnügen, denn wir kannten uns eben schon lange genug, um Ideen und Alternativen diskutieren zu können, ohne dass sich einer von uns auf beruflicher, persönlicher oder intellektueller Ebene angegriffen fühlte.

An dieser Stelle der Bauphase lauert allerdings die Gefahr, Gebrauchsgegenständen zu viel Zeit und Aufmerksamkeit zu widmen. Alain de Botton erinnert uns daran: »Versuchen wir, die in einem Lichtschalter oder einem Wasserhahn enthaltene Botschaft zu entschlüsseln, setzen wir uns vermutlich über Gebühr der Geringschätzung des gemeinen Menschenverstandes aus, für den er kaum mehr als eine Möglichkeit bedeutet, das Licht im Schlafzimmer anzuknipsen oder sich die Zähne zu putzen.«

Trotz meines Design-Fetischismus wies man mich darauf hin, dass ich die Entscheidung für bestimmte sanitäre Einrichtungsgegenstände nicht ernst genug nahm. Unser zuverlässiger Fotografen-Freund Klaus Vyhnalek rief mich an. Er war gerade auf der Baustelle seines eigenen Hauses eingetroffen, um die Badezimmer und Toiletten zu begutachten. »Also, welche Toilette soll ich nehmen für unser Haus?«, fragte ich in der Hoffnung, eine einfache Antwort zu bekommen. Stattdessen bekam ich einen Rüffel dafür, dass ich noch nicht Probesitzen gewesen war. Ich lachte und hielt das für einen Scherz, denn ich hatte noch nie von jemandem gehört, der so etwas gemacht hätte. Klaus aber erklärte mir in seiner freundlichen und geduldigen Art, dass man eine ganze Menge Zeit damit verbringen würde, auf der Toilette zu hocken und es daher wichtig sei, eine »passende« zu finden. Als ich meinen Mann nach seiner Meinung dazu fragte, meinte er, das sei gar keine schlechte Idee. Gut, sagte ich, dann kannst du das ja übernehmen.

Als wir damals mit dem Architekten über das Konzept des Hauses zu sprechen begonnen hatten, machten wir drei Auflagen: 1) keine Heizkörper 2) keine Fußleisten und 3) keine Duschvorhänge (denken Sie nur an Hitchcocks *Psycho* und Sie haben ein Leben lang genug davon). Nun, es gab noch eine vierte – keine Klopapierhalter, doch die erwähnte ich nicht, da ich mir nicht vorstellen konnte, dass das eine bautechnisch relevante Frage sein könnte. Während der mittleren Bauphase hatten wir ein weiteres dieser unvergesslichen Treffen mit unserem Architekten, von denen ich auch Monate später, vor allem wenn ich gestresst war, noch Albträume bekam. Einmal fragte ich ihn eher beiläufig nach Vorhangschienen. Ich erzählte, dass ich mir eine Idee dazu von dem Massage- und Spa-Bereich unseres Lieblingshotels in Bad Gastein geborgt hätte. Dort laufen im Aveda-Spa die Vorhangschienen einmal rund um den Raum herum, sodass die Vorhänge das Zimmer entweder in einen Kokon oder in eine Bühne mit fantastischer Aussicht auf die Täler verwandeln können; oder sie halten einfach nur das Sonnenlicht ab. Manchmal wird sogar die Weihnachtsdekoration daran festgemacht. Der Architekt runzelte demonstrativ die Stirn. »Vor-

hänge?«, fragt er. »Sie haben gesagt, Sie wollen keine Vorhänge.«
Er spie diese Worte förmlich aus, als sei das ein unanständiger
oder perverser Wunsch von uns. So als hätten wir ihn um den
Einbau eines Sadomaso-Folter-Zimmers gebeten. Ja, entgegnete
ich ihm mit fester Stimme, ich möchte womöglich an manchen
Stellen Vorhänge haben, also müssen wir überall Vorhangschienen anbringen. Das »Zeitschriften-Architektur-Syndrom« kam
mir in den Sinn, als ich ihm erläuterte, dass ich ursprünglich
einmal gesagt hatte, dass ich keine Duschvorhänge wolle.

Der Sommer schleppte sich dahin, und es zeigte sich immer
deutlicher, dass man sich als Bauherr beziehungsweise Baufrau –
oder muss es -herrin heißen? –, in diesem Stadium Flexibilität und Raum wünscht, um seinen Ideen freien Lauf lassen zu
können, während alle anderen genau das Gegenteil wollen. Erst
in diesem Stadium spürt man nämlich, wie sich nachher alles
anfühlen und wie es aussehen könnte. Aber leider wird, wie
Stewart Brand es formuliert, »all die Design-Intelligenz ins frü-
heste Stadium des Bauprozesses hineingezwungen [...], wo doch
noch keiner genau weiß, was wirklich gebraucht werden wird«.
Man kann natürlich noch vor Ort Korrekturen vornehmen, aber
in der Regel sind die aus Sicht des Architekten nicht gerade
willkommen, es sei denn, man ist bereit, ihn dafür extra zu
bezahlen. Dabei ist das einer der vielen Graubereiche und einer
der typischen Fälle, bei denen man sich mit seinem Architekten
leicht überwerfen kann. Wenn Sie Ideen haben, sind das dann
Änderungswünsche? Oder das Resultat von unvorhersehbaren
Problemen, die gerade aufgetaucht sind? Und haben Sie in Stein
gemeißelt, dass Sie zum Beispiel Vorhänge haben wollen und
dass jedes Badezimmerwaschbecken anders aussehen soll?

In unserem Drama ist es mittlerweile Oktober. Eine Zeit, in
der ich normalerweise die Herbstfärbung der Blätter genieße,
jene unfassbare Farbexplosion, die von der bevorstehenden
Dunkelheit ablenken soll. Anstatt dieses florale Feuerwerk zu

bewundern, starrte ich hilflos auf widerliche Matsch-, Erd- und Bauschutthügel, die scheinbar ununterbrochen auf der Baustelle hin und her geschoben wurden. Wenigstens begannen am 13. Oktober die Installationsarbeiten, die eigentlich schon im August hätten losgehen sollen. Auch die Fenster wurden eingebaut und die Innenwände hochgezogen. Endlich geschah etwas, auch wenn es da schon wirklich dunkel und kalt wurde. Ich bemerkte, dass ich einen neuen Zustand erreicht hatte, ich nannte ihn den Baustellenneid. Jedes Mal, wenn ich morgens an den Grundstücken vorbeijoggte, die wir alle nicht gekauft hatten, kam ich nicht umhin, mir eingestehen zu müssen, dass unser Baufortschritt umgekehrt proportional zu allen anderen Baustellen der Stadt verlief.

## Zweite Szene: Kein Weg zurück

> »Wenn man sich sein Haus fertig gebaut hat, merkt man, unversehens Etwas dabei gelernt zu haben, das man schlechterdings hätte wissen müssen, bevor man zu bauen – anfing.«
> FRIEDRICH NIETZSCHE

Nun steuert der zweite Akt schon unerbittlich auf den dritten zu. Und zwar insofern, als man unweigerlich merkt, dass es ernst ist. Dass die »Lass uns doch mal ein Haus bauen«-Fantasie durch eine knallharte Realität verdrängt worden ist. Das ist auch der Moment, in dem sich die Bühne verdunkelt, der Winter drohend näher kommt, der erste Schnee fällt und man an den Gesichtern der Protagonisten erkennen kann, dass sie alle dasselbe denken: Die Bauherren hoffen, dass das Stück zu Ende ist, wenn die Weihnachtsbäckerei losgeht; die Handwerker denken: Oh, nein, die Bauherren möchten, dass der Vorhang fällt, bevor der Weihnachtsbaum aufgestellt wird; und der Architekt, nun, der ist zur Zeit nicht zu erreichen. Wenigstens weinte ich vorläufig nicht mehr, wenn mich jemand nach dem Fortschritt des Baus fragte, sondern hatte mir einen etwas würdevolleren Umgang mit der Angelegenheit und den aufgelaufenen Verzögerungen angewöhnt: Ich seufzte leise und gab mit vorgetäuschter Nonchalance die Frage an mein Gegenüber zurück: »Habt ihr schon mal ein Haus gebaut?«, »Seid ihr noch immer mit eurem Architekten befreundet?« Oder, wenn ich besonders unleidlich war: »Hat eure Ehe / Partnerschaft die Renovierung / den Hausbau überlebt?« Das reichte in der Regel aus, um bei dem unglücklichen Frager eine Welle von Erinnerungen an posttraumatische Stressreaktionen auszulösen, die mich davon befreite, selber noch länger über meine Sorgen reden zu müssen.

In diesem Stadium waren die regelmäßigen Besuche auf der Baustelle vordergründig eher undramatisch und wenig aufregend. Bevor alles losgegangen war, hatte ich mir vorgestellt, wie ich auf unserem Bauplatz mit großen Plänen in der Hand tolle Diskussionen führen würde, in denen Platz für spontane Kreativität und Problemlösungen wäre; dass mir viele interessante Ideen kommen und ich eine Art Kitzel ob der Außergewöhnlichkeit dessen verspüren würde, was hier gerade im Entstehen begriffen war. In etwa wie diese großartigen, preisgekrönten Schauspieler, die vor der Kamera improvisierten, anstatt einfallslos an der Skriptvorlage zu kleben. In Wirklichkeit aber waren meine Auftritte dann alles andere als glamourös und bestanden vor allem darin, dass ich leere Energydrink-Dosen, Plastikflaschen, fettiges Butterbrotpapier und schmierige Sardinenbüchsen aus den Büschen fischte. Der Gesichtsausdruck der Handwerker, als ich sie bat, den überquellenden Abfalleimer zu leeren, war ein unvergesslicher Anblick. Annie Proulxs Bauarbeiter hatten darauf bestanden, die Baustelle jeden Abend ordentlich zu hinterlassen, aber sie hatte auch angekündigt, ein Buch darüber schreiben zu wollen. Doch das war noch gar nichts im Vergleich zu dem Blick, den die Handwerker mir zuwarfen, als ich sie aufforderte, den Rasen hinter dem Gartenhäuschen doch bitte nicht als Toilette zu benutzen. Das sollte nun wirklich eine meiner letzten Sorgen sein, doch sie war eine gute Ablenkung von den echten Problemen, auch dann noch, als sich herausstellte, dass die eigentlichen Übeltäter ein paar Obdachlose waren, die in einer Hütte auf dem Nachbargrundstück Unterschlupf gefunden hatten. Gerade waren die Gräben für die Drainage ausgehoben worden, und der Bau befand sich in dem frustrierenden Zustand, in dem es aussieht, als würde rein gar nichts geschehen. Eigentlich hatte man sogar den Eindruck, er würde Rückschritte machen, denn die Erde um das Haus herum war schon vor langer Zeit wieder verfüllt worden, und nun schachtete man für die Drainage doch noch mal aus. Es gab für dieses Vorgehen anscheinend sehr gute Gründe, nur fand sich niemand, der sie mir mit einigermaßen logischer Überzeugungskraft erläutern konnte. »Machen Sie sich keine Sorgen«, sagte der Architekt mit so viel Mitgefühl in der Stimme, wie er aufbringen konnte, »es wird eine Weile lang so aussehen, als würde nichts vorangehen.« Aber wenn man an einem dunstigen, grauen Montagmorgen auf der Baustelle steht und nur ein Mann in Begleitung seiner Zigarette vor Ort ist, sieht es nicht nur so aus, als würde nichts passieren. Es passiert TATSÄCHLICH nichts.

Von außen sah es schon schlimm aus, doch innen war es noch wesentlich unerfreulicher. Wo man hinsah, jede Menge Plastikschläuche und Kabel, die keinerlei Funktion oder Absicht erkennen ließen. In diesem Stadium wird einem bewusst, wie ungemein primitiv solch ein Bauprozess doch ist. Auch wie wenig elegant, wie hässlich und vor allem wie ineffizient er ist. Meine Hauptsorge war, ob ich, falls wir einmal eingezogen wären, jemals in der Lage sein würde, die wunderschön gefliesten Wände und witzigen Tapetenmuster anzuschauen und auch nur diese zu sehen. Oder würde ich eine Art Röntgenblick entwickeln und durch die Oberfläche hindurch nur auf das große Durcheinander aus Kabeln, Röhren, Notizzetteln und Zigarettenstummeln sehen, die sich in den versteckten Rissen und Spalten unseres Heimes häuslich niedergelassen hatten?

Vor vielen Jahren wurde meine Londoner Wohnung von ein paar netten Handwerkern renoviert, die ihren Akzent dem jeweiligen Kunden anpassen konnten, so wie andere Menschen ihre Krawatte je nach Gesprächsanlass aussuchen. Eines Tages, inmitten des Chaos, das sie verursachten, als sie die Wände abzogen, sah ich einen Teebeutel an der Wand kleben, an einer Stelle, die neu verputzt und gestrichen werden sollte. Es war nicht einmal einer der teureren Sorte, das weiß ich noch, also keiner mit Bändchen und kleinem Papieranhänger. Ich sehe ihn noch genau vor mir. Ein billiger, brauner, Nullachtfünfzehn-Teebeutel, dessen Enden sich beim Austrocknen ein wenig gewellt hatten und der nun an der Wand herunterzurutschen drohte. Der Aufprall des Teebeutels auf der Mauer hinterließ einen rotbraunen, unregelmäßigen Fleck, der sich in mein Gedächtnis hineinätzte. Sogar noch heute, Jahre später, kann ich präzise die Stelle angeben, obwohl sie seitdem natürlich schon lange wieder verputzt und gestrichen ist.

Ich fragte mich, ob vielleicht Hypnose ein Weg sein könnte, um einige der noch zu erwartenden traumatischen Erinnerungen auszulöschen. Denn ein Teebeutel an der Wand ist nichts im Vergleich zu einer ganzen Baustelle voller Dosen, Kippen und Butterbrotpapier. Vielleicht könnte eine partielle Lobotomie helfen, bemerkte ich einer Freundin gegenüber, und wenn der Neurologe schon einmal dabei sei, könne er auch gleich ein paar schlechte Erinnerungen an frühere Beziehungen entfernen.

Während mich die Hoffnung auf eine neue Therapie durchhalten ließ, schienen Kaffeepausen für die Bauarbeiter eine ähnliche Wirkung zu haben – zumindest lag der Gedanke nahe, so oft, wie sie sich welche genehmigten. Interessanterweise gab es offensichtlich sogar eine Art Hierarchie unter ihnen, was die jeweilige Pausengestaltung anging. Die Stuckateure hatten einen Wasserkocher und ein edel aussehendes Cappuccino-Pulver dabei und bauten einen kleinen, improvisierten Tisch und Stühle für ihre Pause auf. Die Elektriker zogen sich in ihre Autos zurück, und die Installateure machten ein Nickerchen auf dem Fußboden. Doch scheinbar wärmten und erfrischten sich viele von ihnen, egal welcher Zunft sie angehörten, auch auf anderen Wegen – wie die Einzelteile eines auf dem Boden verstreuten Pin-up-Kalenders verrieten. Ich war nicht sicher, ob die einzelnen Monatsblätter aus Frust oder Erregung herausgerissen worden waren, aber ich war auch nicht sicher, ob ich das wirklich wissen wollte, und ganz sicher hatte ich nicht die Absicht, danach zu fragen oder die Besudelung meines Hauses auch nur zu erwähnen. Denn einen ernsthaften Dialog mit den Handwerkern aufrechtzuerhalten stellte sich als schwierig heraus, als ich an meinen Gummistiefeln eine spärlich bekleidete Frau kleben sah. Nachdem ich sie abgeschüttelt und die Baustelle auf schnellstem Wege verlassen hatte, überlegte ich, ob ich nicht den Bauleiter einschalten sollte, dessen Aufgabe es ja war, die Arbeiten täglich zu überwachen. Zwar gab es sicherlich drängendere Probleme, etwa die Angst vor einem undichten Dach und nicht eingehaltene Zeitpläne. Doch als einzige regelmäßig auf der Baustelle anwesende Frau war ich nicht besonders glücklich, über Bilder von Brüsten und gespreizten Beinen steigen zu müssen, und wollte auch gewiss keine Kinder mit hierherbringen. Zurück in der Sicherheit des Büros, stellte ich laut die Frage, ob sie solchen Vergnügungen nicht besser privat nachgehen sollten. »Das geht nicht«, entgegnete unser Assistent, »zu Hause dürfen die Bauarbeiter solche Dinge nicht haben – ihre Frauen und Freundinnen würden es nicht billigen, also müssen sie ihre Pornos mit zur Arbeit bringen.« Mein 16-jähriger Sohn meinte nur: »Lass sie doch, Mama. Die Pin-ups halten sie wenigstens schön warm.«

Ein paar Tage später war ich wieder da. Auf dem Dach riesiger Lärm, drinnen gähnende Leere. Ich fand eine alte Zeitung und ließ einige der »anzüglichsten« Stellen des Kalenders darunter verschwinden. Genau in diesem Moment wurde mir klar, wie problematisch eine unserer Grundentscheidungen war, die wir gleich am Anfang der Planung getroffen hatten: das Flachdach! Ich ließ den Architekten bei seinem Leben (oder seiner Katze oder sonst irgendeinem Blödsinn) schwören, dass das Flachdach, das er entworfen hatte, nicht undicht werden würde. Es war damals noch nicht ganz fertig, und doch wusste ich schon, dass mindestens zwei Dinge dabei schiefgelaufen waren. Erstens waren all die wunderschön klaren Linien, der Minimalismus, der auf den Zeichnungen und Modellen erkennbar war, eine Lüge (der Schornstein, die Blitzableiter und die überstehenden Metallrahmen für die Verdunkelung der Dachfenster waren nirgendwo eingezeichnet gewesen, geschweige denn jemals erwähnt worden). Und zweitens würde es irgendwann mit größter Wahrscheinlichkeit undicht werden. Für den »Look des Gebäudes« in diesen schönen Hochglanzmagazinen kommt ein Flachdach dem Architekten und uns sicher zugute. Und dennoch verwandelte es sich für mich plötzlich in eine Bedrohung. Denn ich habe eine traumatische Erfahrung mit undichten Dächern.

Die Wohnung, in der ich in London aufwuchs, lag nämlich im obersten Stockwerk eines alten, viktorianischen Gebäudes in einer dieser beneidenswert schönen mondsichelförmigen Häuserzeilen, die Notting Hill durchziehen und an die sich verwunschene Gemeinschaftsgärten schmiegen. Heutzutage ist das ein angesagtes Viertel, aber als wir dorthin zogen, galt es noch als raues Pflaster mit Drogendealern und illegalen Kaschemmen an jeder zweiten Ecke. Wenn ich daran zurückdenke, war jedoch das permanent undichte Dach – es hatte ein nicht richtig schließendes Dachfenster, das zudem als Katzenklappe fungierte – die weitaus größere Bedrohung. Als die Gegend gefragter wurde, hat man auch unser Dach erneuert, aber bis dahin hatte das ständige Herumlaufen mit Eimern und Wischmopp schon seine Spuren hinterlassen.

Eines der (nach Meinung von Architekten) herausragenden Gebäude unserer Zeit ist Frank Lloyd Wrights »Falling Water«. Der Name ist Programm, und das nicht nur, weil dieses Meisterwerk aus Beton so mutig in die Landschaft hineinragt und kühn einen Wasserfall und einen Fluss überspannt, sondern auch und vor allem weil der erste Besitzer ihm aus guten Gründen noch einen Spitznamen verpasste: das »Zehn-Eimer-Gebäude«. Als er sich über das undichte Dach bei Frank Lloyd Wright beklagte, soll dieser angeblich erwidert haben: »So wissen Sie wenigstens, dass es ein Dach ist.« Und er ging noch einen Schritt weiter und behauptete selbstgefällig: »Wenn das Dach nicht undicht ist, war der Architekt nicht kreativ genug.« Damit bringt er, so verstehe ich es heute, eines der großen Dilemmata moderner Gebäude auf den Punkt: In der Architektur demonstriert man Modernität durch den Winkel des Daches. Ein schräges Dach ist spießig, während ein Flachdach der Welt zuruft: »Ich bin modern.«

Tom Wolfe berichtet in *Mit dem Bauhaus leben* von den Konsequenzen, die es hat, wenn architektonische Obsession den gesunden Menschenverstand ausschaltet. In vollständiger Ignoranz der örtlichen Klimabedingungen wurde in den USA 1978 das Hartford Civic Centre Memorial Coliseum gebaut, mit einem Flachdach in hochmodernstem Computer-Raumfachwerk-Design. Als der erste Schnee fiel, »kollabierte [das Dach] rechtschaffen, und zeigte im Fallen eine Hommage an das Diktum, dass Dachschrägen bourgeois sind«. Nur zwei Stunden bevor das Dach wie eine riesige Eierschale zerbröckelte, hatten 5000 Basketball-Fans die Halle verlassen.

Es überrascht also nicht, dass die modernistische Bewegung nicht nur eine neue und aufregende Architektur zurückließ, sondern auch eine steigende Anzahl unzufriedener Kunden. In den achtziger Jahren richteten sich 80 Prozent der Schadensersatzforderungen in den USA an Architekten wegen Feuchtigkeit. Man schreibt Frank Gehry den Satz zu, »Alle großartigen Gebäude sind undicht«, doch die Weisheit eines der bedeutendsten Architekten der Welt verleitet uns dazu zu vergessen, dass die wahrhaft großen Gebäude die sind, die keine Lecks haben. Aber sollte es eines Tages durch Ihr Flachdach hindurchregnen (und es gibt keinen Grund anzunehmen, dass das nicht der Fall sein wird), können Sie Ihre Besucher beeindrucken, indem Sie Gehry oder Wright zitieren und außerdem behaupten, die Eimer stünden dort deshalb so kunstvoll drapiert, weil sie Teil eines größeren Projektes seien, nämlich des künstlerischen Opfers und des architektonischen Abenteurertums.

Damit stehen wir treu zu Frank Lloyd Wrights Erkenntnis: »Die Sünden der Architektur sind dauerhafte Sünden.« Sünden, in denen wir kleine Sterbliche zu leben haben. Aber haben sie, die Architekten, kein Gewissen? Einen danach befragt, rief bei ihm die schreckliche Vorstellung wach, seine bisherigen Gebäude noch mal aufsuchen zu müssen, um aus seinen Fehlern zu lernen. An den Ort des Geschehens zurückzukehren, um das Gebäude zu begutachten und mit den Bewohnern darüber zu sprechen, wird offiziell als »post-occupancy evaluation« (»Auswertung nach der Übergabe an die Bewohner«) bezeichnet.

Die meisten Architekten jedoch würden den Zeitmangel als Hindernisgrund für dieses Vorgehen anführen, dabei widerspricht das gesamte System dem Lernprozess. Der Historiker William Seale meint, vor langer Zeit sei Architektur einmal ein gut bezahlter Job gewesen, aber heute »müssen die meisten Architekten ihrem Schwanz hinterherjagen, um zu überleben. Sie haben keine Zeit, sich innerlich zu bereichern, zu lernen. Sie sind zu beschäftigt, um geistig zu wachsen. Ich bin der Meinung, eine kreative Persönlichkeit muss ständig wachsen oder sie sollte gleich alles aufgeben.« Vielleicht gehen sie auch einfach zu Recht davon aus, dass sich die Menschen schon an das Gebäude anpassen werden, ganz einfach weil sie nicht anders können. Die Menschen lernen schon, wo sie die Eimer hinstellen müssen, wo sie sich bücken sollten, um sich nicht den Kopf an zu niedrigen Balken zu stoßen, welche Treppenstufe sie auslassen müssen, weil sie schon vorzeitig zu bröckeln beginnt, oder dass sie, im Extremfall des Eisenman-Hauses, in getrennten Ehebetten zu schlafen haben. Während man Letzteres ja durchaus manchmal empfehlen kann, um dem Eheleben eine neue Würze zu verleihen, wäre es natürlich eigentlich angezeigt, dass man Häuser entwickelt, in denen sich nicht der Mensch den architektonischen Mängeln, sondern die Architektur sich den wandelnden menschlichen Bedürfnissen anpasst. Wie Stewart Brand in *How Buildings Learn* offenlegt, haben Forscher herausgefunden, dass von 58 neuen Bürogebäuden in und um London nur jedes zehnte nach der Fertigstellung noch einmal von seinem Architekten in Augenschein genommen worden ist. Deshalb, so darf man wohl schlussfolgern, hat er sein Buch auch nicht *How Architects Learn* genannt.

Ganz stimmt das aber nicht, denn viele Architekten werden regelrecht dazu gezwungen, sich mit ihren Fehlern auseinanderzusetzen. So hat es in den Achtzigern in den USA mehr Verfahren gegen Architekten als gegen Ärzte gegeben. Dazu kommt, dass sich Baumaterialien und -techniken ständig weiterentwickeln. Allerdings sind diese Hightech-Produkte, was die Kosten betrifft, noch eine Klasse für sich. Auch wir haben gelernt, dass man eine Dachheizung haben kann, geschwungene Wände und eine intelligente Dämmung, die im Sommer sogar kühlt – aber all das zu einem Preis, den sich die Mehrheit (und damit auch wir) nicht leisten kann.

In einer trostlosen Nacht Mitte November kam ich von der Beerdigung eines Jugendfreundes aus London zurück. Es war schon sehr spät an diesem Sonntagabend, und das Wochenende war emotional anstrengend gewesen. Erschöpft vom überfüllten Flieger, mit brennenden Augen von den gleißenden Lichtern auf dem Flughafen und mit jenem dumpfen Gefühl im Schädel, das Kopfschmerzen ankündigt. Auf der Fußmatte lag ein Umschlag. Vielleicht ein Beileidsbrief? Vielleicht eine nette Einladung, um mich aufzumuntern? Es war eine Rechnung des Architekten.

Dies ist einer jener Momente, in dem sich die Handlung verdichtet, die Spannung steigt und die Musik verheißt, dass gleich etwas passieren wird. Wenn es um Geld geht, so haben wir gelernt, kann man auf der Bühne des Hausbaus das Opfer spielen. Das gilt natürlich für beide Seiten. Und doch ist dem ganzen Prozess von vornherein ein Ungleichgewicht eigen – wenn sich die Rechnungen des Architekten und der Bauarbeiter anhäufen, sinkt der Spaßfaktor rapide. Auch die Menge an Geld, die man zahlt, scheint umgekehrt proportional zu der gefühlten Menge an Kontrolle zu sein, die man über sein Konto, sein Haus, sein Leben hat. Um ehrlich zu sein: Unsere Anwältin hatte uns von Anfang an gewarnt, dass der Vertrag, den wir da unterzeichnen, aus ihrer Sicht das Potenzial für eine Menge Probleme barg. Nicht nur für uns, für beide Seiten. Sie hatte angeblich noch nie einen so schlecht gemachten Vertrag gesehen. Wir aber hatten ihn einfach unterschrieben – in der vagen, idealistischen Hoffnung, dass es schon keine Probleme geben werde, der Architekt fair sei und alles ganz wunderbar würde. Das war das Honeymoon-Syndrom. Ich wollte einfach nicht zu den Menschen gehören, die einer Sache von Anfang an mit Misstrauen begegnen. Es war dann aber eher so, als hätte die eine Hälfte des Paares zum ersten Mal, die andere zum zwanzigsten Mal geheiratet. Der eine weiß aus eigener Erfahrung, dass sich nach der Euphorie irgendwann der Alltag einstellt. Der andere hat zwar schon davon gehört, glaubt aber nicht, dass das auch auf ihn zutreffe.

Als ich an einem besonders feucht-trüben Novembertag in meinen wahnsinnig fröhlichen, fuchsiafarbenen Hunter-

Gummistiefeln auf unserem Grundstück stand, kam es mir so vor, als hätten Geld und Matsch etwas gemeinsam: Während ich langsam im Schlamm versank, hatte ich das Gefühl, wir würden auch in ein bodenloses Loch an Rechnungen gesogen. Um diesem Sog Einhalt zu gebieten und den Schaden zu begrenzen, engagierten wir einen Controller, den wir den »dicken Kontrolleur« tauften, nach einer Figur aus den Kinderbüchern *Thomas und seine Freunde.* Normalerweise kommen solche Leute bei richtig großen Projekten zum Einsatz, aber wir stellten ihm die Aufgabe, sich selbst zu finanzieren. Der Deal war der, dass er dem Architekten helfen würde, das Budget einzuhalten und gleichzeitig auch einen Weg finden – sprich: etwas einsparen helfen – müsse, damit aus der Gesamtkalkulation noch für ihn ein Honorar heraussprang.

Die Sache mit dem dicken Kontrolleur war ein ziemlicher Selbstläufer. Wir hatten das Gefühl, dass wir die Kosten nicht mehr unter Kontrolle hatten und wir einen dritten Mann als Moderator brauchten. Er erstellte Übersichten, die anfangs sehr beeindruckend und beruhigend wirkten, und wir entspannten uns ein bisschen, weil es jemanden gab, der die Dinge im Griff zu haben schien. Doch dann brachte der Architekt einen netten kanadischen Architekturstudenten ins Spiel, der frisch von der Uni kam und dessen Aufgabe es sein sollte, die Pläne unserer Inneneinrichterin Yarah in das Format zu bringen, mit dem »Computerarchitekten« gewöhnlich arbeiten. Allerdings sprach er wie Yarah kein Wort Deutsch und war auch auf Landschaftsarchitektur spezialisiert. Er selbst sagte einmal, als wir versuchten, die Position eines Waschbeckens in Übereinstimmung mit der Lage der Leitungen zu bekommen: »Es tut mir leid, Installationsarbeiten sind völlig neu für mich.«

Der Bauprozess von den ersten Planungsgesprächen bis zum fertiggestellten Produkt ist vor allem ein Prozess der Steigerung von Enttäuschungen. Sie beginnen mit einem Ideal, ein paar verrückten Ideen und Fantasien, die Sie in einer Zeitschrift gesehen haben und dann ein wenig herunterschrauben, um Kosten zu sparen. Normalerweise robbt man sich vom Idealen zum nicht mehr so ganz Idealen vor, dann runter zum Möglichen und schließlich zum Bezahlbaren. Geraldine Bedell ließ sich beim Bau ihres Betonhauses auf den ursprünglichen Plänen durch die sexy klingende Beschreibung eines »Outdoor / Indoor-Essplatzes« und eines »Badezimmers mit einem Glasdach darüber, das den Blick in den Himmel freigibt« verführen. Es waren typische Dinnerparty-Gesprächs-Ideen, die langsam, aber sicher alle aus ihren Plänen verschwanden. Die erste, weil der Raum einfach nicht groß genug war für einen Tisch, die zweite, weil … nun ja, weil sie halt rausmusste. Auch wir mussten uns aus Kostengründen im Laufe der Zeit von der einen oder anderen Spielerei verabschieden. Deshalb hatten wir ziemlich gemischte Gefühle, wenn der Architekt und der Controller fröhlich verkündeten, unsere Ausgaben seien noch immer im Rahmen.

Etwa zu dieser Zeit hörte ich die ernüchternde Geschichte vom Neubau eines Freundes von dem Freund eines Freundes. Wir befinden uns am Ufer eines österreichischen Sees, ein Ort wie aus dem Bilderbuch. Sobald Sie das Haus durch den Haupteingang betreten, wird Ihr Auge magisch von der spektakulären Aussicht am Ende der Eingangshalle angezogen – der Blick geht – eingerahmt von den schwungvollen Bögen des Flurs – auf den schimmernde See, vor dem sich ein perfekt getrimmter Rasen ausbreitet. Zumindest hätte genau dieser Effekt erzielt werden sollen, würde man jetzt nicht durch die unglaubliche Hässlichkeit der Bodenfliesen von all dem abgelenkt. Sie sind offenbar dermaßen scheußlich, dass es unmöglich ist, sich auf die Aussicht zu konzentrieren und sie zu genießen. Das ist eine echte Leistung – und das Ergebnis eines Budgets, das so außer Kontrolle geriet, dass es für diesen so sichtbaren Bestandteil des Hauses kein Geld mehr gab.

Erwachsene haben meist eine gute Bewältigungsstrategie für solche Enttäuschungen. Kindern dagegen fällt es deutlich schwerer zu verstehen, warum sie kein Hightech-Baumhaus mit Satellitenfernsehen, Stereoanlage, WLAN und einer Minibar bekommen können, die sich wie von Zauberhand von selbst auffüllt. Als wir mit dem Bau begannen, verkündete unser Sohn Julian, dass er eigentlich nur einen Wunsch habe: eine durchsichtige Rutsche, die das Büro mit dem Wohnhaus verbindet. So könnte er zwischen den beiden Gebäuden hin und her sausen, ohne nass zu werden. Und wie die meisten Kinder war er sehr enttäuscht, als wir seinen kleinen Wunsch nicht ernst nahmen.

Die Idee mit dem Controller war eine vernünftige Entscheidung gewesen, aber was sich noch mehr auszahlte, war die Hinzuziehung eines Lichtdesigners. Das klingt jetzt sicher ein wenig übertrieben für ein kleines Einfamilienhaus und ähnlich anmaßend wie meine Bemerkung, dass wir eher in Texturen als in Farben dächten. Aber als der Architekt mir anfänglich einige Fotos von ihm gebauter Häuser zeigte, waren darauf auch jede Menge herunterhängender Kabel mit nackten Glühbirnen zu sehen (von ihm »Elefantenschwänze« genannt), die mit Sicherheit länger hängen blieben, als man sich das wünschen oder in einem nagelneuen Traumhaus erwarten würde. Und wir wollten ja nicht nur ein Lichtsystem, das dem direkten Blick verborgen bleibt, sondern auch eines, das besonders energiesparend und unkompliziert war.

Keinesfalls wollten wir über Lampenkabel stolpern und die Wände mit Anschlüssen für jede Eventualität zupflastern müssen. Anstatt fünfzehn Leuchtkörper in unterschiedlichen Größen und Wattstärken für die verschiedenen Leuchtmittel zu haben, wollten wir uns auf ein oder zwei Leuchtmittel mit geringem Energieverbrauch beschränken. Man empfahl uns ein Geschwisterpaar, das unter dem Namen Podpod zusammenarbeitet. Die beiden entwickelten einen raffinierten Plan, der indirekte und Spotbeleuchtung miteinander kombinierte, dazu kamen ein paar einfache, aber wirkungsvolle LED-beleuchtete Treppenstufen, die unserem Haus den »Raumschiff-Touch« gaben, den sich mein Mann Matthias so gewünscht hatte.

Die Details und die Details der Details nahmen immer mehr zu, bis wir ihrer kaum noch Herr wurden. Denn jede Entscheidung erfordert eigentlich das Fachwissen eines Experten – ob zum Thema Beleuchtung, für Klempnerarbeiten oder in Fragen der Photovoltaik –, doch leider ist man auf jedem dieser Gebiete ein Laie. Stattdessen hat man – hoffentlich – einen Spezialisten zur Hand. Aber um dessen Rat zu verstehen, muss man zumindest ein Stück weit selbst in seine Welt eintauchen und »seine Sprache sprechen«. Für mich war das doppelt schwierig – ich hatte es sozusagen mit zwei Fremdsprachen zu tun (Deutsch mit einem sehr eigenen Akzent und »Bausprache«).

Nachdem wir die Herausforderung mit der Beleuchtung gemeistert hatten, mussten wir uns um die Sonnenblenden kümmern, was eigentlich ein Kinderspiel hätte sein sollen. Doch das Material dafür auszuwählen war schwieriger, als es sich anhört, denn es gibt dermaßen viele technische Finessen abzuwägen, dass einem am Ende der Kopf schwirrt. Schließlich entschieden wir uns für ein Material, das besondere Reflektionseigenschaften besaß, um damit die Klimatisierung des Hauses zu unterstützen. Bis wir die Kostenvoranschläge und eine Wahl getroffen hatten, dauerte es mehrere Wochen, und dann montierte die Firma die Sonnenblenden falsch herum, so dass die reflektierende Seite nach innen zeigte. Neben diesem kleinen Problem gab es noch die Aussicht auf das, was geschehen würde, wenn wir an einem windigen Wochenende Besuch hätten. Unser Haus befindet sich an einem Nordhang, und die Gegend ist dafür bekannt, windig zu sein. Das kleine Gästebad besitzt eine wunderbare Wasserfalldusche und große, bodentiefe Fenster. Nach den von uns aufgestellten

»drei Regeln, was es nicht im Haus geben darf«, waren Dusch-vorhänge verboten, doch wenn der Wind im fröhlichen Tempo von mehr als 35 Kilometern pro Stunde vorbeipfeift, ziehen sich die Blenden zur Sicherheit automatisch nach oben – was den Duschenden dann den Blicken der Gassigeher, Wanderer und aller anderen, die durch das Naturschutzgebiet hinter unserem Haus laufen, aussetzt. So weit ist es also mit der modernen Technologie gekommen, dass man seiner Schwiegermutter empfehlen muss, an windigen Tagen im Badeanzug zu duschen.

Alle Liebhaber der Moderne möchten Fenster, die vom Boden bis zur Decke reichen. Und einen Großteil der Schuld daran tragen Menschen wie Mies und Le Corbusier. Das »Stan-dard Hotel« am New Yorker Central Park ist ein erstklassiges Beispiel für den aktuellen Angebermodernismus und wurde 2008 von der Municipal Arts Society of New York als bestes neu errichtetes Gebäude ausgezeichnet. Es macht durch das geschickte Zusammenspiel von Glas und Licht und durch die minimalistischen Stahlrahmen auf sich aufmerksam, in jüngerer Zeit aber auch durch Exhibitionismus Schlagzeilen. Im August 2009 tauchten in den Medien zum ersten Mal Berichte über den »Missbrauch« der bodentiefen Fenster im »Standard Hotel« auf. Ein Boulevardblatt schrieb, dass »Gäste des Hotels absichtlich vergessen haben, die Vorhänge zu schließen, während sie sich nackt vor den großen Zimmerfenstern vergnügten«. Schockierte Zuschauer berichteten, dass manche Gäste ihre Vorhänge nicht nur offenließen, wenn sie nackt waren, sondern sich den Pas-santen in einer »unakzeptablen Art und Weise« präsentierten. Auch von Fußgängern, die rein zufällig mit Ferngläsern und Teleobjektivkameras bewaffnet unterwegs waren, war die Rede. Der Sprecher des Hotels versprach, man würde »die Gäste an die Transparenz [der Fenster] erinnern«. Wenn man an solchen Goldfischglas-Hotels oder -häusern vorbeikommt, kann man nicht umhin, wider Willen zum Voyeur fremder Leute Leben zu werden. Es ist ein wenig so, als würde man Reality-TV anschauen: Man starrt auf die ordentlich gestapelten Papierhaufen auf dem schwarzen Designerschreibtisch, die entschuldigend hinter dem Ligne-Roset-Sofa entlanggeführten Kabel, und die Katze, die so tut, als seien wir im Aquarium und nicht sie.

In dieser Bauphase fühlte ich mich wie Jona im Bauch des Wals. Innen war das Haus ein primitives Gewirr von Eingeweiden und Knochen, und so sehr ich mich auch bemühte, gelang es mir nicht, mir die Schönheit und die Gestalt des ganzen Tieres vorzustellen. Als der Winter immer spürbarer Einzug hielt, hoffte ich, dass die Handwerker etwas Gas geben würden. Dennoch schien alles in Zeitlupe abzulaufen. Als ich an einem Freitag voller Erwartungen mit der aus London angereisten Innenarchitektin auf die Baustelle kam, klappte der letzte Handwerker seine Werkzeugkiste zu (ich sollte dazu sagen, es war vormittags). Ich hatte mich noch immer nicht richtig an die österreichische Art zu arbeiten gewöhnt, bei der das Wochenende schon am Freitagmittag beginnt. Und falls der Dienstag ein Feiertag ist, muss man sich auch am Montag nicht die Mühe machen, aus dem Bett zu steigen.

Das Einzige, was sich mittags noch regte waren ein paar Styroporkügelchen, die im kalten Wind herumsausten, und ein Rinnsal grauer Schmiere, das sich langsam mit dem allgegenwärtigen Matsch vermengte. Die Bauarbeiter hatten eine Lage der Kügelchen mit der Schmiere, die sie zusammenhielt, auf den Boden des Büros aufgetragen, um die Wasserleitungen und die Stromkabel zu fixieren. Darüber kommen dann die Rohre für die Fußbodenheizung und darauf der eigentliche Boden. Wieder machte sich dieses abgrundtiefe Gefühl der Hilflosigkeit in mir breit. In den nächsten fünf Tagen, so wurde uns gesagt, durften wir das Bürogebäude nicht betreten. Und ich stand hier mit der Innenarchitektin und dem Schreiner, um Maß für die Teeküche zu nehmen. Niedergeschlagen gingen wir zum Wohnhaus hinüber, wo ich registrierte, dass endlich die Pin-up-Girls zusammen mit Drahtstückchen, Gipsresten und Teilen einer Spanplatte auf einen Haufen in der Ecke gekehrt worden waren.

Je schneller vorweihnachtliche Einkäufe und Trinkgelage aufeinanderfolgten, desto mehr machte alles andere den Eindruck, langsamer zu werden. Das Hauptanliegen der Handwerker schien gerade zu sein, ein Datum für das Fest zu finden. Als Baueuling wusste ich noch nicht, dass nach der Fertigstellung des Rohbaus traditionellerweise gefeiert wird. Man nennt es »Richtfest«, und es umfasst das Anbringen eines mageren Bäumchens auf dem Dach des Hauses sowie einen Umtrunk. Technisch gesehen war es schon ein bisschen spät dafür, denn die Innenarbeiten waren bereits im Gange, aber das schien niemanden zu stören. Sie drängten mich zu einer Aussage, wann es denn nun stattfinden würde. Mich überkam ein leichtes Unwohlsein, als sich Bierkisten und Gulaschkanonen vor meinem inneren Auge stapelten. Über was sollte ich mit den Handwerkern reden, was sollte ich anziehen? Und würden sie sich wohl auch schick machen? Ob mein Mann als moralische Unterstützung dabei sein würde, war eine ganz andere Frage. Laut einer privaten und vollständig unwissenschaftlichen Spontan-Umfrage unter Freunden haben Ehemänner in solchen Situationen gerne Ausreden parat, indem sie just für den besagten Tag irgendein Meeting oder eine Verabredung aus dem Hut zaubern. Meine nächste Sorge war, ob wir das Fest bei so niedrigen Temperaturen überhaupt durchführen können (»Diese Feste finden normalerweise im Sommer statt«, wurde ich hilfreicherweise von unserem Architekten informiert) oder ob wir besser in einem Restaurant reservieren sollten. Zu guter Letzt verschoben wir das Fest auf den Frühling, wofür ich dankbar und womit der Rest der Beteiligten einverstanden war.

In der Woche vor Weihnachten wurde es angeblich noch mal wahnsinnig hektisch, was ich aber nicht mitbekam, da ich auf einer Konferenz war. Ich fühlte mich dann wie Alice, als sie im

Wunderland in den falschen Kaninchenbau kriecht: »Oh«, sagte der Bauleiter etwas wichtigtuerisch, »es waren SO viele Leute in den letzten Tagen hier, und wir haben am Samstag wie verrückt geschuftet, um den Beton fertigzukriegen.« Das ist der Ausgleich dafür, dass sie sonst nie da sind, dachte ich missmutig.

Das erinnerte mich an eine Geschichte, als ich mal für eine britische Zeitung einen Artikel über wild lebende Tiere in Schottland schreiben sollte. Unser Ausflug in die feuchte schottische Landschaft auf der Suche nach seltenen Vögeln und anderem Getier wurde permanent von dem Satz »Sie hätten letzte Woche hier sein sollen« begleitet. An einem besonders neblig-klammen Morgen stiegen wir auf die Cairngorms, um die selten zu beobachtenden Goldregenpfeifer zu finden. Wir hatten kein Glück und kletterten wieder hinunter zu einem Ort, an dem man normalerweise zuverlässig Kornweihen und Wanderfalken sehen konnte. Doch gerade heute war auch an dieser Stelle ausnahmsweise nichts los. Natürlich hatten in der Vorwoche die Vögel hier eine regelrechte Flugshow veranstaltet, die der Kunstflugstaffel der Royal Air Force zur Ehre gereicht hätte. Genauso waren auch die Delfine, Wale und andere hier angebliche ansässige Meeresbewohner sicher gerade im Urlaub auf den Malediven, als ich sie besuchen wollte.

Nachdem wir nun das Richtfest auf eine Zeit im Jahr verlegt hatten, in der das Wetter es erlauben würde, das Bier im Freien zu verschütten, konnte ich etwas anderes nicht verschieben: Den Handwerkern zu Weihnachten etwas Kleines, Symbolisches zu besorgen. Wie wäre es mit einem Pin-up-Kalender?, scherzte mein Teenager-Sohn. (Ha, ha.) Ich steckte in der Klemme. Schokolade war ein bisschen zu »niedlich« für diese Männer, eine Flasche Sekt wohl irgendwie zu bürgerlich. Der Bauleiter schlug Schnaps vor. Einen schönen Klaren aus Österreich. Angesichts der Tatsache, dass ich keinen Schnaps trinke, war ich völlig ratlos, was ich kaufen sollte. Auch mein erster Anlauf, in einem Geschäft etwas zu finden, schlug fehl. Dass es erst zehn Uhr morgens war und ich es daher als ein wenig fragwürdig empfand, die Regale mit den Alkoholika sorgfältig zu studieren, machte die Sache nicht besser. Also bat ich jemanden, mir aus der Patsche zu helfen. Markus, unser Mitarbeiter aus dem Büro, durchkämmte tapfer die Wiener Geschäfte, um fünfzehn identische Schnapsflaschen zu finden (»Sie müssen alle genau das Gleiche bekommen, sonst könnte es Ärger geben«, hatte mich der sehr diplomatische und ruhige Bauleiter gewarnt). Es war dann schließlich ein schönes Bild, wie bei leichtem Schneefall unser eigener Weihnachtsmann den Handwerkern den Schnaps überreichte und sie strikt anwies, die Flaschen erst zu Hause zu öffnen. Leider kam dieser »Zu Hause«-Augenblick früher, als ich dachte. Am 17. Dezember beendeten die Elektriker und Installateure ihre Arbeit für den Rest des Jahres und versprachen, pünktlich am 11. Januar wieder da zu sein. Das hieß, dass fast einen Monat lang nichts passierte. Ich fragte den Bauleiter naiv, ob das normal sei, als er die Baustelle für diesen Zeitraum feierlich abschloss. Er nickte und fügte unheilverheißend hinzu: »Ich bin zwar Architekt, aber ich schwöre Ihnen, ich werde niemals ein eigenes Haus bauen. Viel zu viel Ärger.«

## Dritter Akt

## Erste Szene: Das hegelianische Haus

> *»Alle Gebäude sind Prognosen, und Prognosen*
> *sind falsch.«*
> STEWART BRAND

Manchmal hilft es, sich sein Haus so vorzustellen wie eine Beziehung. Zunächst erinnern Sie sich – ähnlich wie an frühere Partner – an all die Orte, an denen Sie bisher gewohnt haben. Manche, so wird Ihnen wieder einfallen, waren gute Liebhaber, manche waren schwierig, manche hatten so furchtbare Angewohnheiten, so dass Sie sie gar nicht schnell genug loswerden konnten, und bei wieder anderen waren Sie nach der Trennung am Boden zerstört. Obwohl sie aus allen Nähten platzte, gab es ein paar Dinge in Ihrer Studentenbude, an die Sie liebevoll zurückdenken. An das Morgenlicht auf dem Bett oder vielleicht das Klo, bei dem die Spülung nie richtig funktionierte, oder auch an den Tag und Nacht tropfenden Wasserhahn in der Küche. Das WG-Zimmer, die Studentenbude oder Ihre erste eigene Wohnung – sie alle hatten ihre Vor- und Nachteile und mit jedem dieser Orte verbinden Sie gute und schlechte Erinnerungen. Annie Proulx listet in *Ein Haus in der Wildnis* einige ihrer bizarrsten ehemaligen Wohnsitze auf. So erinnert sie sich fast wehmütig an ein Apartment, das von einem einarmigen, deutschen Exkriegsgefangenen vermietet wurde, wo sie einen Transvestiten als Nachbarn hatte sowie einen sehr alten Ofen, dessen Heizspirale ihr in den Teig hing, wenn sie buk. Oder auch an diesen umgebauten Tresorraum einer Bank mit den siebzehn Linoleumlagen übereinander und den verheirateten Tischler, der mitten während der Arbeit alles hinwarf und mit einer Frau, die er übers Internet kennengelernt hatte, verschwand.

So wie Beziehungen muss auch ein neu erschaffenes Heim erst durch Erinnerungen und Erlebnisse geformt werden, damit es sich vertraut und gemütlich anfühlt. Doch ebenso wenig, wie man sich, wenn man jemanden kennengelernt hat, sicher sein kann, dass diese Person für alle Zeiten der perfekte Partner bleiben wird, kann man das von seinem Haus erwarten. Es wird sich ändern und entwickeln müssen. Wie bei der Partnersuche können Sie für Ihren Wunschkandidaten vorher zwar ein paar Kriterien festsetzen, aber Sie können sie oder ihn niemals steuern, völlig verändern und schon gar nicht vorhersagen, was schlussendlich aus der Beziehung wird.

Im letzten Akt eines Hausbaus geht es darum, sich mit dem abzufinden und zu versöhnen, was im ersten und zweiten Akt geschehen ist. Manchmal hat Sie in den vorangegangenen Akten die fehlende Kontrolle verrückt gemacht. Doch schlimmer noch ist, wenn Sie merken, dass Sie auch die Dinge nicht steuern oder beeinflussen können, von denen Sie dachten, Sie hätten sie im Griff. Daher erklärte ich fröhlich (und ernst gemeint) in den dunkelsten Tagen des Bauens jedem, der zu fragen wagte, dass ich am liebsten in eine Kältekammer wie in den Science-Fiction-Raumschiffen gelegt und erst dann wieder geweckt werden würde, wenn alles vorüber sei. Da dies leider weder praktikabel noch möglich war, ertrug ich den Prozess einfach.

Eines unserer großen Themen war der Kamin. Ich wollte richtiges, mit der Axt geschlagenes Holz verbrennen und nicht so ein neumodisches glibberiges Zeug, nur um »die Wälder zu retten«. Ein Teil unseres Energiekonzepts war außerdem, dass die Hitze des Kamins das Wasser erwärmen sollte. Anstatt dass die Wärme einfach durch den Schornstein verpuffte, sollte sie bei uns die Fußbodenheizung auf Temperatur bringen. Technisch war das nicht schwierig, aber organisatorisch offenbar schon. Es gab eins dieser typischen Treffen mit dem Architekten, der verkündete: »Sie wissen ja, dass das mit dem Kamin, den Sie ausgesucht haben, nicht möglich ist.« Natürlich wusste ich das nicht, sonst hätte ich ihn ja nicht ausgesucht! Das war einer jener Kommentare, die sich unmittelbar auf meinen Blutdruck auswirkten. Ich konnte buchstäblich fühlen, wie mein Blut kochte, und war erbost über die Unterstellung, dass das mit dem Kamin mein Fehler sei (schließlich hatte ich zwei Stunden mit Mitarbeitern der Kaminfirma verbracht, alles mit ihnen durchdiskutiert, und sie hatten mir versichert, dass es funktioniere). Wir machten das Beste aus dieser Inkompetenz (wessen auch immer …) und fanden einen kreativen Kompromiss, bei dem der Installateur eine dünne Kupferwasserleitung an der Wand hinter dem Kamin befestigte und eine Pumpe installierte, die aktiv wurde, sobald das Wasser 90 Grad Celsius erreichte. Mein Mann bezeichnet so etwas taktvoll als das »größtmögliche Scheitern an den technischen Utopien der Zukunft«.

Wenn Sie Pech haben, ist der dritte Akt etwas dramatischer, als streng genommen nötig wäre. In unserem Fall sorgte der Gastauftritt des Schnees für dieses Mehr an Dramatik. Als die Schneedecke immer höher wurde und ihr Gewicht auf das Dach zu drücken begann, konnte man sich des Gefühls nicht erwehren, die raue Verletzlichkeit des Gebäudes würde nur durch Glück oder Zufall zusammengehalten und nicht durch komplizierte Berechnungen von Experten. Ich dachte zurück an die langen Diskussionen mit den Ingenieuren und fragte mich kurz, ob unser Haus auch ein Erdbeben aushalten würde oder ob ein gewaltiger Ruck alles in ein großes Durcheinander aus Bauschutt verwandeln könnte. Wien ist nun nicht gerade als das Epizentrum seismischer Aktivitäten bekannt, es war also nichts, was mich sonderlich beunruhigte, aber ich konnte mich doch daran erinnern, wie mich mein Mann vor ein paar Jahren nachts aus dem Schlaf riss, indem er ausrief: »Die Erde bebt!« »Mach dich nicht lächerlich«, grummelte ich und schlief weiter in der Annahme, er habe einfach nur schlecht geträumt. Die Radionachrichten am anderen Morgen meldeten ein kleineres Erdbeben.

Die gute Nachricht war, dass die Baustelle unter dem Schnee nicht mehr so aussah, als hätte hier gerade eine Bombe eingeschlagen, sondern eher wie ein von einer Lawine verschütteter Skihang mit einer halb fertigen Skihütte. Nichtsdestotrotz stapften die Handwerker unermüdlich jeden Tag durch den Schnee zum Haus hin. Denn während sämtliche Aktivitäten im Außenbereich im wahrsten Sinne des Wortes festgefroren waren, herrschte drinnen ein hektisches Treiben, das der Herr des Armaturenherstellers vielsagend die »heiße Phase« nannte, als er die ersten Teile für die Duschen und Wasserhähne lieferte. »Heiß« lässt es sexy und vielversprechend klingen, und in Wirklichkeit war es eine interessante Zeit, in der einige Probleme sich von selbst zu lösen schienen, andere ins Abseits gedrängt oder verschoben wurden und der Rest diskret in Vergessenheit geriet. Zu diesem Zeitpunkt waren meist drei oder vier Bautrupps gleichzeitig auf der Baustelle, und man hatte den Eindruck, sie alle arbeiteten harmonisch nebeneinander. Einige Male war ich sogar versucht, sie als ein gut choreografiertes Ballett zu bezeichnen (einfach nur deshalb, weil ich wusste, dass die Bauarbeiter diese Bezeichnung wirklich HASSEN würden). In der Regel aber sah es mehr wie ein geordnetes Chaos aus, in dem sich lange Zeit nichts zu ändern schien außer, dass immer mehr Durcheinander entstand. Doch auf einmal sortierten sich die Dinge, und man erkannte, dass die Arbeiten System gehabt hatten. Plötzlich hatten wir sogar wieder die Vision eines Hauses, eines zukünftigen Lebens, der Möglichkeit, dort tatsächlich irgendwann einmal zu wohnen. Aber dann verschwand sie wieder unter den Röhren, Kabeln, Zigarettenkippen und leeren Energydrink-Dosen, als würde sich wieder etwas anderes in den Vordergrund der Fertigstellung schieben. Als ich mich bei meinem Vater beschwerte, dass ich Tag für Tag auf einer eiskalten Baustelle herumhängen müsse, tröstete er mich mit den Worten, dass wir, aus philosophischer Sicht, nichts Geringeres als ein hegelianisches Haus bauen würden.

Hegels dreistufige Philosophie funktioniert im Prinzip folgendermaßen: These, Antithese, Synthese.

In kosmologischen Begriffen ausgedrückt heißt das:

**These:** die Singularität vor dem Urknall (Raum-Zeit-Kontinuum)

**Antithese:** die Komplexität / der Urknall (Materieteilchen)

**Synthese:** die organisierte Komplexität (in der das Universum Form annimmt)

Mit Entschuldigung in Richtung Hegel (und meines Vaters), lässt sich diese Dreistufigkeit auch in die Bauterminologie übersetzen:

**These:** die Pläne und Anweisungen des Architekten und der Handwerker (was wann getan werden muss)

**Antithese:** die heiße Phase der Aktivität (zum Beispiel Streit / Diskussion / Zusammenarbeit zwischen / von Installateur und Elektriker)

**Synthese:** ein Problem gelöst (Küche mit Wasserleitungen und Stromleitungen versehen)

Am Ende der Synthese beginnt alles von vorne (die beiden machen im Badezimmer weiter, und wir sind wieder am Anfang des Kreises von These, Antithese und Synthese).

Unser hegelianisches Haus durchlief viele dieser Kreisbewegungen, große und kleine, und obwohl dieser Vergleich zumindest in der Theorie ein wenig Trost bot, war er bezogen auf die praktische Seite nichts, was ich mit den Bauarbeitern hätte teilen können. Ich dachte kurz darüber nach, diese neue Erkenntnis mit dem Bauleiter zu diskutieren, schließlich war er mit der Überwachung der Baustelle betraut und täglich vor Ort, doch ich wollte ihn nicht beunruhigen mit der Aussicht, dass ich nun endgültig verrückt geworden wäre. Immer wenn ich ihn fragte, ob er am kommenden Tag wieder auf der Baustelle sei, antwortete er: »Jeden Tag von zehn bis sechzehn Uhr«, wie eine Art Mantra – wahrscheinlich für den Fall, dass er die Lust verlöre hinzufahren. Da die Baustelle nur zehn Fahrminuten von unserer Mietwohnung entfernt war, konnte ich auch kurzfristig vorbeikommen und auf dringende Anrufe oder Fragen sofort reagieren. Eine der eher merkwürdigen Anfragen des Bauleiters kam während der »Urknallphase« in der Küche. Die Elektriker waren kurz davor, ihre Arbeiten dort abzuschließen, als ich einen eiligen Anruf mit der (ernst gemeinten) Frage bekam, ob der Kühlschrank einen eigenen Internetanschluss bekommen solle. Seit rund einem Jahr arbeiteten wir jetzt schon zusammen, und ich hatte seinen trockenen Humor inzwischen zu schätzen gelernt, aber in diesem Fall machte er gar keinen Witz. Und da die allgemeine Anweisung ja auch gelautet hatte, ein »Zukunftshaus« zu bauen, war es eigentlich auch keine dumme Frage. Aber es war eine dumme Idee. »Nein danke«, sagte ich und hoffte, dass der Kühlschrank keine eigenen Wünsche entwickeln und den Bauleiter anrufen würde, um selbst nach einem ISDN-Kabel für sich zu fragen.

In keinem Theaterstück darf der dramatische Auftritt von einem oder zwei Polizisten fehlen. Und in der Tat, während ich noch in eine Diskussion um das Design des Kleiderschranks verwickelt war, bemerkte ich, wie sich mit einem Mal eine unheimliche Stille auf der Baustelle ausgebreitet hatte. Ich schaute von der schlicht gemachten Broschüre, die ich gerade mit einem Mitarbeiter der Möbelfirma durchgesehen hatte, auf und erblickte zwei Polizisten, die angeberisch durch den Raum stolzierten. Alle Handwerker hatten ihr Werkzeug beiseitegelegt und schauten erwartungsvoll zu mir, um zu sehen, wie ich reagieren würde. Für einen Sekundenbruchteil lag mir der Ausdruck »O Scheiße« auf der Zunge, aber dann entspannte ich mich wieder, weil a) ich mich erinnerte, dass wir keine Schwarzarbeiter beschäftigt hatten und b) sie Pistolen trugen und folglich nicht von der Baupolizei sein konnten. Das Problem war, wie sich herausstellte, unser Schnee. Eine Nachbarin hatte sich beschwert, dass wir nicht ausreichend Schnee geräumt hätten und ein Lastwagen oder Auto der Handwerker daher theoretisch in der Ein- beziehungsweise Ausfahrt der Baustelle wegrutschen und ihr Haus beschädigen könnte.

Sogar die Polizisten, denen es offiziell natürlich nicht ansteht, angesichts so banaler Aufträge die Augen zu verdrehen, schienen vom Anlass ihres Besuches gelangweilt. Sie waren freundlich, und die Lage entspannte sich vollends, als feststand, dass der städtische Winterdienst bereits zugesagt hatte, uns in seine Räumarbeiten miteinzuschließen. In der Zwischenzeit – Ironie des Schicksals – war der Herr von der Möbelfirma, nachdem er seine Sachen gepackt hatte und losfahren wollte, im Schnee stecken geblieben. Freundlicherweise halfen ihm die Polizisten aus der Bredouille. Zwei Stunden später, noch immer in Hochstimmung über die Freundlichkeit der Polizisten und darüber, dass es keine größeren Probleme gegeben hatte, kehrte ich zur Baustelle zurück und sah dort zu meinem großen Entsetzen zwei Herren in schwarzen Uniformen, die unser Wohnhaus fotografierten. »Wissen Sie, wer wir sind?«, fragten sie mich unheilverheißend. Verdammt, das waren nun sicher Inspektoren der Baupolizei. Ich wollte sie gerade nach ihren Ausweisen fragen, als ich das Emblem einer Baufirma auf ihren Jacken entdeckte. Erleichterung machte sich breit, als wir verstanden, dass die beiden uns nur hatten foppen wollten, indem sie so taten, als sie seien Angestellte der Stadt Wien. In Wirklichkeit wollten sie herausfinden, wie sie mit ihrem Kran an das Haus herankommen konnten, um ein Fenster anzuliefern (daher auch die Kamera). Diese Art emotionaler Achterbahnfahrt führte mich zu der Überlegung, ob ich nicht meinen Arzt bitten könnte, mir eine individuell gemixte Hausbau-Medizin zu verschreiben, mit der ich meine Hochs und Tiefs ein wenig ausgleichen könnte. Vielleicht könnte man eine besondere Mischung für Installations- und Elektrizitätsprobleme anrühren, besonders starke Pillen für bautechnische Katastrophen und ein paar mittelstarke für den Umgang mit Behörden und Fehlalarmen.

Eine der Sachen, die beim Bauen stark unterschätzt werden, ist der Unterschied zwischen einer weiblichen und einer männlichen Herangehensweise. Bis hierhin hatten wir das ziemlich gut gelöst und immer einen Weg gefunden, wenn es darum ging, eine Entscheidung zu treffen, aber zu Beginn des neuen Jahres und überwältigt von dem Gedanken an all die Entscheidungen, die ich alleine zu treffen hatte, stieß ich eine hitzige Diskussion mit meinem Mann darüber an. Ich hatte das leise Gefühl, dass er kein richtiges Interesse an den kleinen, langweiligen, aber kniffeligen Details hatte wie etwa der Frage, in welche Richtung die Fliesen verlaufen sollten, was wäre, wenn die Badezimmerspiegel etwas versetzt würden oder ob im Klo Nummer drei das Waschbecken fünf Zentimeter höher montiert werden sollte. Es ging aber auch um entscheidende Dinge, wie den Aufbau der Küche, die Frage, warum es keine Einbauschränke gab oder wohin wir die Handtücher oder die weiblichen Hygieneartikel im Badezimmer räumen sollten. Ich brauchte eine Weile, um den Mut zusammenzunehmen, mitten in einer von Männern dominierten Diskussion zu fragen, wo, bitte schön, ich denn meine handgewaschenen Höschen zum Trocknen aufhängen solle. Was folgte, war zunächst betretenes Schweigen, dann einer dieser Blicke und schließlich hörte ich ihn »Waschküche« murmeln, bevor wir rasch zu den eher männlichen Themen wechselten, wie etwa der Technik, die auch dort untergebracht sein würde. Wie das berühmte Mauerblümchen bei der Schuldisko ist die Waschküche jener Raum, der als letzter übrigbleibt und von dem man denkt, er sei zwangsläufig hässlich und traurig. Um die trostlose Natur der dort auszuführenden Tätigkeiten zu überkompensieren, wählte ich einen leuchtend gelben Plastikboden aus. Er sollte Fröhlichkeit und Licht hineinbringen und zugleich für die Sonne stehen, die das Wasser erwärmt und die (Solar)Energie für das Haus zur Verfügung stellt. Ich würde gerne glauben, dass dieses (für mich) unter dem Begriff »Höschen-Gate« bekannt gewordene architektonische Thema nicht zwangsläufig eines ist, dass sich auf »Mann gegen Frau« reduzieren lässt, aber es scheint doch ein weitverbreitetes Tabu zu geben, diese (buchstäblich) schmutzigen Details zu erörtern, schließlich ist die Architektur noch immer ein vorwiegend männlich dominiertes Gebiet. Als ich meinen Mann um seine Meinung zu diesem Problem (Schmutzwäsche) bat, schlug er ein Rohr vor, das die Klamotten direkt vom Schlaf- oder Ankleidezimmer in die unten gelegene Waschküche gleiten ließ. Offensichtlich war er der Ansicht, dass damit das Thema vom Tisch sei, also musste ich ihm – von meinem weiblichen, pragmatischen Standpunkt aus – erklären, dass seine Idee noch nicht das Sortieren der Socken in hell und dunkel, das Bestücken der Maschine und das Aufhängen der Wäsche löste. Um ihm gegenüber aber fair zu sein (was mir während des Bauprozesses zunehmend schwerer fiel), muss gesagt werden, dass Matthias jemand ist, der sich für Systeme und den Gesamtzusammenhang des Lebens interessiert und es noch nie seine Sache war, über langweilige Details der Hausarbeit zu sprechen. Auch ich kann nicht behaupten, dass ich dafür geboren wäre, aber da es sein Job war, das Geld für das

Haus zu verdienen, blieb der Rest für mich. Ich fand es aber doch auffällig, dass von allen Leuten, die ich kenne und die gebaut / renoviert haben, es in 95 Prozent der Fälle Aufgabe der Frauen war, der Baustelle täglich einen Besuch abzustatten – was angesichts der Tatsache, dass Baustellen zu 99 Prozent männlich sind, eine noch größere Herausforderung ist.

Der deutliche Mangel an weiblichen Architektinnen und Planerinnen ist da auch keine große Hilfe. Nun könnte man argumentieren, dass zumindest die Innenarchitektur von Frauen dominiert wird. Doch so lange die Rahmenbedingungen, innerhalb derer sie arbeiten müssen, nicht frauenfreundlicher sind, haben sie kaum eine Chance, die Welt wirklich zu verändern. Frauen denken über die Praktikabilität eines Hauses in einer Art und Weise nach, in der es auch die heutigen, metrosexuellen Männer meiner Erfahrung nach entweder nicht können oder nicht wollen. Die alarmierend hohen Berge von Schmutzwäsche, die täglich in den Zimmern meiner Teenager-Söhne auf dem Boden anzutreffen sind, erinnern mich fortwährend daran, dass dies kein Generationen-, sondern ein Geschlechter- oder Hormonproblem ist.

Hier ist offensichtlich noch ein weiter Weg zu gehen. Das American Institute of Architects gab an, dass 2007 etwas über 13 Prozent seiner Mitglieder weiblich waren. Verglichen mit den 1,2 Prozent von 1975 ist das schon eine deutliche Verbesserung, doch auch heute noch gibt es unter den Architekten mit internationalem Renommee eigentlich nur eine Frau – und zwar Zaha Hadid, der häufig nachgesagt wird, sie sei wie ein Mann (ohne Kinder, knallhart et cetera). Wie viele andere akademische Berufe ist es ein Job, der ein längeres Studium und großen Arbeitseinsatz verlangt, bis man sich einen Namen gemacht hat. Und ehe man sich versieht, hat man die Zeit zum Kinderkriegen verpasst. Eine junge deutsche Architektin hat mir einmal gesagt, dass sie wohl nie Kinder haben werde, sie würden einfach nicht zu ihrer Ausbildung und ihrem Beruf passen. Auch wenn sich hier natürlich ausreichend Architektinnen finden lassen, die das Gegenteil beweisen, gibt es hinsichtlich der Vereinbarkeit von Familie und Beruf sicherlich noch Verbesserungsbedarf. Und da zunehmend mehr Frauen für den Lebensunterhalt ihrer Familien sorgen, werden es auch mehr und mehr sie sein, die bestimmen können, wer ein Haus baut und wo. Beim Autokauf gelten Frauen schon heute als die Entscheidungsträger; da wird auch der Druck wachsen, noch mehr Architektinnen auszubilden. Vielleicht lassen sich junge Mädchen in einem Alter, in dem sie noch formbar sind, von der neuen Architektinnen-Barbie motivieren, die Mattel 2011 in seine Reihe »Barbie I can Be«-Serie (»Ich wäre gern …«) aufgenommen hat. Sie trägt eine modische Brille mit schwarzer Fassung, ein Kleid mit einer aufgedruckten Skyline und eine rosa Zeichnungsrolle über der Schulter. Und hat natürlich die legendäre Barbiefigur.

Diese Architektinnen-Barbie wäre für eine ganze Reihe von Meetings ein passendes Accessoire gewesen. Ganz besonders bei einem fühlte ich mich als Opfer jener männlichen Taktik, mit der man nie konfrontiert ist, wenn noch eine zweite Frau in der Runde sitzt, egal wie teilnahmslos sie auch sein mag.

Es war ein langwieriges und anstrengendes Treffen zum leidigen Thema Vorhangschienen. Der Architekt nahm seine Standardposition ein – »Ich bin ja so tolerant und für neue Ideen immer offen« – und zog dann einen Papierfetzen hervor, auf dem wir vor fast zwei Jahren, als wir noch voller Schwung und naivem Idealismus gewesen waren, in einem vagen Bekenntnis für einen streitbaren Minimalismus festgehalten hatten, dass wir vermutlich keine Vorhänge im Haus würden haben wollen. Ich fragte mich, wie viele Stunden er wohl damit zugebracht hatte, in seinem Archiv der »Dinge, die als Beweise tauglich sein könnten«, nach diesem Zettel zu suchen. Und natürlich gibt es keine Notiz (und auch keine Tonaufnahme), um zu belegen, dass wir mit dem Verdikt keine DUSCHvorhänge meinten ...

Im Februar lag Wien immer noch unter einer starren, eisigen Schneedecke, während wir uns mitten im dritten Akt unseres Hausbaudramas befanden. Da wir ein bisschen Abstand brauchten, fuhren wir für eine Woche in die obligatorischen österreichischen Skiferien, obwohl wir beide Skifahren leidenschaftlich hassen. Aber die Kinder mögen es ganz gerne, und so machten Matthias und ich halbherzig Langlauf und hingen mit unseren Laptops an der Hotelbar herum mit dem unbestimmten Gefühl, eigentlich woanders sein und etwas anderes tun zu müssen. Dennoch war es immer noch eine Spur angenehmer, sich schlecht zu fühlen, weil man nicht auf der Baustelle war, als auf der Baustelle zu stehen und sich zu fragen, mit welchem Problem man wohl als Nächstes zu kämpfen habe. Wir verbrachten einen Großteil der Woche damit, über ein Familienmitglied nachzudenken, dessen Bedürfnisse wir bislang etwas vernachlässigt hatte. Vielleicht hatte der Architekt uns auch nicht ernst genommen, als wir fast zwei Jahre zuvor erwähnten, dass wir einen besonderen Eingang für unsere Katze haben wollen. Vielleicht hatte er es für britischen Humor gehalten und gedacht, dass Witze über »Designer«-Katzenklappen gerade das Thema unter verrückten Trendforschern seien. Ich saß einmal im Flugzeug neben einer Frau, die mir unaufgefordert, aber voller Stolz erzählte, sie habe einen »Hundetunnel« in ihr neues Haus einbauen lassen. Nicht nur dass der Hund dadurch alleine ins Haus hinein- und wieder herauskommen konnte, nein, der Tunnel war auch so konstruiert, dass er das Tier dabei abwusch und bürstete. Ich dachte damals, solch eine Vorrichtung sei auch nett für unsere Kinder, wenn sie verschwitzt und verdreckt aus dem Garten oder der Schule zurückkamen. Es war sozusagen fünf vor zwölf (die Wände standen schon alle, aber die letzten Fenster waren noch nicht eingesetzt), als wir den Architekten aus der Ferne dazu drängten, nun endlich eine Lösung dafür zu finden, wie unsere Katze, und nur unsere!, ins Haus hinein- und wieder hinausgelangen könne, auch wenn wir nicht da seien. Was folgte, war ein kurzer, etwas ironischer E-Mail-Wechsel, in dessen Verlauf ich den Architekten fragte, ob er eigentlich Katzen möge. Er hatte den Scherz wohl nicht verstanden. Und dann zog ich meinen Trumpf aus dem Ärmel: die »SureFlap«-Katzenklappe, die durch ein Mikrochipsystem dafür sorgt, dass nur die eigene Katze die Tür passieren kann.

Nach ein paar verzweifelten Telefonaten mit den Glasern berichtete der Bauleiter, dass es rund 800 Euro zusätzlich kosten würde, diese Katzenklappe in der Waschküche einzubauen. Abgesehen vielleicht von irgendeiner goldenen Version, wie man sie möglicherweise in Dubai findet, ist dies wohl die teuerste Katzenklappe der Welt, dachte ich. Und darin war noch nicht einmal das Honorar für den Tierarzt enthalten, der der Katze den Chip implantieren sollte. Die durch den elektronischen Chip gesteuerte Klappe war angeblich nur für einen Bruchteil der Ausgaben verantwortlich, das meiste würde dafür draufgehen, ein Loch in das Glas zu schneiden. Ich war schockiert und wollte wissen, wieso das so teuer sei. Doch eigentlich kannte ich dieses Spielchen ja schon zu Genüge: Für Dinge, von denen sie wissen, dass du sie nicht selber erledigen kannst, aber unbedingt brauchst, können sie jeden Preis von dir verlangen. Daher musste ich die Antwort gar nicht abwarten, sie war ohnehin irrelevant. Trotzdem spielte ich weiter mit und fragte, ob es nicht eine günstigere Lösung gebe. Die Antwort des Bauleiters überraschte mich: »Was glauben Sie, wie lange Ihre Katze noch lebt?«, fragte er nüchtern. »Wollen Sie vorschlagen, wir sollten die Katze einschläfern lassen?«, entgegnete ich mit gespieltem Entsetzen. »Natürlich nicht«, antwortete er, während ich schon die tränenüberströmten Gesichter unserer Kinder und ihre vorwurfsvollen Blicke vor mir sah. »Ich dachte«, fuhr er fort, »eher an einen natürlich Tod … Wie alt ist Ihre Katze denn?« Nicht alt genug, überschlug ich, aber es gab ja immer noch die Chance, dass der Fuchs oder ein Wildschwein sie holte.

Als wir aus den Bergen zurück waren, verhinderte der Schnee auch weiterhin die Einhaltung des Zeitplans. Man riet uns taktvoll, doch über eine Verschiebung unseres Umzugs nachzudenken. Vom Mai in den Juni. Was zusätzliche Mietkosten, schlechte Laune und noch mehr Lebenszeit in einem riesigen Verhau von Umzugskartons bedeutete. Besonders ärgerte mich daran die Entschuldigung, dass es an diesem wirklich, wirklich schlimmen Winter liege. Wenn es ums Wetter geht, ist das Gedächtnis der Menschen erstaunlich unpräzise. Jeder Winter ist schlimm, wenn man auf einem Hügel am Ende einer ungeteerten Einfahrt wohnt. Und anstatt von Anfang an derartige Schwierigkeiten einzukalkulieren, um dann im besten Fall freudig überrascht zu werden, wenn sie nicht eintreffen, macht man es lieber andersherum. Ich war so weit, zu unterstellen, dass sie uns auch für das Wetter noch die Schuld gegeben hätten, wenn sie das irgendwie plausibel hätten machen können.

Als der Schnee endlich zu schmelzen begann, glich die Baustelle erwartungsgemäß eher einem Schützengraben im Ersten Weltkrieg als einem Garten. Ich hatte eine Reise nach Mailand zur Möbelmesse geplant; vorgeblich, um mir die neuesten Produkte und Innovationen im Innendesign anzuschauen, tatsächlich aber, um einfach mal von dem Matsch fortzukommen, der mich langsam fertigmachte. Der Bauleiter war ein wenig beunruhigt, ich könnte mit jeder Menge neuer Ideen zurückkommen und überall Dinge wieder verändern wollen. (Von einer Reise nach Pompeji waren wir ebenfalls mit vielen tollen Inspirationen zurückgekehrt – zumindest hatten wir das dem Architekten erzählt, der allerdings keinen Sinn für diese Form von Humor hatte.) Die Aschewolke eines isländischen Vulkans verlängerte meinen Aufenthalt in Mailand ungewollt – und ich verbrachte eine wunderbare Zeit mit dem Genuss von richtigem Kaffee, langen Mittagessen und Einkaufstouren mit meiner Freundin Sofia, während ich am Telefon natürlich stets den Eindruck vermittelte, so schnell wie möglich nach Wien zurückzuwollen. Als ich vier Tage später als geplant, nach einer dramatischen nächtlichen Autofahrt und einer langen und abenteuerlichen Zugfahrt quer durch ganz Österreich zu Hause ankam, hatten sich erwartungsgemäß einige Probleme während meiner Abwesenheit aufgetan. Mein Lieblingsproblem war, dass der Wasserhahn im Badezimmer der Kinder so weit über das Waschbecken herausragte, dass man sich damit eher die Füße als die Hände waschen konnte. Das ist toll, wenn man sich gerade auf die Zehen gepinkelt hat, meinte ich zu den Handwerkern, ansonsten aber nicht sehr hilfreich. Leider verstanden sie (abermals) meinen Humor nicht so recht, doch es steht auch zu vermuten, dass Anspielungen auf männliche Toilettenangewohnheiten nicht zu den Themen zählten, die sie mit einer Frau auf der Baustelle diskutieren wollten. Ein anderes Problem, das der Klärung bedurfte, war die Frage, wie viel Bier wir für das verschobene Richtfest besorgen sollten. Es gab auf der Baustelle viele aufgeregte Diskussionen darüber, wie viel Liter wir pro Mann benötigen würden. Ich fragte den Baumeister, der, so verriet mir ein Blick auf seinen Bauch, in dieser Frage über große Erfahrung verfügen musste. »Also mindestens drei Liter«, stellte er selbstbewusst fest. Der Bauleiter, wesentlich schmaler und jünger, schlug zwei Liter pro Mann vor, ich selbst hatte gedacht, dass wohl einer reichen sollte, schließlich mussten ja alle am nächsten Tag wieder arbeiten. Am Ende wurde das Fest ein großer Erfolg. Es gab wahnsinnig viele Grillwürstchen, eine untypisch kurze Ansprache meines Mannes und einen extravaganten, wirklich coolen Stepptanz (ja richtig, einen Stepptanz) vom Sohn des Bauunternehmers. Und am Schluss blieb sogar noch ein Fass Bier übrig.

Damit sind wir an einem Punkt angelangt, an dem sogar dem ahnungslosen Zuschauer klar sein dürfte, dass sich das Stück unaufhaltsam seinem Ende nähert. Sieht man einmal von der ansteigenden Bedrohung durch psychische Krankheiten ab, taucht in dieser Phase – der »finalen Phase« – vor allem die Schwierigkeit auf, dass man langsam seine sozialen Kontakte verliert. Unsere Freunde, Kollegen und Familien waren es schon lange leid zu fragen, wann das Haus denn nun fertig ist, sie wollen endlich das Ergebnis sehen. Also macht man das Schlimmste, was man tun kann und lässt sich überreden, sie über die Baustelle zu führen. Das ist aus vielerlei Gründen eine sehr schlechte Idee, vor allem aber deshalb, weil sie einem dann, basierend auf ihrem Unwissen, eigener Erfahrung und eigenem Leid erzählen, was sie davon halten. Die Erste, die kam, war meine Schwiegermutter. Im Vergleich zu anderen Schwiegermüttern ist meine sehr nett, und wir verstehen uns besser, als es die Tradition vorsieht. Ganz im Sinne der Tradition allerdings war ich es, die ihr das Haus zeigte und nicht ihr Sohn, der plötzlich ein UNGEMEIN wichtiges Meeting auf der anderen Seite Europas hatte, bei dem er nicht fehlen durfte.

Sie leistete ganze Arbeit, als es darum ging, den Grundriss und die stundenlangen, sorgfältigen Planungen, die darin steckten, gründlich misszuverstehen. »Ach Gott«, sagte sie, »aber wenn Tristan aufs Klo möchte, muss er ja durch Julians Zimmer hindurch!« Was die Küche betraf, stellte sie die hilfreiche Frage: »Wo ist denn hier die Abzugshaube? Ohne die wird es aber ziemlich riechen.« Es gab noch eine ganze Reihe weiterer »Aber was ist denn mit …«-Fragen und Kommentare, die ich wenn irgendwie möglich ignorierte. Als wir endlich in den Büroräumen angelangt waren, in dem auch das Gästezimmer untergebracht ist, war der Augenblick für meine Rache gekommen. Wie oft hatte ich mir diesen Moment herbeigewünscht, in dem sich ein Planungsfehler wie durch Zauberhand in eine »Besonderheit« verwandeln würde. Als ich sie in das Gästebad lenkte, bemerkte ich ganz nebenbei in einem Es-gibt-aber-keinen-Grund-sich-Sorgen-zu-machen-Ton an unsere Jalousien denkend, dass sie besser nicht duschen solle, wenn es windig sei. Das Entsetzen in ihrem Gesicht ließ zwar leichte Schuldgefühle in mir aufkommen, aber ich hörte es schon in ihrem Kopf arbeiten und noch bevor sie das verbotene Wort »Duschvorhang« aussprechen konnte, schlug ich ihr die Lösung mit dem Badeanzug vor (und betonte dabei stolz, dass es in der Toilette kein Fenster gebe, über das man sich Gedanken machen müsse).

Mit der Schwiegermutterprüfung ist es ähnlich wie mit der Führerscheinprüfung – Sie wissen, dass Sie fahren können, aber Sie wollen es nicht beweisen müssen, und dennoch gibt es realistischerweise keinen Weg, sie zu umgehen.

Die nächste Prüfung – sie entsprach, um im Bild zu bleiben, dem Bestehen des LKW-Führerscheins – kam in Form eines distinguierten und wichtigen Geschäftspartners und Freundes auf mich zu, den ich nur Herrn M. nennen möchte. Erneut hatte mein Mann seinen magischen Verschwindetrick angewandt, sodass es mir zufiel, für unseren in seiner Behändigkeit etwas eingeschränkten Besucher den Führer zu spielen. Zu diesem Zeitpunkt waren die Eternitplatten schon an der Fassade des Gebäudes angebracht. Natürlich waren das nicht einfach quadratische Platten – wir hatten uns nämlich nicht nur dafür entschieden, sie in einem Streifenmuster in Fibonacci-Abständen (einer mathematischen Sequenz, die man für die Vorhersage von Ereignissen nutzen kann) ausführen zu lassen, sondern auch noch die Idee gehabt, die unterschiedlichen Zwecke des jeweiligen Moduls von außen (durch eine Beschriftung) erkennbar zu machen. Die Freundin des Bauleiters, ebenfalls Architektin, wurde beauftragt, eine Schrift und ein Design für die beiden Gebäude zu entwerfen. Am Bürogebäude sollte das Wort WORK angebracht werden und der Querschnitt eines

Gehirns. Das Privathaus sollte HOME auf dem Heck stehen haben und etwas diskreter auf der Rückseite die Worte LOVE, HUB und GUEST (für die Kinder). Diese Begriffe waren das Ergebnis langer Auseinandersetzungen. Erst am Abend, bevor sie in Druck gehen sollten, kamen wir zu einer Einigung, da ich wegen der Bezeichnung GUEST in eine große Krise geraten war. Matthias argumentierte, dass Kinder eigentlich »Gäste« seien, da sie uns eines Tages verlassen und dann nur noch zu Besuch wiederkommen würden. Außerdem, da hatte er recht, verhielten sie sich auch wie die meisten Gäste – sie räumten nicht auf und halfen nicht beim Kochen oder Saubermachen. Dennoch fürchtete ich, unsere Kinder könnten einen psychischen Schaden davontragen, wenn man sie in ihrem eigenen Zuhause als »Gäste« bezeichnete. Sollten wir dabei bleiben, wäre es sicher sinnvoll, schon jetzt für ihre späteren Therapiesitzungen etwas Geld zur Seite zu legen. Ich musste also eine bessere Alternative finden und rief daher Freunde und Verwandte an, die meist zustimmten, dass es »Tierquälerei« sei, die Kinder als Gäste zu bezeichnen, und versprachen, sich mit neuen Ideen bei mir zu melden. Leider waren ihre Vorschläge genauso lächerlich oder frivol, sie reichten von »pod« (wie im englischen Sprichwort »like peas in a pod«, das auf Deutsch »wie ein Ei dem anderen« bedeutet) über »Aliens« (erklärt sich bei zwei männlichen Teenager von selbst) und »Boys« (aber eines Tages würden sie Männer sein) bis hin zu »Zoo« (ha ha, obwohl ich diesen Vorschlag eigentlich ganz gerne mochte). Am Ende griff ich auf meinen altbewährten Online-Thesaurus zurück und entschied mich für »KIN«, was germanische Wurzeln hat und so viel wie Familie oder Verwandtschaft bedeutet, aber auch Gruppen mit gemeinsamen Merkmalen bezeichnet oder Vorfahren, nächste Angehörige oder die Sippe. Die Kinder schauten es sich auf der Baustelle an und waren froh, keine »Gäste« sein zu müssen. Stattdessen beklagten sie sich bitter darüber, dass es kein schöner Anblick sei, wenn sie sich nach der Schule den Hügel hinaufgekämpft hätten, um dann als erstes die Worte HOME WORK (Hausaufgaben) zu sehen. Während auch Menschen mit basalen Englischkenntnissen die Logik (und den Witz) dieser Bezeichnung verstanden, erwies sich das »symbolische« Bild des Gehirns am Büro als etwas problematischer. Es wurde zu einer Art Rorschachtest (einem psychologischen Test, bei dem das, was jemand in einer bestimmten Form zu erkennen glaubt, Rückschlüsse auf seine Persönlichkeitsmerkmale und emotionale Funktionsweise erlaubt). Einer der ersten Besucher, den wir danach fragten, sagte, er sehe »nackte, tanzende Frauen« (man braucht keine Freud'sche Couch, um das zu deuten), ein weiterer sprach von einem Kunstwerk aus »explodierenden Brötchen« (braucht offensichtlich dringend Hilfe), und unser kultivierter Gast Herr M. konnte nur eine Menge Kratzer und Gekritzel erkennen, hielt es für einen Fehler im Druck und fragte, wann wir die endgültige Fassung bekämen (unheilbar, denke ich).

Besagter Herr M. stellte auch eine Reihe von Fragen der Sorte, die man auf der Zielgeraden eines Hausbaus nicht hören möchte. So wollte er wissen: »Warum haben Sie denn keine Terrasse vor Ihrem Schlafzimmer? Warum sind die Toiletten und Waschbecken so klein?« Ich kann mich eigentlich an keine einzige positive Äußerung von ihm erinnern, abgesehen von seinem Vorschlag, dass wir uns, wenn er das nächste Mal nach Wien käme, doch in der Stadt treffen sollten, wo es so schöne ebene Bürgersteige und zivilisierte Cafés gebe. Damit nicht genug, rief er mich am nächsten Tag noch einmal an, um mir zu erzählen, dass er in der Nacht einen Albtraum gehabt habe, in dem er mit dem Auto im Schlamm einer Baustelle stecken geblieben sei, ausgelöst wahrscheinlich durch sein eigenes Hausbautrauma. Etwas Gutes hatte sein Besuch aber doch. Wir erstellten eine Liste, die zukünftige Besucher zur Kenntnis zu nehmen hatten, bevor sie die Baustelle betraten:

1. Wenn Sie auf der Baustelle eintreffen, haben Sie drei Versuche, zu erraten, was das Muster auf dem Bürogebäude darstellt. Sagen Sie nicht, es sei ein Fehler oder nur Chaos.

2. Ja, es ist heiß im Haus, wenn die Sonne scheint, nein, wir haben keine Klimaanlage, und ja, wir werden wahrscheinlich bei der Hitze im Haus umkommen.

3. Ja, wir sind noch immer glücklich verheiratet und sprechen sowohl noch mit unserem Ehepartner als auch mit unseren Kindern, der Katze et cetera.

4. Nein, im Badesalon (nein, es ist kein einfaches Bad) gibt es keine Fliesen, nein, es wird kein Problem mit dem Wasserdampf geben. Und ja, das Sofa gehört genau dorthin!

5. Ja, es sieht aus, als hätte eine Bombe eingeschlagen, aber wir hoffen trotzdem, diesen Sommer einziehen zu können (DIESEN Sommer, nicht nächsten …).

6. Nein, wir sind hier nicht am Ende der Welt. Wir sind hier auf einer Insel des Friedens und der Ruhe innerhalb der Stadtgrenzen Wiens.

7. Ja, die Jungs werden sich unfreiwillig eher die Füße waschen, wenn sie den Wasserhahn im Bad aufdrehen, um sich die Hände zu waschen. Ja, ihr Badezimmer hat keinen Abfluss im Boden, und der Duschkopf über der Badewanne wird vermutlich eher den Boden als ihre Körper nass machen.

8. Schnee im Winter wird ein Abenteuer und KEIN Problem sein. Wir werden nicht eingeschneit werden, sondern in einem Winter-Wunderland leben.

9. Bringen Sie bitte Badehose / Badeanzug mit, wenn Sie darüber nachdenken, hier zu übernachten und zu duschen (es sei denn, es ist gerade windstill).

10. Ja, manche der Zukunftsmerkmale unseres Hauses sind noch ein bisschen zukünftig, aber wir lernen gerade, uns zu gedulden.

## Zweite Szene: In Freud und Leid

> *»Im psychologischen wie physischen Sinne brauchen wir ein Zuhause als Kompensation für unsere Verletzlichkeit.«*
> ALAIN DE BOTTON

In den meisten Fällen existiert bei hausbauenden Ehepaaren ein ungeschriebenes Gesetz, dass der eine den guten, der andere den bösen Polizisten spielt. So etwas nenne ich vernünftige Arbeitsteilung. Wie auch immer, mathematisch betrachtet ist die Chance, dass man enttäuscht wird, wenn man den guten Bullen spielt, allerdings groß. Als böser Bulle kann man höchstens seine Bedenken bestätigt bekommen oder freudig überrascht werden. In unserem Fall war ich der böse Bulle. Nicht unbedingt deshalb, weil ich von Natur aus so pessimistisch wäre, sondern aus dem einfachen Grund, weil es nicht viel bringt, die ganze Zeit den guten Bullen auf der Baustelle zu haben. Es war also keine Rolle, die ich mir ausgesucht hatte, ich war eher notgedrungen in sie hineingewachsen. Matthias, der gute Bulle, der bisher stets Stärke, Ruhe und Optimismus bewiesen hatte, kam eines Tages von einem Besuch auf der Baustelle als gebrochener Mann zurück. Das Wetter hatte sich gedreht, quasi über Nacht wurde aus dem kältesten Winter seit Menschengedenken der nasseste Monat seit 130 Jahren. Die Handwerker konnten sich jetzt nur noch damit herausreden, dass es zu matschig (und nicht mehr zu eisig) sei, um auf die Baustelle zu kommen oder am Dach zu arbeiten. Dies war das einzige Mal während der gesamten Bauphase, dass ich Matthias sagen hörte: »Wenn man denkt, es kann nicht schlimmer kommen, dann kommt es immer noch schlimmer.« Die Aussicht auf weitere Verzögerungen bedeutete, dass wir das vorgesehene Datum unseres Umzugs erneut verschieben mussten. Dieses eine Mal spielte ich den guten Bullen und bat unsere Vermieter um eine Verlängerung des Asyls, was uns freundlich genehmigt wurde. Immer wenn wir den Architekten nach dem magischen Umzugsdatum fragten, wich er aus. Als ich einmal nicht abließ, sondern ihn weiter bedrängte, explodierte er schließlich und gab mir die Schuld am Regen (ich bin ja auch halb Irin, deshalb wohl). Es war als Witz gemeint, aber in diesem Fall fehlte mir der Humor.

Schon bald schlüpften wir wieder in unsere angestammten Rollen. Matthias fand seinen Optimismus genauso schnell wieder, wie sich der Himmel aufklarte, und ich war so weit, mich fast von einer Werbeanzeige verführen zu lassen, die mir mit einem achtstündigen Bustrip eine Fluchtmöglichkeit nach Kroatien versprach (so verzweifelt war ich schon). Ich widerstand dieser Versuchung, als uns unser Architekt zusicherte, dass außer einem Meteoriteneinschlag uns nichts mehr daran hindern könne, in der ersten Juliwoche einzuziehen. Das war doch mal eine Ansage. Die Wahrscheinlichkeit, dass Meteoriten unser Haus treffen würden, lag wohl bei einer Milliarde zu eins. Und dann kam der Monat Juni. Es war wohl der heißeste Juni, seit Dinosaurier durch Wien-Neuwaldegg streiften. Die Baustelle verwandelte sich von einem matschigen Sumpf in eine staubige Mondlandschaft. Ein neues, zuvor unerwartetes Dilemma tauchte auf, das ich »Baustellen-Couture« taufte. Meine fuchsiafarbenen Wellington-Boots waren für den Morast ein großartiges Gegengift gewesen, doch nun stand ich vor einer neuen Herausforderung: Wie sollte man sich einkleiden, um den Anstand zu wahren und gleichzeitig nicht vor Hitze zu zerfließen? Das Problem manifestierte sich gleich dreifach, als ich eines Nachmittags mit zwei Freundinnen Tee trank, die spontan Lust auf eine Baustellenbegehung hatten. Die eine trug ein tief ausgeschnittenes enges Kleid, die andere ein tief dekolletiertes Rüschenkleid aus einem fließenden Stoff, und beide staksten auf hochhakigen Sommersandalen umher. Sie sahen so umwerfend aus, dass ich es den Handwerkern gegenüber unfair fand, sie mit auf die Baustelle zu nehmen; zumal zwei der Handwerker strengläubige Muslime waren und sich schon bei meinen Besuchen missbilligende Blicke zuwarfen. Außerdem vermutete ich, dass meine Freundinnen nicht besonders erpicht darauf sein würden, von zwanzig schwitzenden Männern angestarrt zu werden. Ich hatte es ihnen also gerade ausgeredet und die Begehung auf einen kühleren Tag verschoben beziehungsweise auf einen, an dem sie mehr anhatten, als die eine auf die Idee kam, ob ein berühmter Designer nicht eine Baustellen-Burka erfinden könnte. Diese Lösung wäre auch etwas für so manchen Bauarbeiter. Auch denen täte etwas mehr Bekleidung manchmal ganz gut. Tatsächlich hatte ich mir einmal alle Mühe gegeben, einen von ihnen davon zu überzeugen, sich ein T-Shirt überzuziehen – nicht wegen seines hervorragenden Bierbauchs (nun gut, doch schon auch ein bisschen deswegen), sondern weil ich ihn einen Sonnenbrand oder Schlimmeres, gar einen Hitzeschlag bekommen sah. Am nächsten Tag kam er wieder oben ohne, und auf seinem roten Oberkörper zeichneten sich die Träger seiner Arbeitshose als deutlich mahnende weiße Streifen ab und baten um Obdach unter einer Sonnenschutzcreme mit Faktor 50.

Eine der Sachen, die ich beim Bauen gelernt habe, ist, dass es ein schmaler Grat ist zwischen dem Scherz, den man darüber macht, bald einen Nervenzusammenbruch zu erleiden, der Phase, in der man versteht, was Menschen tatsächlich dazu bringt, einen zu bekommen, und dem Moment, in dem man wirklich einen hat. Dann ist es plötzlich alles andere als witzig, wenn die Leute einen fragen, wie es einem geht, und man sich zwingen muss, nicht zu weinen. So erging es mir, als ich bei der Buchpremiere eines Freundes war. Ich hatte nur ein paar Stunden geschlafen und mir stattdessen Sorgen um das Haus gemacht (auch ohne Meteoriteneinschlag). Daher war ich schon leicht hysterischer Stimmung, als ich zum fünften Mal gefragt wurde, wie weit unser Hausbau bereits vorangeschritten sei. Pech für den Sechsten, den ich dann anblaffte, dass ich bei unserem nächsten Wiedersehen ein T-Shirt tragen würde mit der unübersehbaren Aufschrift »Wag es ja nicht zu fragen!« Oder, noch besser: sie auf meine Stirn tätowieren lassen würde. Ach, das sei ja schön, bekam ich zu hören, dass ich trotz all des Stresses noch meinen Sinn für Humor behalten hätte. Tragikomödie ist kein gesunder Geisteszustand, also fuhr ich schnell nach Hause, bevor ich in Tränen ausbrach.

Um mir meine Gesundheit nicht zu ruinieren, brachte ich jede Woche eine neue, bizarre Geschichte von der Baustelle mit nach Hause und unterhielt damit die neugierige Schadenfreude-Fraktion. So konnte ich die Tragödie in eine Komödie ummünzen. Nach der mit dem Wasserhahn, der vor allem die Füße reinigt, war meine nächste Lieblingsgeschichte die von der Steckdose an der Decke. Ich kam just in dem Moment auf die Baustelle, als letzte Hand an die Stromversorgung angelegt wurde. Ich betrat das HUB-Modul, wo unsere wunderschöne Boffi-Küche, designt vom Meister des Understatements Piero Lissoni, in Pappkartons verpackt darauf wartete, aufgebaut zu werden. Ein trauriger Anblick, sie wirkte ein wenig wie eine Braut, die schon viel zu lange vor dem Altar steht, darauf harrend, dass jemand kommt, den Schleier hebt und sie küsst. Die Elektriker arbeiteten mit Hochdruck, es war ein Gebohre und Gefummele, und schließlich brachten sie in ihrem Enthusiasmus eine Steckdose über dem Kochfeld an. Eine Schukosteckdose direkt über dem Herd und noch nicht einmal bündig mit der Decke. Sie hing herab wie ein dicker, fetter, hässlicher Pickel. Ah, sagte der Elektriker stolz, hier können Sie dann Ihre Abzugshaube anschließen. Für den unwahrscheinlichen Fall, dass jemand (gewiss nicht ich) dort eine solche würde haben wollen.

Meine Meinung zu Abzugshauben ist wie folgt: 1. diese elektrischen Dinosaurier sollten aussterben, 2. Küchengerüche sind grundsätzlich angenehm, es sei denn, man nimmt die falschen

Zutaten, und 3. ich lasse fast alles anbrennen, aber ein Fenster zu öffnen ist dann doch nicht so schwer. Nachdem ich dem Elektriker die Punkte 1 bis 3 erläutert hatte, montierte er die Steckdose gut gelaunt wieder ab. Zumindest so gut gelaunt wie jemand etwas abmontieren kann, dessen Montage ihn gerade anderthalb Stunden Zeit gekostet hat – und dabei fast kopfüber auf einer Leiter balancierend.

Mittlerweile hatte sich mein soziales Leben tagsüber darauf reduziert, die Reste von Sardinenbüchsen, Butterbrotpapier und leere Energydrink-Dosen aus den Büschen hinter dem Haus aufzusammeln. Erstaunlicherweise schien der Konsum dieser Aufputschgetränke umgekehrt proportional zu der Arbeitsgeschwindigkeit ihrer Konsumenten zu sein. Also vermutete ich, dass die Handwerker schon lange immun gegen deren Wirkung waren. Nee, die sind nicht von mir, behauptete der Elektriker / Installateur / Dachdecker, als ich den Müll in den Designer-Abfalleimer stopfte, den ich extra für diese Gelegenheit gekauft hatte. Das andere Problem, das ich dringend angehen musste, war das Rauchen im Haus. Der Anblick der unzähligen Zigarettenkippen auf dem Boden machte mich fertig. Die Wände sahen da schon wie Wände aus, und ich fürchtete, sie würden gelb und stinkig werden, bevor wir überhaupt eingezogen waren. Julian, unser Sohn und »Artist in Residence«, fabrizierte freundliche Nicht-Rauchen-Zeichen, die wir an alle Eingänge klebten. Damit war das Problem erledigt.

Das Müll- und Kippenproblem war schon deprimierend gewesen, doch nun, nach einem weiteren, spannungsgeladenen Treffen mit dem Architekten und dem Controller wurde mir bewusst, dass ich komplett und vollständig desillusioniert war, was dieses Bauvorhaben anging. Während manche Dinge vorangingen, schien sich das meiste zu verzögern oder gar Rückschritte zu machen. Wie sich herausstellte, hatte die Eternitfassade des Hauses zwei verschiedene Farben, so dass mehrere

Platten neu bestellt und ausgetauscht werden mussten. Das geschah aber natürlich erst, nachdem jemand viel Zeit darauf verwendet hatte, mich davon überzeugen zu wollen, dass es so doch eigentlich sehr schick sei und man es, angesichts der hohen Kosten, vielleicht so lassen könne (die hohen Kosten waren aber nicht meine).

Zur gleichen Zeit fing unser Bio-Swimmingpool an zu kollabieren. Wir hatten uns, nach vielen Diskussionen und Pool-Anbieter-Besuchen, für eine einfache und elegante Lösung entschieden: ein Feuchtbiotop mit vielen Pflanzen, in dessen Mitte ein hölzerner Kasten einen zwei Meter tiefen Schwimmbereich bildete. Kein Chlor im Wasser, zur Reinigung sollte eine einfache Umwälzpumpe genügen, weil die Teichpflanzen den größten Teil der Filterarbeit übernahmen.

Vor der Terrasse war also ein riesiges Loch entstanden, in dessen Mitte ein Holzrahmen stand. Das Wasser war schon drin, als sich die ganze Konstruktion nach innen zu biegen begann. Sie hielt einfach dem Druck der umgebenden Kieselsteine nicht stand. Die Konstruktion musste durch Extrabalken verstärkt werden. Das ging aber erst, nachdem das Wasser wieder herausgepumpt worden war und man die Tonnen von Steinen, die den Rest des Teiches auffüllten, mit dem Bagger wieder entfernen konnte. Und genau jetzt begann es so stark zu regnen, dass sogar ich, Atheistin in der dritten Generation, endlich verstand, was es mit der Geschichte von der Arche Noah auf sich hatte. Das inzwischen halb wieder hergestellte Schwimmbiotop füllte sich mit matschigem Wasser, garniert von darauf treibenden Dämmplattenresten, die wie bedrohliche kubistische Seerosen aussahen.

Ich wartete jetzt geradezu auf den Meteoriten, von dem unser Architekt gesprochen hatte, doch sogar der blieb aus – vermutlich trieb er sich gemeinsam mit unserem Umzugsdatum irgendwo in den Weiten des Universums herum.

In unserer Mietwohnung lebten wir zwischen Bergen von Umzugskartons, und im Keller hatten wir jede Menge Möbel gehortet. Alle Versprechungen, dass wir spätestens im Juli, rechtzeitig zu den Geburtstagen der Kinder, würden umziehen können, waren dahin, und man legte uns vorsichtig nahe, nun doch eher den August anzuvisieren. Das ist ja merkwürdig, sagte ich zum Architekten, ich habe gar nichts Gleißendes und Schweres vom Himmel fallen sehen. Die Frage blieb, wie man all dem ein Ende setzen konnte. Nicht meinem Leben selbstverständlich, aber dem Bauprozess. Natürlich war das keine wirkliche Option, sondern nur eine extreme Reaktion auf die immer unerträglicher werdende Situation. Ich tat das, was ich in solchen Momenten immer tat: Ich stieg in ein Flugzeug nach London.

Bizarrerweise war es gar nicht so einfach, jemanden zu finden, bei dem ich wohnen konnte und der nicht gerade eine Baustelle im oder vor dem Haus hatte. Die Wohnung meines Vaters in Notting Hill fiel aus: Der Architekt, der unter ihm wohnt, hatte gerade in einem Mammutprojekt begonnen, zwei Wohnungen zusammenzulegen. Leider ist besagter Architekt ein pingeliger Perfektionist, und dass seine Handwerker ihm versprochen hatten, bis Halloween fertig zu sein, klang eher nach einer Drohung als nach einem Versprechen. Also wohnte ich stattdessen bei meiner Freundin Cathy, die ich seit meiner Kindheit kenne. Ihr behagliches Erdgeschoss-Apartment in Bloomsbury ist ein Paradies des guten Geschmacks und der Ruhe. Zartes Enteneierblau und blasses Rosa an den Wänden, den Teekessel auf dem Herd und Schokoladenkekse stets in Reichweite – und obwohl ein Baugerüst vor dem Haus stand, gab es keinerlei störende Geschäftigkeit um uns herum. Das einzig echte Problem war, dass ich nach Wien zurückmusste.

Doch dann entdeckte ich zu meiner großen Freude ein wunderbares Gegengift für meine Bausorgen: die Fußball-Weltmeisterschaft. Die anzuschauen war ein bisschen wie zum Zahnarzt zu gehen – man konnte solange an nichts anderes denken, bis es vorbei war.

Als Spanien gewonnen hatte, war der fast kollabierte Teich gerettet und das Haus durch eine Art »SEK-Einheit«, die sich auf das Reinigen von Häusern nach Bauarbeiten spezialisiert hatte, gesäubert worden. Ich wusste gar nicht, dass es diese Art von Dienstleistung gibt, war aber überaus dankbar dafür, schließlich war es ein untrügliches Zeichen dafür, dass der Einzug bevorstand. Dieses Reinigungsteam warf bei uns auch die Frage auf, wie wir das Haus sauber halten wollten, wenn wir erst darin wohnten. Ich bemühte mich, mit den Bewohnern des KIN-Flügels ernsthafte Gespräche darüber zu führen, wer sich diesbezüglich um ihre Teeküche / ihr Badezimmer / Schlafzimmer kümmern würde. Werden sie, so suggerierte ich ihnen, stolz darauf sein, ihren eigenen Wohnbereich zu haben? Wird die Tatsache, dass sie dort ganz unabhängig von uns schalten und walten können, dazu führen, dass sie eine Art innere Häuslichkeit entwickeln? Werden sie angesichts des modernen, minimalistischen Design von dem Bedürfnis überwältigt, aufzuräumen und zu putzen? Was mich fast am meisten interessierte war die Frage, ob sie dann immer noch ihre dreckigen Socken hinterm Bett liegen lassen würden, oder ob sie von nun an die sechs Schritte zum Wäschekorb auf sich nähmen? Würden sie ihre Tassen und Frühstücksschalen abwaschen oder sie im Waschbecken vor sich hin gammeln lassen, bis der Gestank sie (oder im Zweifelsfall mich) dazu bringt, etwas zu unternehmen? Ich versuchte es mit der abgekürzten Version, die in etwa so geht: »Wenn ihr eure Zimmer nicht in Ordnung und sauber haltet, dann werdet ihr … dann dürft ihr nicht … et cetera, et cetera«, doch darüber lachten sie nur. »Mama, Drohungen wirken bei Teenagern nicht mehr …«, sagte mir mein 17-jähriger Sohn. Noch etwas schwieriger war es mit meinem Gatten. Damals forschte und schrieb er gerade über Partnerschaften und wie man erkennen könne, ob

Paare beieinander bleiben. Sozialwissenschaftler suchen schon seit Jahren nach entsprechenden Formeln und Vorhersagemethoden. Ich denke, man sollte Paare einfach zusammen ein virtuelles Haus bauen lassen. Wenn sie das überstehen, liegt die Wahrscheinlichkeit, dass sie den Rest ihres Lebens glücklich miteinander verbringen, bei 99 Prozent. Das Problem mit meinem Mann war nicht die Ordnung, sondern es waren eher die kleinen Dinge, etwa Badematten. Unser neues Badezimmer (pardon, der Badesalon) hat statt Fliesen einen Holzfußboden. Badematten fanden sich in unserem Haushalt meist zusammengeknüllt in einer Ecke, so dass das Wasser unbeschwert auf den Boden platschen konnte. Nach all den Jahren glücklicher Ehe war nun also die Stunde gekommen zu fragen: »Darling, hast du ästhetische Einwände gegen die Verwendung von Badematten, gibt es ein Trauma, eine Phobie oder irgendetwas anderes, von dem du mir erzählen möchtest, was dich dazu zwingt, dir NIEMALS eine Badematte hinzulegen?« Ich hatte mich schon auf eine ausführliche und interessante Analyse eingestellt, die womöglich darin kulminieren würde, dass wir einen sehr spezialisierten Therapeuten würden aufsuchen müssen. Doch stattdessen antwortete er schlicht: »Nein, ich bin nur zu faul.« Mir fiel ein Stein vom Herzen; auch wenn die Frage, ob er im neuen Haus eine benutzen wird oder nicht, noch immer auf leicht bedrohliche Weise in der Luft hing. Ich wollte bei diesem Thema nicht zu spießig rüberkommen, hatte auf der anderen Seite aber auch keine Lust, der ganzen Familie mit dem Mopp hinterherzulaufen. Doch dann kam mir wieder in den Sinn, was die Feministin und drei Mal verheiratete Autorin Fay Weldon einmal sagte: »Im Büro [...] weigern sich Frauen zu Recht, den Kaffee zu kochen. Aber wenn Sie zu Hause sind, müssen Sie, so leid es mir tut, den Kaffee machen. Es ist reine Zeitverschwendung, Ihrem Mann zu sagen, er solle seine Socken aufheben oder das Klo putzen. Wesentlich leichter ist es, wenn Sie es einfach selbst tun.«

## Dritte Szene: Das »Schöner Wohnen«-Syndrom

*»Schönheit ist nur die Verheißung von Glück.«*
STENDHAL

Die dritte Szene des dritten Akts beginnt mit einem Urlaub auf Korfu. Eigentlich hatten wir gedacht, uns dort vom Umzugs-stress erholen zu können, jetzt aber wurde der Urlaub wegen der ganzen Verspätungen zu einer »Wir-sammeln-Energie-für-das-große-Event«-Reise. Derweil lebten wir in Wien wie gesagt in einem Messie-Paradies aus Umzugskisten, die sich auftürmten, umstürzten und uns zu verschütten drohten. Wie, als wir kleine Kinder waren und uns Burgen aus alten Kartons bauten – nur dass sich dieses Mal in den Schachteln alles befand, was wir besaßen und was uns lieb und teuer war. Manche Kisten hatten bereits eine leichte Staubschicht, andere waren schon wieder ausgeräumt worden auf der Suche nach einem Gegenstand, von dem wir angenommen hatten, ihn ein oder zwei Wochen lang entbehren zu können. Doch dann waren aus diesen ein, zwei Wochen ein Monat, und aus einem Monat ein paar Monate geworden, und nun fuhren wir etwas widerwillig noch vor unse-rem Umzug nach Griechenland.

Ich hatte mich in Griechenland immer sehr wohlgefühlt. Schon ein paar Sommer hintereinander waren wir auf den verschiedenen Inseln gewesen und hatten ausgedehnte Spa-ziergänge durch die Olivenhaine dort gemacht, auf denen uns die hässlichen Bauruinen aufgefallen waren, die die ansonsten wunderschöne Landschaft verschandelten. In diesem Jahr sta-chen sie uns aus zwei Gründen besonders ins Auge. Erstens, weil Griechenland sich in einer schweren wirtschaftlichen Krise befand, und zweitens, weil wir dachten, dass es uns genauso hätte ergehen können. Dort zu sein war wie an der Startlinie für den Hundertmeterlauf zu stehen und auf das Signal zu warten, loszulaufen. Ich war ungeduldig und unruhig und ging im Kopf ständig die Dinge durch, die ich noch packen / wegwerfen / aussortieren wollte et cetera. Nach unserer Rückkehr war es dann, als sei endlich der Startschuss gefallen. Als Erstes holten wir Angebote von Umzugsunternehmen ein; das Spektrum der Kostenvoranschläge reichte von leicht absurd bis völlig unverschämt. Zum Schluss mieteten wir einfach einen Transporter, trommelten ein paar Freunde zusammen und investierten zwei Tage, um unser neues Haus zu befüllen. Obwohl es deutlich länger dauerte als mit einem professionellen Unternehmen, fühlte ich mich bestätigt, als ich Monate später von Annie Proulxs Erfahrungen mit »Roughrider Removals« (zu Deutsch etwa: »Raubein-Umzüge«) hörte, die auf jeden Fall auf die Liste mit meinen Lieblingsfirmennamen gehören, auf der auch schon die »Impact School of Motoring« (»Aufprall-Fahrschule«) und der »Icarus Frequent Flyer Club« von Olympic Airlines stehen. Während die Männer vor Ort im neuen Haus waren, um dort wie Verkehrspolizisten die Kisten und Möbelstücke in die richtigen Räume zu dirigieren, war ich in unserer Mietwohnung zurückgeblieben, umgeben von Wollmäusen und den letzten Möbeln, die schweigend an ihren angestammten Plätzen standen und der Dinge harrten, die auf sie zukommen würden. Wie ein römischer Kaiser, der mit einer einzigen Daumenbewegung nach unten oder oben entscheiden konnte, ob die Christen den Löwen vorgeworfen wurden, verkündete ich den verbliebenen Möbelstücken ihr Schicksal. Matthias war ein wenig überrascht, dass manche Dinge gar nicht erst im neuen Haus ankamen. Die Situation erinnerte ein bisschen an Politiker, die schlechte Nachrichten gerne verschleiern und sie erst dann verkünden, wenn etwas Großes passiert ist und alle darauf schauen. Als selbst ernannte Diktatorin der Haushaltsüberreste verfügte ich, dass alle Ikea-Gegenstände ohne groß nachzudenken entsorgt wurden. Alle Teppiche, Vorhänge, Lampen und weder emotional noch historisch bedeutenden Dinge gingen ohne zu zögern an die Caritas, auch unser Ehebett. Letzteres war wohl die schwierigste Entscheidung, denn es war aus einem speziellen Holz und von einem alten Freund von Matthias in Handarbeit gebaut worden. Wir hatten in den vergangenen Monaten viele Stunden lang die Vor- und Nachteile diskutiert, wenn wir es mitnehmen würden. Es war unser erstes gemeinsames Bett, das Bett unserer Hochzeitsnacht, das Bett, in dem die Kinder gezeugt worden waren et cetera, et cetera. Doch wir wussten genau, dass es in dem neuen Haus scheußlich aussehen würde. Die Vernunft siegte über die Sentimentalität; es kam weg.

Da wir unsere staubigen Vorhänge ja ebenfalls in die ewigen Jagdgründe geschickt hatten, glich das Aufwachen am ersten Morgen im neuen Haus dem Aufwachen auf einem Campingplatz, wenn das Zelt in der Nacht weggeweht wurde (oder, wie Matthias es beschrieb, in einem Raumschiff, das der Sonne entgegenfliegt). Wir waren geblendet, den Blicken der Nachbarn ausgesetzt, erschöpft, dabei aber seltsam glücklich im Bewusstsein, etwas Großes überlebt zu haben. Minuten später waren wir aufgestanden und wuselten in einer Hektik herum, die sich wie die Kombination aus einem Jetlag und einer Überdosis Koffein anfühlte. Wir brauchten eine Woche, um wieder herunterzukommen, und am Anfang der zweiten Woche waren alle Kisten, die unbedingt ausgepackt werden sollten, ausgepackt. Freunde der Kinder kamen, um zu helfen, und wunderten sich darüber, dass es keinen Fernseher im HUB gab (»Ist wahrscheinlich einfach noch nicht ausgepackt«, hörte ich einen von ihnen zuversichtlich sagen). Die Kinder waren bezaubernd. Tristan nutzte den Biotop-Pool gleich als Ausnüchterungshilfe, wenn er nachts nach Hause kam, und Julian verhielt sich so, als hätte er schon immer hier gelebt. Das einzige »Familienmitglied«, das der Umzug wirklich traumatisiert hatte, war Isis, die Katze. Aus ihrem Reisekäfig freigelassen, versteckte sie sich drei Tage hinter einem Rohr in der Waschküche. Als sie sich schließlich doch durch ihre coole, futuristische Katzenklappe mit dem eingebauten Erkennungsmikrochip nach draußen wagte, tat sie zwar so, als erkunde sie die Gegend, saß aber in Wirklichkeit unter dem nächsten Busch nebenan. Anstatt sich ihr Territorium zu erobern und sich gegen die Nachbarkatzen zu behaupten, hockte sie ein paar Meter entfernt vom Haus. Wenn man sie rief, kam sie dankbar hervorgeschossen und sah eher hungrig und geschwächt aus und nicht wie der große, abenteuerlustige Entdecker, für den wir sie gehalten hatten.

In der dritten Woche im neuen Haus hatte ich den Talking Heads-Song »Once in a Lifetime« im Ohr, in dem es heißt: »You may find yourself in a beautiful house / With a beautiful wife / You may ask yourself / Well, how did I get here?« (»Und dann findest du dich plötzlich in einem wunderschönen Haus wieder / Mit einer wunderschönen Frau / Und du wirst dich fragen / Wie habe ich es bloß hierher geschafft?«) Ich fing an mich zu fragen, wann jemand an die Schlafzimmertür klopfen und mir mitteilen würde, dass es jetzt Zeit sei auszuchecken, gefolgt von jemandem, der mich fragt, was ich aus der Minibar genommen hätte und mit welcher Kreditkarte ich bezahlen wolle. Und ich erinnerte mich vage an etwas, das man das »Schöner Wohnen«-Syndrom nannte, das in der Regel mit Tränen und / oder Scheidung endet. »Im Scheitern der Architekten, eine gefällige Umwelt zu schaffen, spiegelt sich unsere eigene Unfähigkeit, Glück auf anderen Feldern des Lebens zu finden«, schreibt Alain de Botton. Er führt dann weiter aus, dass schlechte Architektur schlussendlich genauso das Versagen der Psychologie wie das des Designs ist und dass beide dieselbe Tendenz aufweisen, »die uns auf anderen Ebenen dazu verleitet, die falsche Person zu heiraten, eine unpassende Stelle anzunehmen oder einen katastrophalen Urlaub zu buchen«.

Und tatsächlich war der Grund, aus dem ich eigentlich niemals selbst hatte bauen wollen, eine Geschichte, die ich nie vergessen habe. Sie handelt von einer Freundin, die in dem Moment, in dem sie die letzte Schraube in ihre perfekt glänzende Bulthaup-Küche eingedreht hatte, ihre Koffer nahm und den Mann, der ihr diese perfekte Küche verschafft hatte, für immer verließ.

Dieses traurige wahre Drama hielt mich davon ab, mir jemals eine Bulthaup-Küche anzuschaffen. Zudem lehrte sie mich, dass jeder Versuch, ein Haus perfekt durchzudesignen, alle Leidenschaft zerstören kann. Ich musste auch an die Einweihungspartys und die Häuser denken, die ich besucht habe, bei denen man sich ertappt, wie man nach den Preisschildchen guckt, weil man das Heim mit einem Einrichtungsgeschäft verwechselt. Und bei denen man fast erwartet, zum Abschied an der Tür von der PR-Dame noch eine Geschenktüte mit Werbebroschüren für Designer-Hundenäpfe und Tapetenmuster in die Hand gedrückt zu bekommen. Man geht nach Hause und fragt sich, ob ein so perfekt eingerichtetes Haus nicht eigentlich der Versuch ist, eine nicht ganz so perfekte Partnerschaft zu kompensieren. Denn wo bleibt in einem solchen Haus, wenn alles fertig und vollständig eingerichtet ist, noch Raum für Wachstum und Wandel? Die Sterilität liegt nicht in der oberflächlichen Tatsache, dass alles bis ins kleinste Detail zueinander passt, sondern in der Tatsache, dass sich nichts verändern wird – weder im Haus noch in der Partnerschaft.

Und als der Vorhang am Ende des Stückes fiel, dachte ich im Stillen, dass vielleicht ein kleiner Teil von uns das Drama mit den Handwerkern und Architekten vermissen wird. Außerdem wurde mir bewusst, dass es bei all der Aufregung und Freude auch eine unterschwellige Melancholie gibt, wenn man in eine frisch renovierte Wohnung oder ein gerade erst fertiggestelltes Haus zieht. Man bezieht es mit einem Gefühl der Erleichterung und des Glücks, gepuscht von einer großen Dosis von Post-Baustress-Endorphinen, und schon beginnt jener Prozess, den der Autor Dan Ariely »hedonistische Anpassung« nennt. In *Fühlen nützt nichts, hilft aber. Warum wir uns immer wieder unvernünftig verhalten* erklärt er: »Wenn wir in ein neues Haus ziehen, sind wir möglicherweise über die glänzenden Hartholzböden erfreut oder über die knallbunten grünen Küchenschränke verärgert. Doch nach ein paar Wochen verblassen diese Faktoren bereits. Und ein paar Monate später sind wir gar nicht mehr so verstimmt über die Farbe der Schränke, ziehen zugleich aber auch nicht mehr die gleiche Freude aus dem Anblick der schönen Fußböden. Diese Art des emotionalen Ausgleichs – ist ein Prozess, den wir hedonistische Anpassung nennen.«

Brutaler als diese augenzwinkernde architektonische Melancholie kommt de Botton daher und bringt uns in Erinnerung: »Und selbst wenn wir all unsere Ziele erreichen konnten, haben unsere Gebäude doch die bedauerliche Neigung, in überstürzter Hast wieder zu verfallen. Manchmal ist es regelrecht schwer, in ein frisch renoviertes Haus zu ziehen, ohne mit gleichsam präventiver Trauer auf den Verfall zu reagieren, der ungeduldig wartet, sein Werk zu beginnen: Wie bald doch die Wände Risse zeigen, die weißen Schränke gelb anlaufen, die Teppiche Flecken haben werden.« Und bei all der Kraft und Stärke des Betons, des Holzes und Stahls, der einen umgibt, ist ein Haus dennoch eine ständige Erinnerung an die kurzlebige Natur von Gebäuden und unsere noch kürzeren Leben, die wir in ihnen verbringen.

# Anleitung zum Wohnen in der Zukunft

## Smarttech versus Hightech-Terror

> *»Nicht das Fehlen von Tapeten und Stuckverzierungen machte ein Haus ›modern‹, sondern der Einbau einer komfortablen Zentralheizung, eines praktischen Badezimmers, das Vorhandensein eines elektrischen Bügeleisens und einer Waschmaschine.«*
> *WITOLD RYBCZYNSKI*

Man kann es an ihren Gesichtern sehen. Besucher sind enttäuscht von unserem Zukunftshaus. Sie versuchen das zwar zu überspielen und nicken auch enthusiastisch auf die Frage, ob sie das Konzept dahinter, das ich ihnen eine Stunde oder länger erklärt habe, verstehen. Doch man spürt, dass es ihnen lieber gewesen wäre, wenn ihre Vorurteile bestätigt worden wären: dass Zukunft mit kalten, harten, glänzenden Oberflächen gleichzusetzen ist, mit Robotern, seltsamen Raumanzügen und ähnlich albernen Dingen und damit, dass die Technik die Kontrolle übernimmt. Vielleicht haben sie zu viele Science-Fiction-Filme gesehen oder nicht gehört, was Salvador Dalí über die Zukunft der Architektur gesagt hat, nämlich dass sie »weich und haarig« sein werde. Oder sie haben vielleicht zu viele Artikel über »Smart Houses« gelesen wie etwa Bill Gates' Cyberhome in den USA.

Das durchtechnisierte Haus des 21. Jahrhunderts schlechthin ist sicherlich das von Bill Gates. Er hat nicht nur das nötige

Kleingeld dafür, sondern auch die entsprechenden Nerds an der Hand. Äußerlich ist sein Haus in Medina, Washington, im Stil einer hölzernen »Pacific Lodge« erbaut, wegen des nahe gelegenen Sees noch mit etwas venezianischem Kitsch dazu. Innen ist es angeblich ein »Paradies für große Jungs«, mit Touchpads in jedem Raum, mit denen man alles steuern kann, vom Fernseher über die Lampen bis hin zur Temperatur. Besucher bekommen bei ihrer Ankunft einen elektronischen Anstecker, der einen Mikrochip enthält; hinter den Tapeten versteckte Lautsprecher lassen dann dem Gast die von ihm ausgewählte Musik von Raum zu Raum »folgen«, und seine liebsten Kunstwerke und Filme erscheinen auf den nächstgelegenen Monitoren. Nun ja, das ist das, was man offiziell über dieses Haus erfährt. Was niemand genau weiß, weil Gates darüber in der Öffentlichkeit natürlich nicht spricht, ist aber, ob a) es wirklich gut funktioniert und b) seine Familie diese Möglichkeiten auch tatsächlich nutzt oder ob diese Dinge nur zum Amüsement der Gäste angebracht wurden. Es geht das Gerücht, dass Gates auf die Frage nach seinem elektronischen Xanadu antwortete: »Ich bin der Einzige, der eine Fehlermeldung bekommt, wenn er den Lichtschalter betätigt.«

Doch das eigentlich Interessante an der Frage, wie wir in Zukunft leben werden, ist doch, ob all diese Dinge das Leben tatsächlich einfacher und bequemer machen oder ob es dadurch nicht nur komplizierter wird. Den einzig echten Anhaltspunkt dafür, wie das Leben à la Gates im 21. Jahrhundert aussehen könnte, liefert uns das Zitat aus F. Scott Fitzgeralds *Großem Gatsby*, das Gates am Fuß der Kuppel in seiner Bibliothek hat eingravieren lassen: »Er hatte einen langen Weg hinter sich, um diesen nachtblauen Rasen zu erreichen, und dann muss sein Traum in solch greifbare Nähe gerückt sein, dass es schier unmöglich schien, nicht nach ihm greifen zu können.« Wenn Sie weiterlesen, stoßen Sie bald auf ein noch passenderes Zitat. Fitzgerald schreibt: »Gatsby glaubte an das grüne Licht, an eine prächtige Zukunft, die sich Jahr für Jahr vor uns auftut. Damals ist sie uns entwichen, aber was macht das schon – morgen werden wir noch schneller laufen, die Arme noch weiter ausstrecken ...«

Den Traum, die Zukunft zu umarmen, gibt es in unserer Familie schon lange, er liegt uns praktisch in den Genen. Als Direktor der Firma Minimax entwickelte mein Großvater, Dan Hunter Strathern, den weltweit ersten innen mit Polyäthylen beschichteten Feuerlöscher (damit die korrosive Flüssigkeit sich nicht mehr in das Metall des Behälters hineinfressen konnte). Dabei zur Seite stand ihm ein kommunistischer Wissenschaftler, der wegen seiner politischen Überzeugungen in den anderen Fabriken der Region keinen Fuß auf die Erde bekam. Etwa zur gleichen Zeit arbeitete Matthias' Vater an seinem automatisierten Haushalt in den ausgebrannten Ruinen Berlins. Einmal abgesehen von der Ironie des familiären Schicksals, waren beide vorausdenkend, versuchten das Leben in der Zukunft leichter und bequemer zu machen. Matthias' Vater Werner Horx war ein leidenschaftlicher Erfinder – ein Ingenieurstudent, der seine Abende und Wochenenden im Keller verbrachte mit dem Ziel, einen vollständig automatisierten Haushalt zu entwickeln. Es dauerte nicht lange, da war der halb zerbombte Wohnblock, in dem er lebte, auf geniale Weise mit einer Tafel mit blinkenden Lichtern verkabelt, die anzeigten, ob die Gemeinschaftstoilette besetzt war, der Bewohner einer Wohnung gestört werden durfte oder ob Post im Briefkasten lag. In seiner eigenen Wohnung erhitzte der Herd morgens automatisch das Wasser fürs Frühstück und die Rasur, ehe er sich von einer leichten Brise des Ventilators wecken ließ. Später erzählte er Matthias stolz davon, wie sich das Abendessen automatisch zubereitet hatte, wenn er von der Uni nach Hause kam. Bei Matthias' Mutter, die zu dieser Zeit heftig von Werner umworben wurde, klang die Geschichte allerdings etwas anders – sie berichtete vom Geruch angebrannten Haferbreis und der ständigen Angst, sich am Sofa oder dem Herd einen tödlichen Stromschlag zu holen.

In den Fünfzigern und Sechzigern wurden solche Visionen und Experimente von dem Wunsch angetrieben, die Kontrolle über das Alltagsleben zurückzugewinnen. Rückblickend lässt sich der Boom von Zukunftshausvisionen damit erklären, dass sie der mehr oder weniger geglückte Versuch männlicher Ingenieure waren, eine aussterbende Spezies zu ersetzen, nämlich die Hausfrau. Eigenartigerweise schienen die neumodischen Apparaturen die Frauen nie wirklich von der häuslichen Schinderei zu befreien, sie machten sie eher zu deren Sklavinnen. Typische Bilder aus dieser Zeit zeigen etwa automatisch gesteuerte Autos, bei denen der Mann vorne sitzt und die Frau hinten damit beschäftigt ist, Kaffee und belegte Brote zu machen. Oder raumschiffartige Küchen, in denen Frauen mit weißer, frisch gestärkter Schürze, wohlgeformtem Busen und kunstvoll drapierter Frisur das perfekte Essen zubereiten, während die Männer der Familie den Habitus eines Schlachten kommandierenden Generals einnehmen. Ein weiterer Klassiker ist das Bild von einem Mann, der mit hinter dem Kopf verschränkten Händen auf einer Luftmatratze im Swimmingpool treibt, ein paar Meter von seiner lächelnden Frau entfernt, die auf den Knien sitzt und in den Händen das Gartengerät hält, das ihr Leben einfacher macht! Witold Rybczynski schreibt über diese Phase in seinem Buch *Wohnen. Über den Verlust der Behaglichkeit:* »Wie die meisten Architekten, verstand auch Le Corbusier nicht (oder wollte nicht akzeptieren), daß mit dem Aufkommen der modernen häuslichen Technik und der arbeitsökonomischen Organisation des Haushalts die Stilfrage als solche zweitrangig geworden ist.«

Ein Großteil der Technologie ist Ersatz oder Kompensation. Daher nahmen wir uns für die Diskussionen darüber, welche Technologie wir nicht wollten, genauso viel Zeit wie für die Überlegung, welche wir durchaus wollten. Im Interesse der Forschung besuchte Matthias das zeitgenössische Äquivalent zu der

Wohnung seines Vaters: Die Wohnungen in einem sogenannten intelligenten Haus in Berlin verfügen über rund 200 topaktuelle steuerbare Elektronikgeräte. Ein eleganter Kontrollmonitor neben der Wohnungstür verrät dem Bewohner, ob ihn Nachrichten erwarten (Fax / Mailbox / Anrufbeantworter et cetera) und ob jemand geklingelt hat, während er nicht zu Hause war. Er zeigt außerdem an, ob das Badewasser schon die Temperatur erreicht hat, die man auf dem Heimweg über ein PDA oder Smartphone in Auftrag gegeben hat. Und hat man seine Meinung über den Musikstil und die Lichtstimmung, von der man beim Eintreten begrüßt werden will, inzwischen geändert, kann man ebenfalls von unterwegs aus Abhilfe schaffen. Oder eben, indem man am Eingang den großen Kontrollmonitor bedient.

Viele dieser Funktionen basieren auf der Annahme, dass die Menschen ununterbrochen erreichbar sein wollen. Doch die meisten möchten entspannen, wenn sie zu Hause sind. Sie sind nach der Arbeit weder in Kommandierstimmung, noch wollen sie von Mensch oder Maschine eine Liste von zu erledigenden Dingen präsentiert bekommen. Möglicherweise ist das der Punkt, an dem Hightech in Horrortech umschlägt.

Die Badezimmer dieser Wohnungen sind eine Oase dezent gestalteter digitaler Wonnen. So sind in den Spiegeln Fernseher eingelassen, damit man beim Rasieren oder Schminken Nachrichten sehen kann. Doch diese Idee stammt offensichtlich noch aus der Zeit vor dem iPad, das in unserem Haus jedes Bedürfnis nach einem teuren Superspiegel ersetzt. Glücklicherweise hat man in der Küche für alle sichtbar auf den intelligenten Kühlschrank verzichtet, dafür wundert man sich aber über die Durchreiche ins Esszimmer. Der Umstand, dass die Küche vom Wohn- und Esszimmer deutlich abgetrennt ist, geht gegen den Trend, das Herz des Hauses auch im Herzen zu lassen. Judy Wajcman formuliert es in *TechnoFeminism* so: »Selbst die visionärsten Futuristen lassen uns in Haushalten wohnen, die dem

Haushalt von heute ähneln, wenn man es eher von den sozialen als den technologischen Gesichtspunkten betrachtet. Demokratie in der Küche ist kein Bestandteil dieses Pakets.«

Einer der klassischen Irrtümer beim Planen für die Zukunft ist die Annahme, dass die Technik in Zukunft »intelligenter« sein werde. Technik sollte vor allem stumm sein, die intelligenten und kreativen Dinge sollten die Geräte und Maschinen den Menschen überlassen. Stellen Sie sich einen stummen Kellner vor – er macht seinen Job und erfordert keine Aufmerksamkeit. Auch sollte Technik nicht als Ersatz für einen körperlich gesunden Menschen dienen. Eine der größten Enttäuschungen unseres Hauses ist – finden jedenfalls die Gäste – das Fehlen jeglicher Roboter. Vor allem das des so viel gepriesenen automatischen Rasenmähers. Als wir den Umzug planten, schworen wir uns, alle Fitnessgeräte zu verkaufen. Fort mit dem hässlichen Cross-Trainer und dem sperrigen Rudergerät, her mit dem ganz normalen Rasenmäher. Unser Garten ist steil und uneben, und ob der darauf wachsende Rasen schon den hohen englischen Ansprüchen genügt, lässt sich am Grad unseres Muskelkaters ablesen und an einem ganz neuen Fitnesslevel (der Ersatz im Winter heißt Schneeschippen). In den Jobs, bei denen die meisten von uns den ganzen Tag vor dem Bildschirm sitzen, ist man nie um eine Ausrede verlegen, um nicht in ein lautes, verschwitztes Fitnessstudio zu gehen, aber falls Sie glücklicher Besitzer eines Gartens oder Schrebergartens sind, sehen Sie ihn als Outdoor-Fitnessstudio und sparen dabei noch Zeit, Energie und Geld.

Wenn man über die Technologie für ein neues Haus nachdenkt, sollte man auch darüber nachdenken, was man nicht braucht. Braucht man wirklich eine Maschine, die einem zu einer bestimmten Zeit die Lieblingsschokolade reicht, wie es die österreichische Ausgabe der Zeitschrift HOME einmal vorschlug? Oder, worauf sich ein bestimmter Zukunftsguru freut, das Haus als ein sich selbst organisierendes Netzwerk, in dem die

Haushaltsgeräte und die Einrichtungsgegenstände miteinander kommunizieren? Zum Beispiel Türgriffe, die Ihre Körpertemperatur messen und dann die Wandfarbe entsprechend modifizieren (wenn Ihre Hände zu heiß sind, wird der Raum blau, um Sie zu kühlen). Diese sogenannten intelligenten Apparate haben etwas selbstzufrieden Dekadentes, das dem Bewohner ironischerweise signalisiert, er könne nicht wirklich für sich selber denken und entscheiden.

Ein weiterer Nebeneffekt dieser Apparaturendekadenz wurde uns bei der Besichtigung eines »vernetzten Hauses« ersichtlich, dessen Prototyp in der Empfangshalle eines großen Telekom-Anbieters in Wien aufgebaut war. Hier wurden uns die endlosen Möglichkeiten vorgeführt – wie man per Videotelefonie vom Badezimmer aus mit seinem Arzt in Verbindung treten kann oder von der komfortablen Toilette aus mit seinem Partner im Wohnzimmer und wie man Nachrichten (E-Mail, SMS etc.) verschicken kann, indem man lediglich seine Stimme gebraucht. Ich halte ja auch das gute alte Telefonieren noch immer für ziemlich effektiv. Das Auffälligste an diesem Zukunftshaus aber war die immense Hitze und der unangenehme Geruch, den die für den Betrieb der Computer benötigten Server produzierten. Das Haus war eine Sauna – nur ohne die Birkenzweige und das Kaltwasserbecken.

Als wir überlegten, welche Art Technologie wir in unserem Haus haben wollten, waren wir natürlich auch nicht immun gegen die Verlockungen einiger extravaganter Ideen. Die dekadenteste Fantasie meines Manns war ein privater Check-In-Terminal (gerne auch mit professionell lächelnder Mitarbeiterin) in unserem Eingangsbereich. Wir stellten uns vor, wie wir künftig nach unserem elitären Check-In ganz bequem und ohne Schlangestehen ins Flugzeug steigen würden. Doch dann hielt der Online-Check-In Einzug, für den wir ja nur unser Handy, nicht einmal einen Laptop brauchten, und so hatte sich die Idee schon während der Planungsphase unseres Hauses erübrigt.

Hightech-Firmen geben Millionen von Dollar dafür aus, Vorhersagen darüber zu bekommen, welche Technologie in Zukunft durch eine andere verdrängt oder überflüssig gemacht werden könnte. Wir hingegen sparten ein paar Tausend Euro, einfach indem wir abwarteten oder unentschlossen waren. Dasselbe gilt wie gesagt für unser Badezimmer, das dank des iPad auch keinen Hightech-Spiegel mehr braucht, damit wir morgens die Nachrichten, Außentemperaturen oder Staumeldungen abfragen können. Bei der Technik in einem Haus geht es vor allem darum, die Balance zwischen dem Wahrscheinlichen, dem Möglichen, dem Praktikablen und dem Bezahlbaren zu finden. Eigenartigerweise lasse ich es mir bis heute nicht nehmen, den Besuchern vor allem davon zu erzählen, welche Spielereien unser Haus *nicht* hat, anstatt die aufzuzählen, die es hat.

So gibt es in unserem Haus zum Beispiel keinen Wasserkocher. Das verdanken wir einem neuen zeit- und energiesparenden Gerät namens Quooker, das uns kochendes Wasser direkt aus dem Wasserhahn liefert. Nach unserem teuren Designerkessel aus gebürstetem Stahl verschwand schnell auch der Toaster, denn unser neuer Ofen besitzt einen cleveren, energiesparenden Grill, der nur eine toastscheibengroße Fläche erwärmt und nicht den ganzen blöden Ofen. Das hält mich zwar nicht davon ab, den Toast verbrennen zu lassen, aber diesen Umstand sehe ich als eine kleine Herausforderung für mein Anti-Alzheimer-Training, an dem ich noch arbeiten muss.

Eines der Geräte, dessen Verschwinden überraschend leicht zu verschmerzen ist, ist der Fernsehapparat, und es sind typischerweise unsere jüngeren Gäste, die sich etwas verwirrt im HUB umschauen und fragen, wo er denn versteckt sei. Ob er aus der Decke gefahren komme oder magisch aus dem Boden auftauche, fragen sie gespannt. Nein, er ist nirgendwo versteckt, wir haben einfach keinen, sage ich dann. Die Idee, vor einem Fernsehbildschirm sitzend fernzusehen, empfindet unsere Fami-

lie als liebenswürdig antiquiert sowie als größte Zeit-, Raum-
und Hardware-Verschwendung. Nicht nur, weil Fernsehen ein
in höchstem Maße ungesunder Zeitvertreib ist, wie der Zusammenhang zwischen Herzinfarkten und Fernsehkonsum belegt,
sondern es ist auch der Dinosaurier unter den sozialen Technologien. Abgesehen vom gelegentlichen Bedürfnis, gemeinsam
Fußball, Blockbuster-Filme oder wichtige Ereignisse in den
Nachrichten zu schauen, sind Individualisten wie wir glücklicher,
wenn jeder für sich auf seinem eigenen Bildschirm gucken kann.
Im Übrigen ziehen Männer inzwischen Videospiele dem Fernsehen vor. Und kaum jemand von uns sieht noch die klassischen
»Programme«, in denen man zu einer bestimmten Uhrzeit vor
der Kiste sitzen muss, um eine bestimmte Sendung zu schauen.
Warum also sollte man, da in den meisten Familien mindestens
ein Computermonitor existiert – wenn nicht sogar noch der
eine oder andere Laptop –, einen ohnehin schon vollgestellten
Wohnraum noch zusätzlich mit einem Bildschirm bestücken,
der in der Inneneinrichtungslandschaft doch nur ein schwarzes
Loch ist?

Vor einigen Jahren sah ich, was die Firma Philips als Zukunft
der Home-Technologie anpries und was sie in ihrem HomeLab
in Eindhoven unter dem Stichwort »Ambient Intelligence« entwickelte. Laut Philips ist das »Technologie, die selbst denken und
auf Ihre individuellen Bedürfnisse reagieren (oder diese möglicherweise sogar vorhersagen!) kann, so dass Sie keine Arbeit
damit haben, sie zu nutzen«. In Bezug auf Fernsehbildschirme
war ihre Prognose, dass es im Jahre 2015 möglich sein werde, einen
sogenannten DreamScreen unauffällig in Ihre Fensterscheiben
einzubauen. Philips liebt es, mit der Zukunft zu spielen und
in Echtzeit zu forschen. In dem HomeLab, das sie unterhalten,
wohnen Menschen, die rund um die Uhr von Anthropologen
und Sozialwissenschaftlern von Kameras beobachtet werden.
Sie schauen zu, wie die temporären Bewohner auf dem Sofa

sitzen und »Musik, wo bist du?« rufen, dann ihr Lieblingsstück summen, während das smarte Home Entertainment System das Lied spielt und zugleich das Licht dimmt, um die dazu passende Stimmung zu zaubern. Aber kann das wirklich als echter Fortschritt in der Lebensqualität gelten? Ludwig II. von Bayern hätte einfach seine Diener und Musiker herbeibefohlen und damit das gleiche Ergebnis erzielt. Im Grunde gehen alle diese zeitsparenden Apparate an der eigentlichen Frage vorbei, die da lautet: Wenn man dadurch, dass man seinen Hintern nicht mehr aus dem Sofa wuchten muss, um das Licht / die Musik / die Heizung anders einzustellen, ein bisschen Lebenszeit gewinnen kann, was macht man dann eigentlich mit diesen kostbaren Minuten?

Wie man die Zeit verbringt, die einem die Technologie »spart«, bestimmt ihren eigentlichen Wert. Wenn sie damit draufgeht, die Bedienungsanleitung der Geräte zu lesen, ist es in den Begriffen der Spieltheorie ein Nullsummenspiel. Vielleicht möchten Sie die Zeit aber lieber im Supermarkt der Zukunft verbringen, der uns üblicherweise verspricht, dass wir die Produkte mit unseren Smartphones scannen und mit unserem Fingerabdruck bezahlen können und wollen? Das Geschäft in Deutschland, in dem diese Technologie getestet wird, ist einer der am wenigsten einladenden Supermärkte, die ich je gesehen habe. Die Beleuchtung ist grell, die Fliesen wirken kalt, und der einzige Ort, an dem man noch annähernd spürt, dass man sich hier willkommen fühlen soll, ist der Fischstand, wo der Geruch und das Rauschen des Meeres einen zum Kauf anregen sollen. Genau wie zu Hause muss auch hier Technologie sowohl ökonomisch als auch menschlich sinnvoll sein – und was die meisten Menschen an einem Supermarkt mögen, ist ein Zweibeiner mit einem Lächeln im Gesicht und zwei Armen, der einem an der eigentlich viel zu engen Kasse den Einkauf in Tüten packt.

Jetzt, wo wir alle anstelle der alten, herrlich einfachen, »dummen« Telefone die neuen Smartphones haben, wollen die Menschen auch die dazu passenden Smart Houses. Und so ist es nicht überraschend, dass Smart Houses ganz oben auf den Listen der Must-haves in allen Wohnzeitschriften rangieren. Doch die schnell wachsende Nachfrage sorgt für Chaos auf dem Markt. Die Schnittstellen sind teilweise nicht miteinander kompatibel, die verwendete Sprache ist verwirrend, und selbst ernannte Experten verlangen für eine Beratung auch schon mal 250 Euro pro Stunde. Es wimmelt von Angeboten für das »einfache System«, das alles im Haus, angefangen von der Heizung über die Beleuchtung bis hin zur Programmierung der Kaffeemaschine, steuern kann. Energie zu sparen ist ganz sicher ein wichtiges Ziel, das es anzustreben gilt, daneben aber fragten wir uns, ob wir wirklich eine Pizza via Fernbedienung aufbacken oder auf dem Heimweg vom Büro unsere Badewanne bis exakt 20 Zentimeter unterhalb des Wannenrands füllen lassen wollen. Nur weil wir etwas programmieren können, das dann auch funktioniert, heißt es noch lange nicht, dass wir das auch brauchen oder nutzen werden. Entspricht das elektronische Investment auch dem Gewinn, und wollen wir wirklich, dass man uns diese kleinen Rituale und täglichen Routinen »abnimmt«, so wie uns auch ein Taschendieb unser Portemonnaie »abnehmen« kann, wenn wir nicht hinschauen? Nehmen wir so etwas Einfaches wie das Heimkino. Keine völlig abwegige Idee, wenn man das Geld und die entsprechenden Neigungen hat, und auch technisch gesehen keine große Herausforderung, sind die Geräte doch schon eine ganze Weile auf dem Markt. Dachten wir jedenfalls. Drei Monate später waren wir nach zahlreichen Besprechungen und Verhandlungen mit den unterschiedlichsten Experten für komplette Home Entertainment Systeme völlig erschöpft und desillusioniert. Nachdem sie uns drei verschiedene Verbindungsmöglichkeiten zwischen unseren Apple Computern, den Lautsprechern, dem Projektor und vielleicht auch noch der Kaffeemaschine vorgeschlagen hatten, gaben wir auf und bestellten uns bei Amazon einen Beamer, der einwandfrei funktioniert, unserem Budget entspricht und berücksichtigt, dass wir nicht im Filmgeschäft arbeiten. Er kocht zwar keinen Kaffee, projiziert aber Filme auf eine Wand.

Allerdings wäre es wirklich enorm enttäuschend, wenn es nicht wenigsten in unserem Zukunftsberatungsbüro ein Element gäbe, das an ein Raumschiff erinnert. Daher werden jetzt (zumindest bis eine intelligentere Technologie auf dem Markt ist) die Filme und Präsentationen auf eine Oberfläche projiziert, die sich, wenn sie nicht gebraucht wird, in eine Lichtwand verwandelt, die an einen unendlichen Sternenhimmel erinnert. Das sieht toll aus und ist (pssst!) nichts weiter als eine Reihe Lichterketten, die auf einer reflektierenden Oberfläche festgenagelt und hinter einem halb transparenten Material versteckt sind. Man könnte sagen, was unser Heimkino betrifft, hat die Technologie versagt. Wir sehen es jedoch als einen intelligenten Anpassungsprozess.

So wie wir eine Liste mit technischen Gerätschaften hatten, die wir in unserem Zukunftshaus nicht haben konnten oder einfach auch nicht haben wollten, gab es auch eine Liste mit Dingen, die wir wollten und von denen uns immer gesagt wurde, ja ja ja, sie seien in Kürze lieferbar, aber das waren sie nie und werden es wohl auch, sinnvoll nutzbar oder ökonomisch realistisch, nie sein. So ähnlich wie der Futuristenwitz mit der Kalten Fusion, die immer fünfzig Jahre vor uns in der Zukunft liegt. Eines dieser Dinge war eine sehr schicke und wunderschöne Tapete, die sich je nach Bedarf erhellt, beispielsweise im Flur, und damit zusätzliche Lichtquellen überflüssig macht. Von manchen dieser Tapeten hieß es sogar, dass sie über einen eingebauten Sensor verfügen würden, der die Menge an auszustrahlendem Licht entsprechend dem Energieverbrauch des Hauses am fraglichen Tag berechnen würde. So wie die kleinen Nebenrollen in einem Theaterstück sind solche Dinge immer sehr beliebt bei der Presse, aber – wenn man sie dann wirklich hat – eben auch ein Ärgernis.

Wahrscheinlich gibt es tatsächlich irgendwelche Prototypen dieser Tapeten, die im Abstellraum eines Designstudios verstauben, doch nachdem ich mehrfach versucht hatte, ihren »Erfinder« zu kontaktieren, beschloss ich, sie auf die Liste mit der Überschrift »im Ikea-Katalog vom Frühjahr 2100 nachschauen« zu setzen. Das andere technologische Versprechen, auf das wir noch immer warten, sind Mikrochipimplantate für die ganze Familie, um das Gartentor und die Haustür zu passieren (da ja, wie wir wissen, Fingerabdrücke und Stimmenerkennung nur beschränkt funktionstüchtig sind). Warum sollte ausgerechnet die Katze mit ihrem für die SureFlap implantierten Erkennungssystem der technisch avancierteste Bewohner unseres Zukunftshauses sein? Warum müssen wir evolutionär fortgeschrittenen Wesen noch immer in den Tiefen unserer Taschen nach den Schlüsseln kramen, wenn doch die Cyborg-Katze schon heimlich, still und leise ins Haus schlüpfen kann? Besonders unsere Kinder fänden das cool. Aber erwähnen wir in Gegenwart von Gästen die Idee, uns Mikrochips in die Arme implantieren zu lassen, zeigt die dann auftretende Stille deutlich, wie weit ihre wahre Bereitschaft reicht, sich auf die Technologien der Zukunft einzulassen. Warum, frage ich mich, sind die Leute so zimperlich, wenn es um ein klitzekleines Implantat geht, wo doch viele Menschen Herzschrittmacher, künstliche Hüften und Knie haben und an den intimsten Stellen Piercings tragen? Die wirkliche Angst kommt wohl auch hier von zu vielen Science-Fiction-Filmen. Aber sie ist auch das Ergebnis der Vorstellung, was alles möglich ist, was man bei sogenannten Selbstexperimentierern im Test alles sehen kann. Zu diesen Wissenschaftlern gehört auch Kevin Warwick, der sich einen Siliziumchip mit hundert Elektroden an sein Nervensystem »anschließen« ließ, welcher Signale vom Kortex auffängt, sobald eine Person daran denkt, ein Gliedmaß zu bewegen, es in Wirklichkeit aber nicht tut. War er erst einmal verkabelt, konnte er ein elektrisches Gerät wie einen Rollstuhl oder eine mit ihm übers Internet verbundene künstliche Hand durch seine Gedanken kontrollieren. Von dem was möglich ist, bis zu dem, was wahrscheinlich ist, ist es noch ein weiter Weg, und so wird es wohl noch eine ganze Weile dauern, bis ich meine Kinder nur durch die Kraft meiner Gedanken dazu kriegen kann, ihr Zimmer aufzuräumen. Der Chip unserer Katze ist keinesfalls, das betone ich immer wieder unseren Gästen gegenüber, der Anfang eines unaufhaltsamen Wegs in Richtung einer Welt voller Roboter. Aber, und das erwähne ich in diesem Zusammenhang auch gerne, wir sind auch nicht so grausam, unserer Katze etwas zuzumuten, was wir selbst nicht auch zu tun bereit wären. Abgesehen vom Verzehr von Katzenfutter natürlich.

Bis wir also jemanden gefunden haben, der uns billige Mikrochips implantiert, und da wir bis dahin kaum alberne Star-Trekartige Silberanzüge und -stiefel werden tragen können (unsere zwei Teenager-Jungs würden ihren Eltern das wohl kaum gestatten), müssen wir etwas anderes, aber ebenso offensichtlich Futuristisches für unser Haus finden, mit dem wir unsere Verwandten und Kunden, die in unser Büro kommen, beruhigen und unterhalten können. Einer der beliebtesten Gegenstände dafür – wir nennen ihn den »billigen Gag« – ist das Priva-Lite, das leider alles andere als preiswert war. Diese harmlos aussehende, ein Quadratmeter große Glasscheibe trennt den Eingangsbereich vom HUB. Sie besteht aus zwei Glasschichten, zwischen denen sich ein Flüssigkristallfilm befindet. Auf Knopfdruck ändert sich dieser Film von transparent zu undurchsichtig und kann so einen öffentlichen Bereich zu einem eher privaten machen. Das Priva-Lite wird recht häufig in angesagten Design-Restaurants oder Hoteltoiletten verwendet, wo es dann vom Boden bis zur Decke reicht. In unserem Haus ist es eher so etwas wie ein Guckloch, da wir es uns für die ganze Raumhöhe nicht leisten konnten. Mir als Mutter gewährt die Scheibe einen nützlichen Blick darauf, wer mit wem durch die Tür rein- oder rausgeht.

Vom väterlichen Standpunkt aus sendet sie wohl eher Signale wie »Bitte nicht stören« oder »Kommt doch rein« an die Bewohner des angrenzenden KIN-Moduls aus. Mit dieser Scheibe erreichen wir in der Regel den gewünschten »Wow!«-Effekt bei unseren Gästen; ganz im Gegensatz zu unserer speziellen, topmodernen Technologie, mit der wir die Kinder zum Essen rufen. Da unser Haus lang und dünn ist, brauchten wir eine Methode, die sowohl die Geräuschkulisse von Computerspielen als auch Drum-and-Base-Musik und alles andere, was Teenager sich selbst und ihren Eltern an Lärm zumuten, übertönen kann. Wir überlegten kurz, ihnen eine SMS zu schicken oder mit einer Sprechanlage in ihrer »Abteilung« Bescheid zu sagen, doch so groß sind die Entfernungen dann doch nicht, und diese Signale lassen sich auch leicht überhören. Die effektivste Lösung war dann wieder einmal die einfachste: eine alte, aber penetrante Metallglocke, die wir noch aus den Zeiten herumliegen hatten, als die Kinder klein waren und wir ihnen damit die Ankunft des Christkinds verkündet haben. Pawlows Hund wäre stolz auf uns – ihre Reflexe sind so programmiert, dass sie beim Klang der Glocke aufspringen und herbeigerannt kommen, mit einem Lachen auf ihrem Gesicht, als wäre schon wieder Bescherung.

# Kochende Affen im Wohnzimmer

> *»Die Küche ist nicht nur der Raum, in dem*
> *ich koche, sie ist der Ort, an dem ich lebe.«*
> NIGELLA LAWSON

Zum ersten Weihnachtsfest im Haus unserer Träume bekam ich
von meinem Vater ein Kochbuch. Es trug den Titel *Kitchen*. Als
emanzipierte Frau aus der Generation der Baby-Boomer, die seit
ihrem Uniabschluss eigenes Geld verdient, hätte mich das leicht
beleidigen können (zumal mir mein Vater einmal, aus Versehen,
wie er schwört, ein Buch schenkte, in dem es darum ging, wie
man sich besser anzieht und schminkt. Ich warf es umgehend
in den Papierkorb.). Doch dieses Buch hatte ich mir tatsächlich
gewünscht. Eigentlich sollte ich darüberstehen, doch ich reagiere
noch immer allergisch darauf, wenn man mich als Hausfrau
bezeichnet (selbst, wenn es ironisch gemeint ist). Nennt man
mich hingegen Hausgöttin, Leiterin des HUB, Home Management Consultant oder Tea Salon Lady werde ich schneller einen
Kuchen im Ofen haben, als Sie sich eine Schürze umbinden
können. Mrs Beeton hatte also recht, als sie 1861 in ihrem *Book
of Household Management* erklärte: »So, wie es mit dem Kom-
mandeur einer Armee oder dem Direktor jeder Firma sei, so sei
es auch mit der Hausherrin.«

Falls das alles nun ein bisschen widersprüchlich klingt, dann
wohl deshalb, weil die Küche seit dem Beginn der Frauenbewe-

gung ein ideologisches Schlachtfeld ist. Da sie unsere grundlegendsten Bedürfnisse stillt – die nach Nahrung und Bevorratung –, ist sie die perfekte Bühne für all unsere Hoffnungen und Ängste. Sie ist zudem der ideale Ort für Projektionen – im Freud'schen wie im körperlichen Sinne (denn wer hätte noch nicht einen Kochtopf oder Teller durch die Küche geworfen?). Sogar das Schlafzimmer als Ort mentaler wie physischer sexueller Betätigung kann es nicht wirklich mit der Küche aufnehmen, geht es um die Frage, wo wir unsere sozialen, persönlichen und familiären Probleme verhandeln. Die Küche ist ein Minenfeld für Gender- und Gesundheitsthemen, Rollenspiele, Frustrationen, Fetische und sogar einige evolutionäre Wahrheiten. Der Primatenforscher Richard Wrangham erinnert uns zu Recht daran, dass wir lediglich »kochende Affen« sind und sich der Erfolg unserer Spezies auf den Gebrauch des Feuers und unsere Fähigkeit, rohe Nahrung in gekochte zu verwandeln, zurückführen lässt. Nigella Lawson, die Autorin von *Kitchen*, weist darauf hin, dass wir die Küche gerne als eine Art Pseudopsychiatrie nutzen, wenn sie sagt: »Alles, was sich in der Küche als wahr erweist, ist außerhalb der Küche genauso wahr […] Angst vor Enttäuschung, vor Unzulänglichkeit, vor Erfolglosigkeit.«

Sie ist der Auffassung, dass man die Küche als Ort des Trostes und nicht des Stresses verstehen sollte, wobei ihre üppige Figur nahelegt, dass Essen in einem gewissen Maße auch aufmuntern kann. Sogar der Franzose Philippe Starck, der vermutlich eine ähnliche Leidenschaft fürs Essen hegt, gerät beim Gedanken an seinen Entwurf einer Küche, in die er eine Bibliothek integriert hat, ins Schwärmen. Sie wird beschrieben als »Küche mit der Atmosphäre einer Bibliothek. Ein zentraler Ort der Nahrung für Körper und Geist«. Noch poetischer wird der Werbetext wenn es heißt: »Ein Haus ist wie die erste Liebe, und Liebe ist wie das erste Feuer. Die Mitte eines Hauses, eines Lebens, ist das Feuer. Und die Küche ist der Ort, an dem das Feuer ist.« Was Starck wortreicher als eigentlich nötig zum Ausdruck bringen will, ist: Die Küche ist das Herz des Hauses. Diese Vorstellung geht zurück auf Hestia, die griechische Göttin des Herds, des Heims und der Architektur, der zufolge ein Haus vom Zentrum aus, wo der ihr geweihte Herd steht, nach außen gebaut werden sollte.

Doch nicht immer in der Geschichte des Wohnhauses wurde von der Küche mit so viel Achtung und in so hehren mythologischen Begriffen gesprochen. Für die Arbeiterklasse war die Küche, als wärmster Raum des Hauses, zugleich Schlaf-, Ess- und Badezimmer. Und dort, wo Küchen für die ausschließliche Nutzung durch die Dienerschaft gebaut wurden, waren sie häufig klein, dunkel und so weit wie möglich vom Speisezimmer entfernt, um gesellschaftlich inakzeptable Geräusche und Gerüche von dort fernzuhalten. Manchmal sogar so weit – wie in Tatton Park in Cheshire (England) –, dass ein kleiner Zug zwischen Küche und Speisesaal verkehrte, damit das Essen auf den Tisch kam, bevor es kalt war. Die moderne Küche dagegen ist hell, großzügig, zentral gelegen und wird eher von den Besitzern des Hauses als von etwaigen Angestellten genutzt. Tatsächlich setzte der Rollenwandel der Küche in dem Moment ein, als sich das Bürgertum keine Diener und Hausmädchen mehr leisten konnte. Ab da fiel die Küche in den Zuständigkeitsbereich der Frau des Hauses. Auch wenn man sich über Corbusier streiten kann – er war immerhin einer der ersten Architekten, der der Küche eine besondere Lage und Bedeutung im Grundriss zugestand. Er verstand sie als einen der wichtigsten Räume im Haus, als zentralen Punkt, von dem aus die Hausfrau die Familie dirigieren konnte.

Die komplizierte Hass-Liebe, die die Hausfrau und die zeitgenössische Küche verbindet, lässt sich bis zu Margarete Schütte-Lihotzky, einer Pionierin der mitteleuropäischen Architektur, zurückverfolgen, die 1926 den Prototyp einer Einbauküche entwarf. In eine liberal gesinnte Familie hineingeboren, war sie die erste Studentin, die in die »Kunstgewerbeschule« (die Universität für angewandte Kunst in Wien) aufgenommen wurde. Ihre Karriere als Architektin begann im Bereich des sozialen Wohnungsbaus, in den Zwanzigern bekam sie dann das Angebot, in Frankfurt am Main Wohnungen zu entwerfen. Sie sagte: »Ich sollte über die grundlegenden Prinzipien nachdenken, die bei der Planung und dem Bau von Wohnungen in Bezug auf die Möglichkeiten der Rationalisierung der Haushaltsführung eine Rolle spielen. Die zentralen Funktionen, die unseren Entwurf entscheidend beeinflussten, sind dabei Essen und Kochen.« Interessanterweise wurde ihr erster Vorschlag, nämlich Wohnzimmer und kombinierte Küchen/Esszimmer zu entwickeln, aus Kostengründen abgelehnt. »Wir verstanden die Küche als eine Art Laboratorium, das, weil man dort so viel Zeit verbringen wird, dennoch ›heimelig‹ sein sollte.« Es war die Zeit des Taylorismus, und durch die Verwendung von wissenschaftlichen Zeitmessungen und Filmanalysen gelang es Margarete Schütte-Lihotzky, die Abläufe der Arbeiten in der Küche und der Bedienung der Haushaltsgeräte zu optimieren. Die sogenannte Frankfurter Küche war eine für die Massenfertigung geeignete Fertigteilküche, die den Raum hervorragend und ergonomisch sinnvoll ausnutzt und für Arbeiterwohnungen konzipiert war. Man kann diese Design-Revolution auf zwei sehr unterschiedliche Weisen interpretieren: Entweder, dass diese Küche die Frau (denn von ihr war hier ausschließlich die Rede) von zeitintensiven Arbeitsgängen befreite und es ihr ermöglichte, mehr Zeit mit ihrer Familie zu verbringen, oder dass die Frau von nun an in einer 1,9 mal 3,4 Meter kleinen, isolierten und das Essenkochen auf einige wenige, standardisierte Vorgänge reduzierenden Zelle eingeschlossen war. Vielleicht auch beides.

Überhaupt führte Margarete Schütte-Lihotsky ein außergewöhnliches Leben. Sie überlebte den Holocaust, entwarf unter anderem in der UdSSR ganze Städte für Stalins Fünfjahrespläne und tanzte 1997, an ihrem hundertsten Geburtstag, mit dem

Bürgermeister von Wien, um ihm danach zu gestehen: »Ich würde es genossen haben, ein Haus für einen reichen Mann zu entwerfen.«

Was die Ergonomie von Küchen angeht, begleitet uns ihr Erbe noch heute, und Margarete Schütte-Lihotsky wäre über den gegenwärtigen Trend, der uns kochende Affen auch das Wohnzimmer in Beschlag nehmen lässt, sicherlich sehr erfreut. Denn heute ist die Küche nicht länger irgendwo unsichtbar versteckt, sie ist in den meisten Fällen ins Zentrum gerückt und hat, was unser Sozialleben angeht, das Bedürfnis nach einem Wohnzimmer häufig überflüssig gemacht. Auch wenn wir hier vor allem über die Küchengestaltung in Westeuropa und den USA sprechen, gibt es doch auch in diesen Ländern unterschiedliche Trends und Entwicklungen. So ist in Frankreich die Trennung von Küche und Esszimmer noch gang und gäbe, und im Vergleich etwa zu den Schweden oder Finnen versammeln sich Franzosen viel seltener mit der Familie, mit Freunden oder Gästen um den Küchentisch. Wie dem auch sei, aus Sicht der deutschen oder britischen Mittelklasse war mein Wunsch, die Küche im Herzen der Wohnung zu haben, jedenfalls wenig überraschend und eher langweilig. Eigentlich hatte ich ja etwas ganz anderes machen wollen, etwas Aufregendes, doch die Idee, Jahrhunderte der Evolution und des Feminismus mal eben schnell verbessern zu wollen, erwies sich dann doch als anmaßend und in der Praxis schwer durchführbar. Immerhin gelang es mir, zwei kleine, aber entscheidende Dinge zu ändern. Das erste war, dass wir den klassischen »Esstisch« abschafften. »Und wo werdet ihr dann essen?«, fragte eine Freundin besorgt, als sie sich den Grundriss anschaute, auf dem stattdessen ein hoher Tisch zu erkennen war, der auf der Küchentheke aufsaß. Nun, wenn wir ehrlich sind, erklärte ich, sitzt im Alltag doch kaum einer wirklich lange am Esstisch (im Durchschnitt 30 Minuten, und eine Umfrage in Missouri ergab, dass viele Eltern ihre Kinder zum Abendessen am liebsten vor den Fernseher setzen). Besagte Freundin musste zugeben, dass auch sie mit ihren Kindern lieber am »Katzentisch« in der Küche isst, mit Blick auf den großen, leeren Esstisch nebenan, um den verdächtig saubere, weiß gepolsterte Stühle stehen. Es ist eine dieser unerfüllten Hoffnungen, dass Familien stundenlang harmonisch beim Abendessen zusammensitzen. Und nur, weil man sich einen teuren und repräsentativen Tisch gekauft hat, ändert man noch lange nicht seine Gewohnheiten – man hat nur ein Teil mehr, das einen frustriert, weil es nie benutzt wird, dabei aber teuer war und eine Menge kostbaren Platz verbraucht. »Je fragmentierter die traditionelle Familie wird, je weniger Essen wir wirklich noch selbst zubereiten, umso mehr wird die Küche zur Chiffre einer halb vergessenen Welt, die uns abhandengekommen zu sein scheint, oder zu einem Lebensstil, der reines Wunschdenken ist«, so der Architekturkritiker Edwin Heathcote. »[…] Sie wird zu einem Ersatz, zu einem Gradmesser für unseren Geschmack und unsere Sehnsüchte, wenn auch selten für die Art und Weise, wie wir tatsächlich leben.«

Dass wir versuchten, eine Art Realitäts-Check in der Küche durchzuführen, verdankten wir zum Teil auch dem kompromisslosen Design von Piero Lissoni, unserem italienischen Freund und Lieblingsdesigner. Sein Küchenmodell Duemilaotto, das das Zentrum unseres Hauses bildet, ist eine »Barküche«, die die neuen Ess- und Kommunikationsgewohnheiten in Design umsetzt. Mit ihren Barstühlen stellt sie eine sehr viel zwanglosere Essmöglichkeit als üblich dar, und bietet zugleich einen gemütlichen Platz für den Tee zwischendurch, um schnell etwas auf dem iPad nachzuschauen oder um länger beim Abendessen beisammenzusitzen. Die erhöhte Tischplatte stammt aus einer alten Bauernhütte in den italienischen Bergen; sie ist derb und voller Gebrauchsspuren, von Sonne und Regen gegerbt – und man meint noch zu sehen, wo die Heugabel Kerben hinterlassen hat oder die Kühe ihre Hintern dagegen gerieben haben. Sie ruht auf einem völlig unprätentiösen minimalistischen Unterbau, der sie voll zur Geltung kommen lässt.

Mein zweiter Sieg war, den offenen Kamin im Zentrum dieses Wohnküchen-Wohnzimmers im HUB zu platzieren. Das war nicht ganz einfach. Jedes Mal, wenn ich auf die überarbeiteten Pläne schaute, war der Kamin beharrlich an seinen standardgemäßen Ort zurückgewandert; so weit wie möglich von der Küche entfernt, um mit einem Sofa und zwei Sesseln eine klassisch-gemütliche Ecke zu bilden. Und jedes Mal »schob« ich ihn wieder zurück in den Küchenbereich und in die Nähe des Essplatzes. Irgendwann hatte das dann jemand verstanden, und er blieb da, doch ich hatte das Gefühl, dass er nur mit gewissen Vorbehalten dort »geduldet« wurde.

Nigella Lawson ist eine große Fürsprecherin der befreienden Wirkung, die eine Küche in gesellschaftlicher Hinsicht hat. Der Küche wohnt eine Dynamik inne, die Menschen anzuziehen scheint. Halb Drehscheibe, halb Zufluchtsort, die Küche ist, so kam es mir immer vor, der Ort, an dem Menschen freier als irgendwo sonst sprechen. Vielleicht liegt es daran, dass man beim Kochen zuhören kann, ohne dass die Aufmerksamkeit zu stark auf demjenigen liegt, der gerade erzählen oder dem gerade zugehört werden muss. Ich habe das Gefühl, dass ich, während ich eine Möhre schneide oder die Suppe umrühre, viel leichter herausfinde, was einem Kind Kummer bereitet, oder eine ansonsten verschlossene Freundin sich währenddessen besser öffnen kann. Die Art und Weise, in der sich Kochen und Zuhören miteinander verbinden lassen, hat etwas sehr Natürliches, Selbstverständliches, und ist der Kommunikation viel förderlicher, als wenn der Fokus unablässig und ausschließlich auf einer Sache liegt.«

Sich von den alten Zwängen zu befreien ist gut und schön, gelingt aber nicht ohne Schwierigkeiten und Mühen. Die Küche ist einer der am schwierigsten »richtig« einzurichtenden Räume des Hauses, da man unglaublich viele soziale Trends und Designentwicklungen berücksichtigen muss und die Designer und Architekten offensichtlich vom Tempo des Wandels überrascht worden sind. Der Küchendesign-Guru Johnny Grey sagt, er hätte sich die Küche schon seit Jahren auf die Fahne geschrieben. Als er 1976 sein Architekturstudium beendete, waren Küchen, in seinen Worten, »unmenschliche Orte«. Heute, so erzählt er, wisse er gar nicht mehr, welchen Namen er den Räumen, an denen er arbeitet, eigentlich geben soll; denn die Leute wollen nicht einfach nur eine Küche in ihrer Küche – »sie wollen ein Spielzimmer, ein Fernsehzimmer, ein Zimmer fürs Sofa, vielleicht eine Treppe, und mit Sicherheit einen Platz, an dem man essen kann«. Man gibt für sie mehr Geld als für jedes andere Zimmer des Hauses aus, und tatsächlich sorgen sie in der Möbelbranche für den größten Umsatz. Angesichts dessen, dass immer mehr Gleichberechtigung in unsere Küchen einzieht, scheint es doch merkwürdig, dass die meisten Küchen augenscheinlich von Männern entworfen werden, was in manchen Fällen zu »unmenschlichem« Design und Küchenkonzepten führt, in denen Kochen eigentlich gar nicht mehr stattfindet. Die Firma Berloni brachte diesen paradoxen Trend auf den Punkt, indem sie den Prototypen einer Luxusküche vorstellte, die vor einiger Zeit durch die Presse ging, mit dem schönen Namen »Not For Food Kitchen«. Vielleicht ist sie für Diätfanatiker gedacht. Aber sie führt uns auch vor Augen, Design allein bringt weder ein Brathähnchen auf den Tisch noch blitzbank geschrubbte Töpfe in den Schrank.

Eine weitere, lehrreiche Entwicklung in der Evolution der Küche ist die »Küche für Männer«. Die Poggenpohl Porsche P'7340-Küche ist, was Technologie und Handwerk betrifft, ein Vorzeigemodell. Nach Angaben des Herstellers ist sie: »Engineered, nicht einfach nur gestaltet. [...] Das Erleben technologischer und funktionaler Perfektion. [...] Die Schränke können ohne Griffe geöffnet werden. Ein leichtes Antippen genügt und Türen,

Klappen, Auszüge und Schubkästen öffnen sich dank präzise arbeitender Systeme wie von selbst. Zum Schließen müssen sie nur angeschoben werden.« Was wollen Sie mehr? Es heißt, es sei sogar ein Sensor eingebaut, der nach einer Weile den Schubladenmechanismus benachrichtigt und die Schublade dann von selbst schließt. Sollen wir daraus folgern, dass Männer häufig vergessen, die Schubladen zu schließen, oder dass sie Wichtigeres in der Küche zu tun haben? Kochen kann es in dieser aalglatten, coolen Küche jedenfalls nicht sein. Wie formuliert es doch Manuel Herz in einem Text für Dornbracht: »Die Tatsache, dass die Küche ein antiseptischer Ort geworden ist, zählt sicher zu den tragischen Fehlern der Architekturgeschichte.«

Es gab einmal eine Zeit, da hatten wir noch keine Haushaltsgeräte, die uns helfen sollten, sondern Diener. Ironischerweise sind heute wir die Sklaven unserer Küchen»helfer«. Ein exklusiver Küchenausstatter gestand mir einmal, dass die meisten seiner Kunden weder ihre teuren Küchengeräte noch ihre Küchen überhaupt benutzten, sondern sie nur kauften, weil sie es sich leisten können und weil es, um es in der Modesprache zu sagen, ein »Must-have« ist. Zu den typisch prestigeträchtigen Geräten mit Showeffekt, die auf der Beliebtheitsskala ganz oben rangieren, gehören ein Dampfbackofen, eine Wärmeschublade, ein Wok-Kochfeld et cetera. Eine Verkäuferin im Miele-Showroom gab ihr Bestes, um mich davon zu überzeugen, dass sich mein Leben immens verbessern würde, wenn ich auf meiner Arbeitsplatte Platz schaffen würde für ein Tepan Yaki CombiSet, eine heiße Platte, auf der man besonders gut Kobe-Rind oder südbalinesische Minishrimps garen kann. Sie war völlig perplex, als ich ablehnte. »Aber denken Sie doch einmal an all die leicht gegrillten Erdbeeren!«

Während unserer Planungsphase trug ich als Warnung und Mahner immer die Doppelseite einer Einrichtungszeitschrift bei mir, die eine wunderschöne Küche mit einer dunklen Marmoroberfläche zeigt, deren Holzvertäfelung in passendem Kontrast dazu steht und die einen »Gerätepark von Gaggenau« vorweisen kann. Über den makellos glänzenden Küchengeräten aus Edelstahl prangt ein ausgestopfter Hirschkopf. Alles sehr stylish, doch mit der traurig aber wahren Bildunterschrift versehen: »Obwohl Gisela Rich-Rossi zugibt, dass Kochen nicht ihre größte Passion ist, sollte die Küche auf alle Eventualitäten vorbereitet sein.« Für mich hieß das übersetzt, dass diese Küche eine einzige Geld- und Platzverschwendung ist. Ziemlich ratlos machte es mich auch zu erfahren, dass es Bedarf für ein sogenanntes HomeDialogsystem gibt, das mir ein freundlicher und ansonsten vernünftiger Kühlschrankhersteller empfahl. Mit seiner Hilfe können bis zu sechs Geräte miteinander »kommunizieren«, und es versetzt Sie in die Lage, Ihre »Sklaven« (also Wein-, Gefrier- und Kühlschrank) von einem »Mastergerät« aus (also dem, zu dem Sie Zugang haben) zu steuern. Warum jemand seine Kühlgeräte »steuern« will, übersteigt meine Vorstellungskraft, ich gehe einfach davon aus, dass meine Kühlschränke ohne Aufpasser auskommen, unabhängig sind und sich auch ohne elektronische Eingriffe gut benehmen können.

Weil wir ein energiesparendes Haus bauen wollten, bestand eine unserer Prioritäten natürlich darin, die elektrischen Geräte im Haushalt auf ein Minimum zu reduzieren. Mein bester und erfolgreichster Nicht-Kauf war eine Dunstabzugshaube. Versuchen Sie einmal, eine Küche ohne zu kaufen – Sie werden feststellen, dass das nahezu unmöglich ist. Sie müssen darauf bestehen, darum betteln und mehr oder weniger einen juristischen Schriftsatz unterschreiben, in dem Sie versichern, dass Sie sich der entsetzlichen Konsequenzen und Gefahren von »Essensgerüchen« bewusst sind. Vielleicht noch schlimmer ist, dass Sie sich dann mit fast jedem Handwerker oder Besucher darüber auseinandersetzen müssen, warum Sie keine haben und auch keine wollen. Die ausführliche Antwort ist die, dass

Abzugshauben in den allermeisten Fällen eine ästhetische Beleidigung, lärmende Energiefresser und eine bewegungstechnische Herausforderung für große Leute sind. Eine radikale Lösung hat die chinesische Oberschicht gefunden: Sie leistet sich zwei Küchen – eine zum Vorzeigen, mit glänzenden Oberflächen, kunstvoll arrangiertem Gemüse, und weiter hinter, den Blicken verborgen, eine viel kleinere, funktionale chinesische Küche – mit dampfenden Töpfen, gefüllten Woks und all den Geräuschen und Düften kulinarischer Geschäftigkeit. Wenn Sie allerdings weder reich noch Chinese sind, ist die schnellste und effektivste Antwort auf die nicht vorhandene Dunstabzugshaube die, dass Gerüche einfach zum Kochen dazugehören. Ich bin in meiner Familie bekannt dafür, alles anbrennen zu lassen (ich habe es sogar einmal geschafft, Salat anzukokeln), dennoch halte ich es für ein Leichtes, einfach mal ein Fenster zu öffnen, wenn ich mir dafür keinen »Dinosaurier« in die Küche hängen muss. Auch was die Anschaffung eines Weinkühlschrank angeht, haben wir uns erst einmal zurückgehalten (der Keller könnte ein perfekter, natürlicher Weinkühler werden; wir arbeiten noch daran, die Temperatur im Sommer unter 25 Grad zu senken), und statt des Energie verschwendenden Wasserkochers haben wir den »Quooker«-Hahn. Unter der Spüle befindet sich ein kompakter Hoch-Vakuum-Isoliertank, der drei Liter kochendes Wasser bereithält. Er verbraucht zehn Watt Standby-Strom, was uns etwa fünf Cent am Tag kostet. Allerdings gebe ich das dadurch gesparte Geld wieder für Tee aus.

Das ist doch der Sinn intelligenter Technologien, dass sie das Leben leichter und bequemer machen, ohne dass dafür neue Schnittstellen oder Programmierungen nötig wären. Das Gegenstück dazu und einer meiner liebsten Zukunftsküchen-Flops ist ein Fernseher mit Touchscreen, den ich einmal auf einer Messe gesehen habe: Er prangte auf dem Abluftrohr einer Dunstabzugshaube. Damit war er nicht nur deutlich über der Blickhöhe jedes etwas kleineren Menschen angebracht, sondern auch gar nicht zu hören, wenn die Abzugshaube in Betrieb war. Auch die Idee des intelligenten Kühlschranks ist still und leise wieder verschwunden. Für eine Weile war er das Gesprächsthema Nummer eins: Ein treusorgender Kühlschrank, der sofort alles, was aufgebraucht oder abgelaufen ist, beim Supermarkt nachbestellt. Komisch ist das schon, wir beklagen uns über den Niedergang des netten Ladens an der Ecke und bedauern das Fehlen eines echten, regionalen Bauernmarktes, wünschen uns aber ein totalitäres Gerät, das noch weiteren, industriell gefertigten Eisbergsalat bestellt, statt dass wir einen schönen sandigen Feldsalat frisch vom Feld kaufen. Vielleicht noch schlimmer ist die Vorstellung, dass Ihre Kinder intelligenter als der Kühlschrank sein könnten und schon bald ein Lastwagen voll mit Vanille-Milchshake-Kartons vor Ihrer Haustür hält. Oder stellen wir uns vor, dass Ihr Kühlschrank eines Tages von Ihrem Partner umprogrammiert wurde, weil er der Meinung ist, dass Sie zu viele Mitternachtssnacks zu sich nehmen und deshalb der Kühlschrank bis sieben Uhr morgens verschlossen bleibt. Oder: Entschuldigung, leuchtet auf dem Kontrollbildschirm auf, Ihr Online-Arzt hat Ihnen eine strenge Hüttenkäse-und-Salat-Diät verordnet und Ihre Bestellung des französischen 90-Prozent-Fett-Käses sowie die der Mousse au chocolat in vierfacher Ausführung storniert.

Ein solcher Kühlschrank würde nur in der Geräte-Abfall-Unterkunft (GAU) zusammen mit der Joghurtmaschine und in bester Gesellschaft der Saftmaschine, die wohl vor allem Ihren Geldbeutel geschröpft hat, und der elektrischen Pfeffermühle, deren Geräusch an eine sterbende Katze erinnert, Staub ansetzen. Selbst Nigella Lawson hat sich »geoutet« und in ihrem Buch ihre persönliche »Küchengeräte-Hall of Shame« veröffentlicht, in der unter anderem eine Brotbackmaschine und eine elektrische Käsereibe (»noch so eine Peinlichkeit«) zu finden sind. Die Fernsehköchin und Buchautorin erinnert uns daran, dass bei ihr, wie bei vielen Köchen, die schönsten Erinnerungen ans Kochen die sind, bei denen Essen in einer völlig gerätefreien Zone, auf einer ganz normalen Herdplatte und in einfachen Töpfen zubereitet wurde. Auch Jamie Oliver trägt an dieser Verklärung Schuld, wenn er davon erzählt, wie er über einem winzigen Campingkocher hing und innerhalb von zehn Minuten für genauso viele Esser ein unvergessliches Mahl gezaubert hat.

Das Einzige, was man all dem Ruf nach einer Küche als Altar für alle möglichen Küchenreligionen entgegensetzen kann, ist die Idee der lebenden Küche, der *living kitchen*, in der Teppiche liegen, Duftkerzen flackern, Tomaten vom Strauch auf die Arbeitsfläche fallen und echte Kräuter wachsen.

Allerdings gibt es eine Sache in diesem kreativen Chaos, gegen die ich Einspruch erhebe, und das ist der Anblick einer ordinären Spülmittelflasche aus Plastik. Ich weiß nicht mehr, wie viele Designerküchen ich schon gesehen haben, die durch die Zurschaustellung einer solchen Flasche an Glanz verloren haben. Nun, wir haben alle unsere kleinen Macken und meine ist, dass ich mein Spülmittel in eine schöne Glasflasche dekantiere. Ich habe unzählige Flohmärkte durchstöbert, alte Olivenölflaschen benutzt, bis ich schließlich bei einem kleinen, altmodischen Flakon aus einem Secondhandladen hängen geblieben bin. Und falls es sich schon komisch für Sie anhört, wenn ich sage, dass ich mein Spülmittel dekantiere, was werden Sie dann erst denken, wenn Sie hören, dass ich mein Spülmittel nicht nach dessen Wirksamkeit, sondern nach der Farbe aussuche? Die grünen Spülmittel sind, wenn Sie genau genug hinschauen, gar nicht einfach grün. Es gibt schöne Grüntöne und abscheuliche Grüntöne, doch am liebsten greife ich zu Rot, wenn ich welches bekomme, manchmal auch Rosa, je nachdem, in welcher Stimmung ich bin. Eine Freundin von mir mischt sogar verschiedene Spülmittelsorten, um den Farbton zu erzielen, der zu ihrer Kücheneinrichtung passt. Die einzige

Gefahr bei dieser Macke ist, dass Gäste den Inhalt der Flasche manchmal für Sirup oder Olivenöl halten und ihn trinken oder ins Salatdressing geben.

So wie wir (was unsere Kochkünste angeht) Normalsterblichen die wachsende Zahl technischer Spielereien wie eine Art kulinarischer Regisseur auf der Küchenbühne beherrschen müssen, so wird von uns auch erwartet, dass wir alle anderen Verrichtungen in der Küche perfekt ausführen. Die Schriftstellerin Susie Boyt schrieb in der *Financial Times* über ihre Pläne, eine neue Küche zu kaufen, und brachte das Problem auf den Punkt, in dem sie zugab: »Ich fühle mich sehr unwohl, wenn man mir beim Kochen zuschaut. […] Ich koche gerne in einem versteckten, kleinen Raum ohne Topfgucker, hinter verschlossenen Türen, am liebsten im Halbdunkel. Unsere neue Küche dagegen wird offen sein, ein warmer und gemütlicher Raum, ein Schreckgespenst: das Herz des Hauses.«

Für Boyt bedeutet kochen nicht Geselligkeit oder Teamarbeit, es ist für sie eine extrem persönliche Sache. Sie möchte Radio hören oder in einem Buch lesen, während die Suppe vor sich hin köchelt. Und wenn etwas anbrennt, kann sie noch einmal von vorne anfangen, ohne dass irgendjemand es mitbekommt. Nicht nur sie kennt diese Angst vor der offenen Wohnküche, in der man unablässig beobachtet wird und persönliche Kochtricks (sprich: Dosenöffnen) und das heimliche Naschen an den Schokoladenvorräten tabu sind. Matthew Fort, Food-Redakteur des *Guardian*, beschwert sich: »Die alte Küche war noch die letzte Zuflucht vor der Unfreundlichkeit Ihrer Gäste […], doch wenn alles offen ist, wie kann man dann die gebratene Ente wieder vom Boden aufheben und noch servieren?« Und obwohl sie in der Lage war, ihre Ängste mit Millionen von Lesern zu teilen, traute sich Susie Boyt nicht, ihrem Architekten von dieser einen zu erzählen. Sie schrieb: »Verlegenheit ist eines der ansteckendsten Gefühle. […] Der arme Mann wollte doch nur seine Arbeit machen. […] Und vielleicht sollten wir uns nun einfach entscheiden, nie wieder Leute zu uns einzuladen.«

Die Angst vor der Küche ist durch den gegenwärtigen Kult um Fernsehköche nur noch verstärkt worden. All die Fernseh-»Reality«-Kochshows und -Wettbewerbe geben vor, den Zuschauern die Angst vor dem Kochen zu nehmen, doch tatsächlich scheinen sie bei den meisten Menschen das Gegenteil zu bewirken. Wir müssen nun nicht mehr nur in der Lage sein, unsere Brötchen selbst zu verdienen, wir müssen auch noch ein Fünf-Gänge-Menü zaubern können. Wer einmal den Koch Gordon Ramsey im englischen Channel 4 gesehen hat, wie er einen armen Lehrling verflucht und beschimpft, der wird von da an seiner Familie nur noch Fast Food servieren wollen. Aber, um es in den Worten von Nigella Lawson zu sagen, wenn wir wirklich all diese Qualifikationen und Expertisen brauchen würden, bevor wir in die Küche dürfen, wären wir schon vor langer Zeit aus der Evolutionsschleife herausgefallen.

## Vom Badezimmer zum Badesalon

> *»Ich muß oft an dieses Badezimmer denken – die Aquarelle waren vom Dampf verwischt, und ein riesiges Badetuch hing zum Anwärmen über dem Rücken des Chintzlehnstuhles –, das so ganz anders war als die in der modernen Welt von heute als Luxus geltenden uniformen klinischen Kämmerchen, die von verchromten Gegenständen und ungerahmten Spiegeln funkeln.«*
> *EVELYN WAUGH*

Schmutz-, Haar- und Zahnbelagentfernung, Pickelbehandlung, Pilleneinnahme und Tränen. Im Badezimmer geht es um unsere eher unerfreulichen, intimen Körperfunktionen. Wenn die Küche der Kampfplatz der Geschlechter ist, dann ist das Badezimmer der des Körpers. Schonungslos ausgerichtet auf ihre grundlegenden Aufgaben – klinische Fliesen, grelles Licht und die wichtigsten sanitären Einrichtungen –, war die »Nasszelle« jahrzehntelang der am meisten vernachlässigte und versteckte Raum im Haus. Und noch heute ist der Geist, der in den meisten Badezimmern herrscht, nur ein trauriger Abklatsch von den Tagen großartiger römischer Badehäuser in Pompeji, deren Schwitzstuben, Einölräume und Sportplätze Orte der Entspannung waren, an denen man sich aber auch unterhielt, aß oder sich ganz einfach vergnügte. Von allen Bevölkerungsschichten genutzt, war Baden ein Ritual, bei dem Zeit und Ästhetik als würdiges Investment in Körper und Seele angesehen wurde. Wo und wann ist uns dies aber abhandengekommen, und wie kam das Bad als Ort für sich selbst wieder zu neuen Ehren?

Jahrhundertelang reichten in der Regel ein Nachttopf und ein Waschtisch für die tägliche Körperreinigung aus; gebadet wurde in einer Wanne, die in der Küche stand. Auch wenn es heute seltsam anmutet, so waren diese Verrichtungen damals nicht etwas, für das man sich zurückzog. In reichen Häusern ließ man sich von seinen Dienern waschen, und Männer nutzten auch im Speisesaal den Nachttopf oder einen speziell für diese Gelegenheit konstruierten Stuhl, um sich zu erleichtern (natürlich erst, nachdem die Damen den Raum verlassen hatten). Sogar im Versailles des 18. Jahrhunderts, das mit seinen hundert Badezimmern und seinen dreimal so vielen Toilettenstühlen als Vorreiter galt, war es üblich, sein Geschäft in den Treppenhäusern zu erledigen. Bill Bryson stellt in *Eine kurze Geschichte der alltäglichen Dinge* fest: »Am meisten fällt einem bei Geschichten über Toilettensitten auf, dass die Leute entsetzt sind über die Usancen anderer Länder. Und zwar ohne Ausnahme!« Nachdem das geklärt ist, würde ich an dieser Stelle gerne festhalten, dass es allem Anschein nach die Briten waren, die die zivilisierte Idee einführten, die Toilette vom restlichen Badezimmer zu trennen. Und dass es die Amerikaner waren, die die beiden wieder zusammengebracht haben.

So wie heute die moderne Toilette und ihre Annehmlichkeiten für uns selbstverständlich sind, gehen wir auch davon aus, dass jederzeit heißes und kaltes Wasser aus dem Hahn kommt. Erst mit der Einführung der Wasserleitungen Ende des 19. Jahrhunderts wurde aus dem häuslichen Badezimmer ein privater Raum; ihr folgten Erfindungen wie Handtuchwärmer, Duschkabinen und große emaillierte Metallbadewannen, die die rostigen Zinkwannen ersetzten. Die Entwicklung der

Wasser- und Gasinfrastruktur verlief in Europa unterschiedlich schnell und effektiv. In seinem bezaubernden Buch *The Art and Craft of Home-Making*, das 1913 erschien, stellte Edward W. Gregory fest, dass in drei von vier Häusern die Versorgung mit Warmwasser noch nicht zufriedenstellend sei. Bevor es genügend heißes Wasser für ein Bad gab, musste der Herd für mindestens eine Stunde »wie ein glühender Hochofen« am Brennen gehalten werden. Überhaupt verlangte der Küchenherd in den meisten Häusern ein großes Maß an Aufmerksamkeit: »Das tägliche Kümmern um den Herd beginnt etwa um 6:30 Uhr mit dem gründlichen Auskehren des Rauchfangs, dem Entfernen der Asche und des Staubs – eine sehr schmutzige Aufgabe, die wenigstens einer Person pro Tag die Laune verdarb.« Während sich lange Kapitel über die Vorzüge von Tapeten, das Schlafzimmer, den Salon und das Wohnzimmer in dem Buch finden, wird das Bad bezeichnenderweise nur in dem Abschnitt über die Küche mit abgehandelt.

Ich hätte wirklich darauf vorbereitet sein sollen, als ich vor rund zehn Jahren zum ersten Mal nach Wien kam. Ich war zu einem Abendessen in einer kleinen Wohnung in einem charmanten alten Haus eingeladen, das im 1. Bezirk an einer Straße mit Kopfsteinpflaster lag. Am oberen Ende der Marmortreppe, deren Stufen über Jahrhunderte hinweg abgeschliffen worden waren, begrüßte mich ein Gemeinschaftsklo im Flur (ein solches hatte ich zuletzt in meiner Studentenzeit oder bei meinen Backpackertouren gesehen), an dessen Tür die Aufforderung hing, doch bitte eigenes Klopapier mitzubringen. In der Wohnung selbst kam ich direkt in einen Raum, den ich auf den ersten Blick für die Küche hielt. Oder war es doch das Bad? Ich fühlte mich in eine andere Zeit zurückversetzt. Denn mitten im Raum stand eine Badewanne, nur einen Meter vom Herd entfernt, und auf dem Rand des einzigen Spülbeckens standen neben Töpfen und Pfannen auch Zahnbürsten. Wie man mir erklärte, war das nichts Ungewöhnliches, da viele Wiener Häuser, um der wachsenden Bevölkerung Herr zu werden, zu Beginn des 20. Jahrhunderts in kleine Wohnungen aufgeteilt worden waren. Wie ich erfreut erfuhr, nutzte man die Badewanne zudem auch als zweite Toilette für den »Notfall«, falls man unbekleidet mitten in der Nacht den Drang verspürte oder der Gemeinschaftsabort länger besetzt war, als man aushalten konnte.

In Großbritannien gelang der entscheidende Durchbruch in den Lebensbedingungen der Arbeiterklasse, als man zwischen 1899 und 1914 in Port Sunlight (Cheshire) für die Belegschaft der Lever-Brothers-Seifenfabrik (heute: Unilever) Häuser mit Badezimmern baute. Bei der Ausstattung dieser Badezimmer ging es im Wesentlichen um Funktionalität, woran sich in den folgenden Jahrzehnten auch erst einmal nichts änderte. Bill Bryson zufolge waren sie nicht aufwendiger eingerichtet, als man einen Heizungsraum dekorieren würde. Der Architekt und Kulturattaché der deutschen Botschaft, Hermann Muthesius, der sich vor mehr als hundert Jahren intensiv mit englischer Baukunst beschäftigt hat, warnte: »Für den England-Besucher, der wirklich luxuriöse Badezimmereinrichtungen erwartet, wie sie von wohlhabenden Hausbesitzern auf dem Kontinent verlangt werden, wird es Enttäuschungen geben. […] Das Badezimmer ist stets ein einfacher, unauffälliger Raum, bestimmt durch die Bedürfnisse […] grundsätzlich bescheiden und unprätentiös.« Der Mangel an Raum und / oder Geld bedeutete, dass Badezimmer für einen Großteil der Bevölkerung ein Luxus blieben. Und so wurden die Redakteure des *Women's Own Magazine* auch bis in die fünfziger Jahre hinein gebeten, nicht über Badezimmer zu schreiben – aus Angst, die vielen Leserinnen zu verärgern, die noch kein eigenes hatten.

Was seine Gestaltung und die daran gestellten Ansprüche angeht, gehört das Badezimmer – zusammen mit der Küche – sicherlich zu den Räumen im Haus, die sich im letzten Jahrhundert am meisten verändert haben. Es ist kein Geheimnis, dass in unserer individualistischen, konsumorientierten, wellnessversessenen Gesellschaft das Badezimmer immer wichtiger wird und die Menschen mehr darin erledigen möchten, als sich nur zu waschen. Eine Theorie ist, dass wir uns nach einer Komfortzone, einem privaten Kokon sehnen, da wir uns durch die Gesellschaft, die Medien, das Internet et cetera zunehmend »ungeschützt« fühlen. Der Gründer des einflussreichen Lifestyle-Magazins *Wallpaper*, Tyler Brule, schrieb in der *Financial Times:* »Ich glaube, dass der einfache Akt des Badens als ein eigenes, ausgereiftes Ritual mich für die kommenden Tage in einen perfekten geistigen Zustand versetzt.« Er war kurz zuvor in Korea gewesen, wo er an Thermalwassertherapien Gefallen gefunden hatte sowie daran, sich im Sitzen zu waschen. Und so fährt er begeistert in seinem Artikel fort: »Falls Südkorea sich fragen sollte, wie es seine Exporte steigern kann, könnte es seine einzigartige Waschmethode auf die Reise schicken und damit dem Rest der Welt helfen, den Tag mit Schwung zu beginnen.«

Während es also wenig überraschend ist, dass wir in unserer wellnessverliebten Gesellschaft den Geist des alten römischen Bades wiederbeleben wollen und Sehnsucht nach dem türkischen Hamam haben, ist es doch erstaunlich, wie lange die Inneneinrichtung und die Architektur gebraucht haben, um auf diesen Zug aufzuspringen.

Schon vor zehn Jahren hat der Designer Vittorio Radice im *Wallpaper*-Magazin gefordert: »Der größte Raum im Haus sollte das Badezimmer sein – so vieles in unserem Leben dreht sich jetzt um Gesundheit, Wellness, um das Aussehen und das Sich-gut-Fühlen. Doch in den meisten Häusern ist das Badezimmer noch immer der kleinste Raum und das Schlafzimmer der größte – doch wofür nutzen wir das Schlafzimmer, vom Bett einmal abgesehen? Eine Schlafecke würde es genauso tun. Was wir brauchen ist ein großes Badezimmer und einen großen

Raum für Unterhaltung, mehr nicht.« Was ziemlich genau dem entspricht, was wir auch in unserem Haus umsetzten, als wir sicherstellten, dass sich unser Schlafzimmer so weit wie möglich von den Kinderzimmern entfernt befindet – zum Wohle beider Seiten. Historisch gesehen ist die Gepflogenheit, einen Bereich nur zum Schlafen zu haben, vergleichsweise neu, ganz zu schweigen von dem Luxus, ein Schlafzimmer mit eigenem Bad zu haben. Selbst der französische Adel im 17. Jahrhundert hatte keine echte Privatsphäre, schließlich war es Mode, Häuser mit ungehinderten Sichtachsen quer durch das ganze Gebäude zu bauen. Und ohne lange Flure, mit denen man sonst hätte auftrumpfen können, mussten alle, Diener, Bewohner wie Gäste, jeden Raum einzeln durchqueren, um zum nächsten zu gelangen. Betten brachte man manchmal in Alkoven unter, oder wenn es Himmelbetten waren, hatten sie Vorhänge an den Seiten, um ein Minimum an Intimsphäre zu erzeugen und sich vor Zug zu schützen. Zudem war es in der Oberschicht nichts Ungewöhnliches, wenn die Diener am Fußende des Hausherrenbettes schliefen. In der Unterschicht waren Schlafzimmer, so wie wir sie heute kennen, unbekannt. Zimmer hatten gezwungenermaßen immer mehrere Funktionen. Tagsüber dienten sie vielleicht als Ess- oder Arbeitszimmer, und am Abend wurde dann der Tisch zur Seite geschoben und die lange Sitzbank zum Bett umfunktioniert. In der Oberschicht reiste man sogar mit seinen zerlegbaren Einrichtungsgegenständen – daher auch der Ursprung des Wortes »Möbel«, das im Französischen (meuble/mobilier) oder Italienischen (mobilia) ursprünglich »die Beweglichen« bedeutete. Wie Witold Rybczynski es so schön in seinem Buch *Wohnen* beschreibt: Im Mittelalter haben die Menschen eigentlich nicht in ihren Häusern gewohnt, sondern vielmehr in ihnen gelagert.

Privatsphäre hatte also lange Zeit keine Priorität in vielen Häusern. Und Gleiches gilt für die Sanitäreinrichtungen und die eigene Hygiene. Unsere heutige Besessenheit, was Badezimmer und Sauberkeit angeht, nimmt sich im Vergleich mit dem Paris des 17. Jahrhunderts ziemlich sonderbar aus, wenn man bedenkt, dass das Baden dort als überflüssig galt und auch kein Raum dafür vorgesehen war. Vielleicht war es die Hotelindustrie, die das Badezimmer als Verkaufsargument erkannte (schließlich verbringt ein Hotelgast üblicherweise 40 Prozent seiner »wachen« Anwesenheit im Badezimmer). Hotels wie das 1998 eröffnete Babington House, ein Refugium für die Londoner »Kreativen« in der Nähe der Stadt Bath, gehörten zu den ersten, die der neuen Funktion des Badens in ihren Zimmern Rechnung trugen. Die begehrtesten Zimmer im Babington House verfügen über eine Badewanne, die stolz zu Füßen des Bettes vor einem großen, offenen Kamin steht. In anderen Zimmern sind die Wannen fast so groß wie die Betten selbst, dazu gibt es skandinavisch eingerichtete »Nasszellen« mit Designerduschen. Andere Hotels, etwa das Straf in Mailand, werben mit komplett »schwarzen« Designerbadezimmern. Der einzige Nachteil daran ist, dass man in der Nacht, ohne Licht und Brille, Schwierigkeiten hat, das Klo zu finden.

Dank der Demokratisierung des Designs haben die Menschen inzwischen die Möglichkeit, solche Experimente zu Hause nachzumachen. Ein Innenarchitekt erzählte mir, dass eine typische Anfrage die nach einer Badewanne sei, die groß genug für zwei ist, damit ein Pärchen gemeinsam darin liegend die Ereignisse des Tages durchsprechen kann. Andere verlangen nach einer Power-Dusche oder Platz für Sportgeräte. Von High-End-Designern wie Philippe Starck und Marc Newson bis hin zum Baumarkt bietet inzwischen fast jeder eine »Designer«-Badezimmerausstattung an und verkauft Ihnen dabei sowohl das Produkt als auch eine Philosophie. Ein Wasserhahn ist dabei nicht länger nur ein Wasserhahn, er ist ein »Wasserfall«, und Duschen spritzen Ihnen das Wasser nicht mehr nur einfach auf den Kopf, sie lassen es »regnen«.

Dass das Badezimmer solchermaßen fetischisiert wird, hat damit zu tun, dass Reinigung nicht mehr nur als physisches Bedürfnis, sondern als spirituelle Erfahrung verstanden wird. Es geht nicht nur ums Funktionelle, sondern um »Quality Time«. Andreas Dornbracht, vom Küchen- und Badezimmerausrüster Dornbracht, sagt: »Wenn wir uns selbst finden möchten, müssen wir in der Lage sein, es auch genießen zu können. [...] In unserem eigenen Badezimmer [...], das eine Art Schnittstelle für unsere physischen und spirituellen Bedürfnisse ist und diese auch widerspiegelt.« Er ist der Auffassung, dass wir einen Rollenwandel durchlaufen haben, vom Badezimmernutzer zum Badezimmerbewohner, und betont, wie wichtig die Erlebnisse und Rituale (im Gegensatz zur reinen Funktionalität) sind, die wir in diesem Raum haben. Der Anspruch, diesen Raum neu zu definieren, hängt auch damit zusammen, dass Schönheitsbehandlungen und -produkte auf dem Vormarsch sind. Oder wie ein Gesundheitsberater es formuliert: »Wenn man in der Mittagspause nicht mehr lange darüber nachdenkt, ob man sich eine Algenkörperpackung gönnt, ist der nächste Schritt doch der, dass man sich zu Hause auch so eine machen möchte.«

Natürlich gilt es, für all die Cremes, die sechs verschiedenen Sorten Duftkerzen und die passende Wellnessmode ausreichend Aufbewahrungsmöglichkeiten und »Ausstellungsfläche« zu schaffen. Dieser Platzbedarf geht oft auf Kosten eines Gäste- oder Wohnzimmers. Der Londoner Immobilienmakler Knight Frank weiß, dass »die Leute auf keinen Fall noch ein weiteres Schlafzimmer wollen und schon gar kein weiteres Medienzimmer. Vielmehr wollen die Leute verwöhnt werden und suchen nach Orten, an denen sie sich zurückziehen und sich wieder aufbauen können«. Waren Badezimmer früher einmal fensterlos und vielleicht sogar im Keller untergebracht, so werden sie in Zukunft vermutlich nicht nur einer der repräsentativeren Räume sein, sondern auch, so vermutet der Architekt und Designer Antonio

Citterio, die mit dem besten Ausblick des Hauses. Dabei die richtige Lösung zu finden ist immer Kampf, und zwar sowohl in finanzieller als auch in räumlicher Hinsicht. Als der Architekt Chris Briffa seine eigene Wohnung ausstattete, stand er vor einem Dilemma: Sie war nur 80 Quadratmeter groß, und er badet gerne, brauchte aber auch einen Arbeitsplatz. »Angesichts der Größe der Wohnung musste ich entweder auf die Badewanne verzichten oder sie im Wohnzimmer unterbringen. Wenn man es genau bedenkt, dann nimmt man, wenn man alleine wohnt, in der Regel ein Bad, ohne dass jemand zuschaut. Also muss die Wanne nicht unbedingt im Badezimmer stehen. Man kann sie besser vor den Kamin oder den Fernseher platzieren.« Heute steht sie in der Nähe der Küche, und er sagt selbstgefällig: »Ich liebe mein Baderitual am Freitagabend.«

Dementsprechend war ich nicht sonderlich überrascht, als unser Architekt uns vorschlug, unsere Badewanne doch ins Schlafzimmer zu stellen. Dies war eine jener »Zeitschriften-Architektur«-Ideen, mit denen Architekten ankommen, weil sie so topmodern, sexy und exklusiv klingen und bei Gästen einen gewissen »Wow«-Effekt erzielen. Für Singles ist die Idee theoretisch großartig, in der Praxis für eine Familie mit Haus jedoch unbrauchbar. Tatsächlich hatten wir zuerst positiv reagiert, »ja, toll, wie aufregend et cetera«. Doch am nächsten Tag hatten wir es uns anders überlegt. Auch wenn ich schon in einem sehr frühen Stadium des Planungsprozesses von einem funktionalen Bad der Zukunft, das aber nicht danach aussah, geträumt hatte. Und damit man das auch schon anhand des Designs erkennen konnte, wollte ich keine einzige Fliese dort haben. Ich bezeichnete den Raum etwas großspurig als unseren Badesalon – teils um noch ein paar originelle Ideen aus unserem Architekten herauszukitzeln, hauptsächlich aber, um meinen Standpunkt deutlich zu machen. Es sollte, so ließ ich ihn wissen, eine Art zweites Wohnzimmer werden, mit Holzböden und weichen Sitzmöbeln, ein Rückzugsort, an dem man entspannen kann, eine Übergangszone zwischen dem fröhlich-hektischen HUB und der Stille und Ruhe des Schlafzimmers. Also genau das, was ein mobiles, modernes Paar braucht. Der Architekt stimmte dem auf eine Weise zu, die erkennen ließ, dass er lieber einfach die Wanne ins Schlafzimmer gestellt hätte, und mein Mann sprach, nach dem einen oder anderen Freud'schen Versprecher, irgendwann nur noch von unserem Bade-Saloon, ganz im Stil des Wilden Westens. Von da an überließen sie mir die Planung, unter einer Auflage meines Mannes: Es dürften keine Blümchenmuster oder Rüschen darin zu sehen sein.

Auf mich selbst zurückgeworfen, fuhr ich in die Stadt. Das Badezimmer sollte, so überlegte ich, sowohl als Bade- wie auch als Ankleidezimmer fungieren. Ein Boudoir im ursprünglich französischen Sinn des Wortes – ein Separee beziehungsweise »eine Schmollecke«. Es sollte sich wie ein geheimes Zimmer anfühlen, ein Ort zum Verschnaufen und Erholen. Weich und sexy, aber nicht zu feminin (Sie erinnern sich ... keine Blümchen). Idealerweise ein Kamin, der Wärme spendet, eine Badewanne und Waschbecken, die nicht wie Sanitärinstallationen aussehen, und definitiv keine Fliesen.

Edwin Heathcote hat diese Anforderungen einmal wunderbar auf den Punkt gebracht, als er schrieb: »Diese sich widerstrebenden Ideen von Reinigung, Entleerung, Opulenz, Minimalismus und dem Bedürfnis nach einer Art Museum für unseren selbstbestimmten Luxus führen dazu, dass es von allen Zimmern eines Hauses heute eines der am stärksten symbolisch aufgeladenen ist. Für das Badezimmer bedeutet dies eine schwere Last, doch vielleicht ist es genau dieser permanente Wandel des Sinns und der Mode, die das Badezimmer zu einem Ort machen, der – ähnlich wie der Badezimmerspiegel es mit unserem Körper tut – brutal ehrlich unsere wichtigsten Bedürfnisse zu Hause widerspiegelt.«

Die meisten meiner Vorhaben waren zugegebenermaßen etwas angeberisch und überambitioniert, die Vorstellung mit dem Kamin neben der Wanne war ohnehin nur eine Designzeitschriften-und-Messe-Idee, die niemals umgesetzt werden würde; sie kam schon aus finanziellen Gründen nicht in Frage. Da unser Budget für Extras beständig schmolz, tat ich das, was ein Mädchen aus der Portobello Road in London immer tut: Ich improvisierte. Unterstützt von meiner Freundin Sofia, einem Naturtalent in Sachen Inneneinrichtung, saß ich da und überlegte, wie wir das Beste aus dem relativ begrenzten Platzangebot herausholen könnten (ich sage relativ begrenzt, denn wie unser jüngster Sohn Julian ja schon missmutig festgestellt hatte, würde unser Bad größer als sein Schlafzimmer sein). Zusammen mit einer Tasse Tee, Keksen und kleinen Papierschnipseln, die maßstabsgetreu Badewanne, Waschbecken et cetera wiedergaben, schoben wir diese auf dem Grundriss des Architekten hin und her, wie bei einem Schachspiel, nur aufregender. Der Durchbruch kam, als Sofia vorschlug, die Wanne in die Mitte des Raumes zu stellen, mit dem Kopfende gegen eine frei stehende Wand als Raumteiler – statt sie, wie üblich, irgendwo längs an einer Zimmerwand zu platzieren. Sogar der lieber Herr Gregory war in seinem originellen Buch *The Art and Craft of Home-Making* ziemlich unnachgiebig in Bezug auf die Position der Badewanne. Er ließ sogar ein lustiges kleines Piktogramm abdrucken, das zeigte, »wo die Badewanne gewöhnlich steht« (längs an einer Wand … normalerweise ein Fehler der Architekten, wie er sich beklagt) und »wo sie stehen sollte« (mit dem Kopfende an einer Wand). Seine Begründung dafür ist weniger ästhetischer als praktischer Natur, nämlich dass Fusseln, Staub und widerspenstige Seifenreste so viel leichter zu entfernen seien. Er empfiehlt außerdem lackierte Tapeten und drei oder vier Vorleger aus Wolle, um das Zimmer gemütlich zu machen. Lustigerweise entstand unser Plan, fast hundert Jahre später, in einem ganz ähnlichen Geist.

Und sogar die Installateure und Elektriker waren glücklich, da sie Rohre und Leitungen hinter der Wand verstecken konnten. Der begehbare Kleiderschrank sollte dann vom Rest des Raumes entweder durch Schiebetüren oder Vorhänge, je nachdem, was preiswerter war, abgetrennt werden.

Als es darum ging, die Sanitäranlagen auszusuchen, versank ich in einer Art Design-Depression. Ich war alles andere als begeistert von der wenig inspirierenden Auswahl, die mir Badfachgeschäfte und Baumärkte boten. Doch dann wurde ich wie Alice im Wunderland durch den Anblick eines Kaninchens gerettet. Nachdem ich die Standardbecken, die der Architekt vorschlug, abgelehnt hatte, hatte ich großen Spaß daran, als ich ihm wenig später davon berichten konnte, dass die Entwürfe für die Badelemente, die ich ausgesucht hatte, von einem neuen, angesagten spanischen Designer namens Jaime Hayon stammten, der gerne in einem rosa Hasenkostüm auftritt. Als ich diesen hübschen, markanten Mann mit seinen großen, rosa Schlappohren zum ersten Mal in einer Designzeitschrift sah, war mir sofort klar, dass er keine gewöhnliche Badewannen oder Waschbecken entwarf. Vielleicht ist die Neigung zu Flaum und Pelz nicht die nächstliegende Qualifikation, um gute Badezimmer zu entwerfen, aber langweilig würden sie ganz sicher nicht sein. Seine Badezimmer»möbel« sind in einem üppigen und zugleich minimalistischen Barockstil gehalten. Dazu gehören Waschbecken mit einem Spiegel oder einer elegant integrierten Lampe und eine breite Badewanne, die vergleichsweise flach ist. An ihrem Fußende sind fantastische Aufbewahrungsmöglichkeiten eingebaut – Porzellanschubfächer, in denen man Shampoo, Schaumbad, Rasierzeug et cetera verstauen kann. Es kommt aber noch besser: Eingebaut sind außerdem eine Art Kuchenplatte, auf der locker eine große Sachertorte Platz hat, ein Aschenbecher (von uns als Duftkerzenhalter verwendet) und eine Blumenvase. Diese Wanne ist ganz offensichtlich von einem

Mann (beziehungsweise einem Hasen) entworfen worden, der sich wirklich Gedanken darüber gemacht hat, was ein Bad zum Genuss werden lässt.

Ich fand den Namen der Firma heraus, die seine Badezimmermöbel in Barcelona herstellte, ergatterte ein billiges Charterflugticket und sprang ins Flugzeug. Zum Glück hatte ArtQuitect einige reduzierte Prototypen und ehemalige Ausstellungsstücke im Angebot. Die Wanne hatte ein oder zwei kleine Kratzer und die »passenden« Waschbecken hatten nicht exakt denselben gebrochenen Weißton, doch war es genau das, was ich wollte.

Der nächste Schritt bestand darin, herauszufinden, ob sich die gelaugten Douglasiendielen, die ich für das Haus ausgesucht hatte, auch für das Badezimmer eigneten. Die Dielen waren sechs Meter lang – was der Breite des Hauses entsprach – und waren nach Auskunft des dänischen Herstellers auch badezimmertauglich. Ich stellte noch eine alte Chaiselongue hinein (mit einem kunstvoll drapierten Überwurf, der solange einen Flecken verdecken sollte, bis ich mir einen neuen Bezug leisten konnte) und hängte meine alten fliederfarbenen Samtvorhänge aus dem Büro auf, um die Ankleide vom Badebereich zu trennen. Mein letzter Anti-Fliesen-Luxus bestand darin, unsere Innenarchitektin Yarah zu bitten, eine Tapete für eine Wand zu entwerfen, die per Digitaldruck passend für die exakten Wandmaße gemacht wurde. Da sie die strikte Anweisung bekommen hatte, alles Blumige zu vermeiden, entschied sie sich pfiffigerweise für vergrößerte Pfauenfedern in schwarz-weiß, die sehr dekorativ aussahen, ohne zu feminin zu wirken. Und voilà, unser Badesalon war anders als jedes Badezimmer, das ich zuvor gesehen hatte.

# Ökoismus und Urban Gardening

*»Wir tragen jetzt Hanfkleider, essen biologisch*
*und achten auf unseren Energieverbrauch… Als*
*Nächstes sortieren wir dann den Porsche aus, aber*
*erst wenn das richtige Ökomodell lieferbar ist.«*
EIN TYPISCHER ÖKOIST

Im Herzen von Londons Trendviertel Notting Hill gibt es einen
Laden mit Namen »Daylesford Organic«, der sich damit rühmt,
dass seine Produkte »direkt von unserem Bauernhof auf Ihre
Gabel« wandern. Vorbei die Tage der mit Birkenstock zu betre-
tenden, mit Sägemehl ausgestreuten Bioläden – dies hier ist ein
Tempel des geschmackvollen puritanischen Designs, der eher wie
das Wartezimmer einer teuren Schönheitsklinik in L. A. anmutet als wie ein Lebensmittelgeschäft. Die Waren in den Regalen
sind so exquisit verpackt und geschmackvoll arrangiert, dass sie
mehr nach Kunst als nach einem Abendessen aussehen. Von den
Stühlen der Café-Bar kann man nach draußen sehen und ver-
folgen, wie sich junge hippe, in Prada gekleidete Frauen, die
glauben, ihren eigenen $CO_2$-Fußabdruck verringert zu haben,
wenn sie sich abends vor dem Schlafengehen nur ihre Jimmy-
Choo-Pumps abstreifen, in ihren SUVs um die Parkplätze streiten.
   In ganz Europa ist das kollektive öffentliche Gewissen, das
von den Medien durch deprimiert dreinschauende Eisbären auf
immer kleiner werdenden Eisschollen gefüttert wird, so präsent,

dass jeder das Gefühl haben möchte, »etwas zu tun«. Ähnlich wie beim symbolischen Recycling von Glas und Papier, wissen wir manchmal gar nicht so genau, inwiefern wir gerade Gutes für die Umwelt tun, aber wir fühlen uns besser, wenn wir es machen. Daher ist für viele Leute ökologisch zu leben oder in einem angesagten Bioladen einkaufen zu gehen nur eine andere Art, ihren Reichtum zu zeigen; und sie tragen ihre klimaneutralen BHs und Ökolabels in der gleichen Weise zur Schau, wie sie zuvor mit ihrer Gucci-Handtasche geschlenkert haben. Dieses Ökoismus-Phänomen tritt da auf, wo Überfluss auf Umweltbewusstein trifft und, je nach Geldbeutel, Gewissen und Lifestyle der Leute manifestiert es sich dann in unterschiedlichen Scheinheiligkeitsabstufungen.

Ein wunderbares Beispiel dafür ist eine Bekannte von mir, die im Gesundheitssektor arbeitet, ein hübsches, kleines Ökoholzhaus in einer deutschen Stadt besitzt, mit einem blühenden Naturbad im Garten, der von glücklichen Fröschen bewohnt wird, und eine Energierechnung, bei der sogar ein Iglu vor Neid erblassen würde. Der einzige Makel an diesem mustergültigen Bild ist der dicke rote Porsche ihres Mannes, der in der Garage steht. Wobei das Dach der Garage mit Photovoltaikmodulen bestückt ist, was man als eine Form des Ökoausgleichs ansehen könnte. Oder als eklatante Scheinheiligkeit.

Als wir uns an die Planungen für unser Haus machten, wurden wir wiederholt darauf hingewiesen, dass wir, als Zukunftsforscher, doch gefälligst ein Ökohaus zu bauen hatten, dass mindestens die Welt zu retten hätte, und zwar sofort! Was aber nun ein wirkliches Ökohaus ist, ist umstritten und relativ. Eine Jurte ist ein umweltfreundliches Gebäude, eine Lehmhütte ebenso. Abgesehen davon gibt es in der Welt der westlichen Bauindustrie keine standardisierten Umweltzertifikate, was einen direkten Vergleich und die Wahl erschwert. Im besten Fall ist der Bau eines umweltgerechten Hauses ein ausgewogener Kompromiss zwischen Budget, Langlebigkeit, Geschmack und den Bauvorschriften. Im schlimmsten Fall entscheidet man sich für das geringere von zwei Übeln, vor allem bei den Baumaterialien. Manche umweltfreundlichen Materialien wie Bambus haben eine kurze Lebensdauer, die haltbareren aber können nicht abbaubare, »politisch unkorrekte« Chemikalien wie Formaldehyd enthalten.

Als wir mit unserer Planung begannen, war gerade das »Passivhaus« sehr angesagt, und kein Bauherr, der etwas auf sich hielt, wollte sich mit weniger zufriedengeben. Wir schon, sagten wir, Passivhaus klingt uns viel zu langweilig. Wir wollten das Gegenteil von passiv. Außerdem hatten wir einige Passivhäuser in unserer Umgebung angesehen und fühlten uns dabei an Bunker mit Sehschlitzen erinnert – Fenster führen ja bekanntlich zu Energieverlusten (ich weiß, ich weiß, inzwischen kann man mit Vierfachverglasungen für 3000 Euro pro Quadratmeter das ganze Problem elegant umgehen!). Aber wir wollten ein Aktivhaus, eines, das mehr Energie produzieren kann, als es verbraucht. Der Architekt plante das Gebäude als leichtgewichtige Stahl-Holzkonstruktion und klassifizierte es als Niedrigenergiehaus. Das Problem war: Zwischen der Planungsphase und dem Baubeginn zog der Stahlpreis, vermutlich wegen des Baubooms in China, so an, dass wir immer weniger Stahl verwenden konnten und dafür immer mehr Holz einplanen mussten. Was wiederum dazu führte, dass die Pläne noch einmal geändert werden und der Statiker alles neu berechnen musste. Unser oberstes ökologisches Ziel war, unser Eigenheim so zu bauen, dass wir die Energie für den Betrieb des Hauses und noch ein bisschen was extra selbst produzieren konnten. Allerdings war dies alles andere als eine einfache Aufgabe, wir gerieten in einen Irrgarten von Auskünften und Fehlinformationen. Je mehr wir hörten und lasen, umso verwirrender wurde alles. Bohrt nach unten. Schaut nach oben. Wasserenergie, Windenergie, Holzpelletener-

gie. Solarstrom. Stirlingmotor. Brennstoffzellen. Gedankenener-
gie (na gut, das hat uns niemand direkt vorgeschlagen, aber es
hätte mich nicht gewundert). Und was immer ihr auch macht,
wurde uns gesagt, vergesst den Wünschelrutengänger und die
Anti-Elektrosmog-Aufkleber nicht. Jeder wollte etwas beitragen,
und alle begannen ihre Sätze mit »ihr müsst nur …«. Natürlich
war das alles gut gemeint, vieles davon wäre aber schlichtweg
falsch gewesen.

Man sagt, Privathaushalte seien für bis zu 25 Prozent aller
von Menschen produzierten $CO_2$-Emissionen verantwortlich,
wobei es zwischen den Ländern große Unterschiede gibt. Da
Österreich einen Großteil seines Stroms aus erneuerbaren Energien (vorwiegend Wasserkraft) gewinnt, war unser Bemühen um
den Einsatz erneuerbarer Energien für uns eher eine Frage der
Autonomie und der eigenen Wirtschaftlichkeit als eine rein ökologische Entscheidung. Als Zukunfts- und Trendforscher fühlten wir uns aber in der Verantwortung, alles, was die Zukunft
alternativer Energien angeht und neu, spannend und ökonomisch machbar ist, auch auszuprobieren. Und für uns als selbst
ernannte Design-Ökoisten musste es natürlich auch gut aussehen. Ich hatte zunächst ein Auge auf eine schicke, von Philippe
Starck entworfene Windkraftanlage geworfen, doch da das Haus
in einem streng kontrollierten Naturschutzgebiet liegt, wurde
diese Idee aus Rücksicht auf unsere gefiederten Mitbewohner
wieder verworfen. Dann dachten wir an eine Wärmepumpe,
doch die scheiterte am gnadenlos harten Granituntergrund
unseres Grundstücks. Ich hatte eine ästhetische Aversion gegen
die üblichen, blauen Photovoltaikmodule und war hocherfreut
zu erfahren, dass es auch schwarze Versionen von Dünnschicht-
modulen gab, die wie Nadelstreifenanzüge aussahen und sich
wirtschaftlich sinnvoll an die Südfassade und auf dem großen
Flachdach anbringen ließen. Das Problem war allerdings, dass
all diese Module nur dann effektiv arbeiteten, wenn man sie in

einem gewissen Winkel zum Dach fixierte. Das ganze Designkonzept des Hauses basierte jedoch auf einer einfachen, weißen, rechteckigen Box mit einem Flachdach. Darauf große Paneele zu setzen, die in einem bestimmten Winkel aufgerichtet waren, machte die Ästhetik kaputt.

Wieder einmal gingen wir einen Kompromiss ein: Die solarthermischen Kollektoren (für die Erzeugung heißen Wassers) wurden in einem Winkel auf dem Dach errichtet, die schwarzen Photovoltaik-Paneele aber fast bündig mit der Hausoberfläche. Ironischerweise hätten wir uns darüber gar keine Sorgen zu machen brauchen und auch das Abwägen zwischen Effektivität versus Winkel wäre unnötig gewesen, denn als die Handwerker zwei hässliche Schornsteine, den Blitzableiter, eine Satellitenschüssel, die Wetterstation und die Verkleidungen für die Jalousien angebracht hatten, war ohnehin nicht mehr viel übrig von unserem ursprünglichen »Designkonzept«.

Das »Problem« an thermischer Solarenergie ist, dass man dann am meisten produziert, wenn man selbst am wenigsten braucht. Wohin also mit der Wärme im Sommer, die ausreicht, um zehn Stunden täglich heiß zu duschen, im Winter aber noch nicht einmal das Haus über null Grad halten kann? Bei Strom ist es etwas einfacher: Man kann die überschüssige Elektrizität ins nationale Stromnetz einspeisen. Wir lebten eine ganze Weile in dem Glauben, dass unser Energieversorger bei uns einen Stromzähler einbauen würde, der einfach rückwärts lief, solange man mehr Strom erzeugte als verbrauchte. Doch das war einer der klassischen Mythen, die bei einem komplizierten Bau- und Entscheidungsprozess aus einer Mischung von Wunschdenken, Missverständnissen und Unwissenheit entstehen. Niemand – nicht einmal der Elektriker – hielt es angesichts unserer Begeisterung über diese tolle und logische Idee für nötig, uns aufzuklären. Vielleicht dachten alle, dass wir als Zukunftsforscher einen solchen Zähler irgendwie durch Osmose hervorzaubern könnten.

So wie Zukunftsforscher nach vorne schauen, könnten wir auch Dinge rückwärtslaufen lassen.

Nur durch Zufall entdeckten wir Monate nach dem Einzug, dass niemand daran gedacht hatte, eine Baugenehmigung für die Solaranlage einzuholen, sondern auch, dass der örtliche Versorger einen Stromzähler geliefert hatte, der gar keine Stromerzeugung messen konnte – sondern nur den Verbrauch –, doch bis dahin waren schon viele Kilowattstunden im Nirgendwo verpufft. Enttäuschender aber war noch, dass man uns, als der richtige Zähler schließlich geliefert wurde, erklärte, dass er gar nicht rückwärtslaufe, sondern einfach nur aufzeichne, was man erzeugt und was man verbraucht. So weit, so gut – wenn es wie in anderen europäischen Ländern wäre, wo man mehr Cent pro produzierter Einheit bekommt, als man für die verbrauchten Einheiten bezahlen muss. Aber in Österreich kriegt man weniger dafür. Unsere Investitionen in die Photovoltaikanlage werden sich daher vermutlich erst dann amortisiert haben, wenn unsere Urenkel das Haus bewohnen. Angesichts dieser Hürden, der finanziellen Entmutigungen und der fehlenden staatlichen Unterstützung in vielen Ländern ist es ein Wunder, dass es überhaupt noch Menschen, insbesondere Privatleute gibt, die sich um regenerative Energien bemühen. Es erstaunt daher nicht, dass der umstrittene britische Künstler Damien Hirst Schlagzeilen mit seiner Ankündigung machte, dass er das 1800 Quadratmeter große Dach seines Ateliers mit Photovoltaikmodulen ausstatten wolle – was ihn zum zweitgrößten Erzeuger von Solarstrom in Großbritannien machte. Dave Timms, Wirtschaftsexperte von Friends of the Earth, sagte: »Damit hat er die britische Solarindustrie vermutlich deutlich mehr gestärkt, als es die Regierung in den letzten Jahren getan hat.«

Wenn wir wegen dieser überholten Energiepolitik für unsere erzeugten Kilowattstunden bei der Einspeisung ins Netz schon keinen vernünftigen Preis erzielen können, wäre der nächste logische Schritt, so dachten wir, die von uns zusätzlich produzierte Energie zu speichern, um sie dann bei Bedarf selbst zu verbrauchen. Doch dafür braucht man nicht nur eine Vielzahl von Batterien, die teuer und schwer sind. Die berühmten Lithium-Ionen-Akkus, die unsere Handys und Elektroautos antreiben, sind als Speicherbatterien einfach unerschwinglich.

Da wir mit Solarenergie allein also offensichtlich nicht unseren $CO_2$-Fußabdruck und unsere Stromrechnung reduzieren konnten, brauchten wir etwas anderes. Etwas Neues und Aufregendes. Eine der attraktivsten Optionen schien ein Brennstoffzellensystem zu sein, das über viele Jahre hinweg als die saubere, billige Energietechnologie der Zukunft angepriesen wurde und in U-Booten und Apollo-Raumschiffen robuste Dienste geleistet hat (außer bei dem berühmten Unfall von Apollo 13, als Tom Hanks beinahe für immer im Weltall verschollen wäre, weil seine Brennstoffzelle explodierte ...). Eine Brennstoffzelle ist eine galvanische Zelle, die die chemische Energie eines Brennstoffs in elektrische Energie umwandelt. Die Elektrizität entsteht also durch die Reaktion von beispielsweise einem Brennstoff wie Wasserstoff und einem Oxidationsmittel, etwa Sauerstoff.

Um diese Möglichkeiten zu sondieren, sprachen wir während unserer Planungsphase mit Firmen, die solche Systeme herstellen, und trafen uns mehrmals mit dem größten Energieversorger Österreichs, der am Konzept unseres Hauses Interesse zeigte. Wir hatten gehofft, es ginge vielleicht um eine Art Kooperation für neue Zukunftstechnologien, die Privathaushalte dabei unterstützen würde, Energieproduzenten und -lieferanten zu werden und nicht mehr nur Nutzer zu sein – die Entwicklung des »Energy Grid« gehört zu den vielleicht spannendsten technologischen Entwicklungen der Zukunft. Die Pressesprecher und ihre Chefs zeigten sich auch unentwegt »begeistert« und »wirklich interessiert« an unserem Projekt und versprachen, demnächst neue Treffen mit neuen Kollegen zu arrangieren. Aber am Ende hatten wir neben einem von dem vielen schlechten Kaffee verdorbenen Magen den Eindruck, dass die Gespräche eher dazu dienten, »seinen Feind kennenzulernen«. Denn als die Energiekonzerne verstanden, dass es unser Ziel war zu zeigen, wie man auf intelligente Weise das Stromnetz von einer Versorgungs- zu einer Netzlogik umgestalten konnte, war man an einer weiteren Zusammenarbeit plötzlich nicht mehr interessiert. Es scheint, als läge vorausschauendes Denken außerhalb der Möglichkeiten dieser Monopolisten. Dann dürfen sie sich aber auch nicht über ihr schlechtes Image wundern. Ohne Subventionen oder staatliche Förderung war diese Technologie ökonomisch einfach nicht rentabel für einen einzelnen Haushalt, auch wenn er symbiotisch mit einem kleinen Büro verbunden ist.

Schlussendlich haben wir uns für eine einfache, »fossile« Zwischenlösung – eine hochmoderne Gasheizung – entschieden. Aber unser Haus heißt nicht umsonst Future Evolution House. Es ist ein Zukunftshaus im echten Sinn des Wortes: Zukunft wird dort irgendwann stattfinden. In unserem Energie-Technikraum, den Matthias in seinem Star-Trek-Wahn immer »Warpkern« nennt, ist noch jede Menge Platz für zukünftige Technologien. An den großen Wasserspeicher können wir in Zukunft alle möglichen Energieproduzenten anschließen – ob es sich um neue Kollektoren, Windgeneratoren ohne Vogelgefahr oder endlich erprobte Brennstoffzellen handelt. Ein weiterer Grund, weshalb wir die Idee mit der Brennstoffzelle fallen gelassen haben, waren nämlich die Wartungskosten, die allein pro Jahr etwa 10 000 Euro betragen hätten, schließlich handele es sich, wie die Betreiberfirma uns sagte, ja noch um einen Prototypen …

In einem ähnlichen Dilemma stecken die Bewohner des sogenannten Active House, das in Aarhus, Dänemark, entstanden ist. Auf den ersten Blick ein typisches Vorstadthaus, das aber, wie es heißt, dermaßen umweltfreundlich ist, dass es mehr Energie in das Stromnetz einspeisen wird, als beim

Bau insgesamt verbraucht wurde. Dieses hyperintelligente Ökohaus ist zum Beispiel so programmiert, dass überall dort, wo
über eine gewisse Zeit hinweg keine Aktivität stattfindet, die
Lampen automatisch ausgehen – was allerdings, wie die ersten
Testbewohner feststellten, nicht so günstig ist, wenn man etwa
länger auf der Toilette sitzt als vom System erwartet. Auch das
automatische Sonnenblendensystem, das dafür sorgte, dass die
Jalousien willkürlich hoch- und runtergingen, machte seine
Bewohner nicht glücklich. Nach einem Jahr als Versuchskaninchen in dem Haus zog die Familie Simonsen in ihren relativ
dunklen Siebziger-Jahre-Bau zurück, nachdem sie festgestellt
hatte, dass sie es sich nicht leisten konnte, das Active House zu
kaufen, da allein die Kosten für die spezialisierten Techniker,
die unentwegt zu Reparaturen, Feineinstellungen, Umprogrammierungen und dem Austausch defekter Teile gerufen werden
mussten, einfach zu hoch waren.

Für alle Autobesitzer gibt es allerdings eine großartige, zukunftsweisende und umweltfreundliche Technologie, die tatsächlich funktioniert und keinerlei technisches Know-how erfordert – das einfach ein- und auszustöpselnde, zu 100 Prozent
emissionsfreie Elektroauto. Wir bereiteten alles für die bevorstehende Ankunft dieses niedlichen Ökobabys vor: Die Garage
wurde mit mehreren unterschiedlichen Steckdosen ausgestattet,
um beim Aufladen flexibel zu sein (wir waren uns nämlich nicht
sicher, wo genau der Anschluss am Auto sein würde), und wir
rollten gewissermaßen den roten Teppich für es aus, indem wir
die Garage mit einem leuchtend roten Plastikfußboden auskleideten, der für »Energie« stehen sollte. Das Einzige, auf das wir
bei der Ankunft unseres ersten E-Mobils mit Namen »Think
City« nicht vorbereitet waren, war, dass er sich überhaupt nicht
aufladen ließ. Wir waren kurz vor dem Verzweifeln, weil das
Ladegerät des Autos bei jeder einzelnen Steckdose eine Fehlermeldung ausgab. Es brauchte drei Treffen mit fünf Elektrikern,

um das Problem zu lösen (der Firma, die das Haus verkabelt hatte, war beim Erden der Stromversorgung irgendein ominöser Fehler unterlaufen).

Der Think City mit seiner verstärkten Plastikkarosserie sah aus wie die aufgeblasene Version eines Spielzeugautos, mit denen Kinder im Sandkasten spielen. Von vorne hatte er ein so menschlich wirkendes Lächeln, dass ich sogar gefragt wurde, auf welchen Namen wir ihn taufen lassen würden. Beim Beschleunigen gab er ein jaulendes Geräusch von sich, das sich für jeden, der auf das raue Brummen eines Benzinmotors steht, wie eine Katze anhören musste, der man auf den Schwanz tritt. Das Auto machte nicht so sehr brmmm, als vielmehr wssss, dabei fuhr es locker 120 Kilometer, bevor es wieder an die Steckdose musste. Auch wenn es eher unwahrscheinlich ist, dass man mit dem Think City auf der Überholspur einer Autobahn an einem Porsche vorbeizieht – an der Ampel hängte man mit dem Ding tatsächlich die schwersten Benziner ab. Und es war ein verdammt befriedigendes Gefühl, an jeder Tankstelle vorbeizufahren und dort die armen Fossil-Energie-Süchtigen zu sehen, wie sie schreckliche Flüssigkeiten in ihre hungrigen Gefährte füllten.

Es ist noch ein weiter Weg für Elektroautos, bis sie das Ego männlicher Porschefahrer zufriedenstellen werden, die offensichtlich hormonell darauf festgelegt sind, die Attraktivität von Autos in PS und nicht in kWh zu messen. Aber für uns hat sich Elektromobilität längst als Grundlage unserer Nah-Mobilität herausgestellt. Nachdem man seine erste Scheu überwunden hat, sind die Dinger für den urbanen Raum einfach praktisch – klein, wendig, überall einsetzbar, in jeder Garage parkbar. Auch die Angst vor der Reichweite hat sich als falsch herausgestellt. Noch nie ist uns bei unseren Fahrten zum Flughafen, ins Umland zum Gärtner, zu Freunden am südlichen Stadtrand der Strom ausgegangen. 150 Kilometer, der Standard für neue E-Autos, reichen allemal aus, um sich in einem Ballungsgebiet, in dem sowieso

95 Prozent aller Fahrten stattfinden, herumzukommen. Inzwischen fahren wir unser drittes Elektroauto und experimentieren mit Hybrid- und Range-Extender-Modellen, mit denen man auch von Wien nach München kommt, ohne in einer »Tankstelle« acht Stunden lang Tee trinken zu müssen, bis die Batterien wieder voll sind. Nach einer Zeit vornehmer Zurückhaltung, wie es für die Autoindustrie ja üblich ist (»Führe nie eine umweltfreundliche Technik ein, es sei denn, du wirst vom Staat dazu gezwungen.«), gibt es inzwischen endlich eine ganze Reihe von schick aussehenden Gefährten, die unsere rote Garage und unsere Sonnenkollektoren zu schätzen wissen.

Dabei ist Elektromobilität ja eigentlich gar nichts Neues. Der Wechselstrommotor des Tesla Roadster geht zurück auf eine Erfindung des Elektroingenieurs und Physikers Nikolai Tesla aus dem Jahre 1882. Die Idee dazu hatte der für die k. u. k.-Monarchie arbeitende Ingenieur und Erfinder während einer fiebrigen Halluzination, eine Folge körperlicher Erschöpfung. Sogar mein Vater erinnert sich lebhaft an das Vergnügen, das es ihm machte, wenn er von den kleinen, elektrisch angetriebenen Lastwagen mitgenommen wurde, die man in den Vierzigern dazu benutzte, Güter zwischen dem Minimax-Büro seines Vaters und der Fabrik hin- und herzutransportieren. Das Hauptproblem von Elektroautos liegt nicht in der Speicherkapazität der Batterien und ihrer Reichweite, das sind nur technische Hindernisse, die man überwinden kann, sondern in der Tatsache, dass Elektroautos nicht als sexy gelten. Da ist es auch wenig hilfreich, wenn selbst 2011 in dem beliebten Kinostreifen »Dickste Freunde« der Hauptdarsteller, gespielt von Vince Vaughn, dem Vorstand eines Automobilkonzerns gegenüber behauptet: »Elektroautos – total schwul.« Obwohl er ergänzt: »Und mit schwul meine ich nicht homosexuell, sondern so was wie ›Deine Eltern spielen den Anstandswauwau bei der Schuldisko‹, blieb dieser Satz hängen und schadete dem Image der Autos. Eine Werbung von General Motors in Homosexuellen-Zeitschriften drehte diese Peinlichkeit wieder um: Ein schicker VOLT, geparkt zwischen zwei Benzinautos, feiert sein Coming Out mit der Sprechblase: »Mom, Dad, I'm electric!«

Während wir überlegten und planten, wie wir in Zukunft leben wollten, sammelte ich Ausschnitte aus Zeitungen, Zeitschriften und Artikel aus dem Internet über alles, was ich für hilfreich oder inspirierend hielt. Als wir dann wirklich anfingen zu bauen, hatte ich etwa zwanzig Ordner mit Ideen gefüllt, darunter einen, den ich mit »Ökoterror« etikettiert hatte. Darin fanden sich neben einer Fülle an Dingen, die Ökoideologen als Must-haves gelten, auch einige Texte zum Thema Urban Gardening. Die unmittelbaren gesundheitlichen Vorteile eines noch so kleinen (Schreber-)Gartens in der Stadt sind bekannt, selbst dann, wenn man nur darin sitzt, ohne einen grünen Finger zu rühren. Womit wir aber nicht gerechnet hatten, war, wie sehr ein Garten die in uns schlummernden Hippies wecken und uns von einer Selbstversorgerexistenz träumen lassen würde. Obwohl ich durch und durch ein Großstadtkind bin, fühlte ich mich seltsamerweise in Gummistiefeln wie zu Hause. Das hängt sicherlich auch damit zusammen, dass ich als Kind einen Großteil meiner Ferien auf dem Bauernhof von Freunden in den Hügeln von Wales verbracht habe. Ich habe schöne Erinnerungen an die schmuddeligen Schafe und an die Gemüsebeete, wie ich bei der Heuernte half und wir »Schweinepopos« aßen, als die wir verniedlichend den Schinken des frisch geschlachteten Tiers bezeichneten, das eben noch auf dem Esstisch ausgenommen worden war. Zurück in London, schwärmten meine Eltern immer noch lange davon und überlegten, auf dem Dach unserer Wohnung ein Schwein zu halten. Doch wir konnten nie mehr an Zutaten aus Eigenanbau für ein typisch englisches Frühstück beitragen als die Pilze auf dem Dachboden. Es war meine Aufgabe, sonntagmorgens die Küchenleiter nach oben zu steigen und durch die schmale Öffnung zu klettern, um zu kontrollieren, ob ihre weißen Köpfchen schon durchgebrochen waren. Falls ja, brachte ich sie triumphierend mit nach unten und gab sie in die heiße Pfanne. Viele waren es nie, aber die wenigen, die wir ernteten, schmeckten umso besser, schließlich hatten wir sie selbst frisch geerntet. Selbst die überzeugtesten Großstadtbewohner unter meinen Klassenkameraden, deren Jagdinstinkt sich ansonsten auf Ladendiebstähle beschränkte, waren von diesem kleinen, symbolischen Teil unserer Selbstversorgung beeindruckt. Diese Urinstinkte sind nicht totzukriegen, und als ich das Stück Land betrachtete, das wir soeben gekauft hatten, kamen mir Bilder von Hühnern, vielleicht sogar von dem einen oder anderen freundlichen Schwein in den Sinn. Als wir eingezogen waren und ich den ersten Fuchs sah, wie er mit deutlichem Herrschaftsgebaren durch sein Revier lief, verwarf ich diese Idee schnell wieder. Wehmütig dachte ich allerdings ab und zu an Marie Antoinette, die mit Ludwig XVI. verheiratete österreichische Prinzessin. Sie brachte die Idee der Selbstversorgung in ungeahnte ästhetisch-aristokratische Höhen. Sie hielt sich rein zum Vergnügen eine kleine Herde parfümierter Schafe und Ziegen, die sie an Leinen aus Seide zum Spaziergang ausführte.

Vor vielen Jahren waren Matthias und ich einmal gebeten worden, uns in England um die Farm von Freunden zu kümmern. Wir hatten die strikte Anweisung, die Hühner zu füttern und den Schafen Wasser zu geben (oder war es umgekehrt? Wir waren uns nie ganz sicher...). Eines Tages, als wir eifrig die rundlichen Hühner zählten, bekamen wir Appetit und machten uns auf den Weg zu einem nahe gelegenen Bauernhof, um fürs Abendessen ein schon fertig gerupftes Hühnchen zu erstehen. Bei unserer Rückkehr fanden wir den blutigen Beweis dafür, dass noch jemand sich gerade etwas zum Abendessen besorgt hatte – der Fuchs hatte eines der Hühner gerissen.

Trotz dieses Rückschlags waren wir – Matthias noch mehr als ich – bereit, zurück zur Scholle zu ziehen. Auch Matthias hatte in seiner Jugend Erfahrung mit dem Landleben gemacht: Als idealistischer Hippie hatte er in besagte Kommune in einem verregneten deutschen Mittelgebirge gelebt und gewissenhaft alle Bücher des Selbstversorgergurus John Seymour gelesen. Nicht nur, dass sie dort ihr eigenes Gemüse gezogen hatten, sie hielten sich auch einen Schafbock, mit dem sie in warmen Mondnächten unter dem Pflaumenbaum saßen und Geschichten erzählten.

John Seymours Selbstversorgungskult ist legendär. Er war nicht weniger als eine Religion für eine ganze Generation von 68ern und grünen Aktivisten. Er lebte sein ganzes Leben lang in Landkommunen, die Selbstversorgung bis zum Exzess betrieben. Sein letztes Buch heißt *Das neue Buch vom Leben auf dem Lande* und ist eine praktische Anleitung für alles, vom Spinnen von Wolle über das Mahlen von Korn, die Aufzucht von Hasen und die Herstellung von Ziegelsteinen bis hin zum Räuchern von Speck. »Heben sie einen Graben von etwa ein Meter mal ein Metern aus, um Spargel zu züchten!« In Seymours üppig mit Zeichnungen von fröhlichen Latzhosen-Freaks illustrierten Büchern wimmelt es von solchen ganz einfachen Anweisungen. Wenn das für Sie wie ein Fulltime-Job klingt, könnten Sie recht haben.

Journalisten fanden später heraus, dass Seymour selbst nicht sonderlich erpicht auf körperliche Arbeit war. Er ließ solche Feldarbeit eher von seinen braven Fans und Mitkommunarden erledigen, die ihn wie einen Guru verehrten. Dass unter denen ein überdurchschnittlicher Anteil blonder junger Frauen war, die John SEHR bewunderten, mag reiner Zufall gewesen sein (schließlich können Frauen auch sehr gut ein Meter tiefe Gräben ausheben!).

Die Verklärung des Landlebens ist Teil der Strategie radikaler Ökoideologen. Wenn wir ihnen glauben, sind wir alle nur ein Spiegelei oder ein Spinatblättchen davon entfernt, uns einen

Designer-Hühnerstall in unseren Garten zu stellen und nur einen Insektenstich davon entfernt, einen Bienenstock auf dem Dach unseres Wohnhauses aufzustellen. Es gibt also wirklich keine Entschuldigung dafür, wenn Sie weiterhin Ihre Jäger- und Sammlerinstinkte unterdrücken und nicht endlich damit anfangen, die Welt mit Ihrem Spaten zu retten. Doch wenn John Seymour nicht Ihr Stil oder Ihre Generation ist, können Sie sich auch von Büchern wie *A Slice of Organic Life* von Sheherazade Goldsmith das Gehirn waschen lassen. Es trägt den Untertitel *Get Closer to the Soil Without Going the Whole Hog* [zu Deutsch etwa: Wie Sie der Scholle wieder näher kommen, ohne alles selbst machen zu müssen] und schlägt vor, »innerhalb der Grenzen der Natur zu leben«. Sheherazade Goldsmiths eigene Farm in Devon, die sie mit ihrem millionenschweren Ex-Mann zusammen gekauft hat, ist über 120 Hektar groß. Sie gibt an, sich lediglich zu etwa 70 Prozent selbst zu versorgen, denn das »Leben steht einem im Wege«, um wirklich 100 Prozent zu erreichen, so Goldsmith. »Wir essen saisonal, frieren so viel ein, wie wir können, und lagern viele Dinge in mehreren Scheunen. Wenn ich in London bin, bekomme ich jede Woche eine Gemüsekiste mit der neuesten Ernte geschickt.« So schwer kann das doch nicht sein. Sie müssen sich nur ein bisschen dahinterklemmen und Ihren eigenen Käse, Ihr eigenes Brot und Ihre eigene Marmelade machen sowie Ihr Gemüse selbst einlegen. Aber denken Sie dran, dass Sie dazu noch eine Milchkuh brauchen, ein paar Schweine, Ziegen, Gänse, Enten, Hühner, Bienenstöcke, einen weitläufigen Garten und Obstbäume. Nun, worauf warten Sie noch?

Am anderen Ende des Spektrums steht Jamie Oliver, der in einem Pub in Essex aufwuchs und auf eine eher bodenständige Weise ans Kochen und Gärtnern herangeht. Er plädiert dafür, seine Kräuter und sein Gemüse selbst zu ziehen, auch wenn man, wie die meisten Stadtbewohner, nur ein oder zwei Blumenkästen dafür zur Verfügung hat. Seine Webseite bietet den Versand von Saatgut an, was einen in die Lage versetzen soll, »leckere grüne Bohnen und frische Rote Bete aus Ihrem eigenen, selbst angelegten Ökogemüsegarten zu ernten. Egal, ob Ihr Fenster auf grüne Felder oder düstere Fabriken zeigt, es kann immer nach Land schmecken.«

Da wir irgendwo zwischen diesen beiden Stühlen saßen und auch nicht vorhatten, in Frührente zu gehen oder eine evolutionäre Regression zu durchleben, hatten wir uns entschieden, das Projekt Garten mit einer gewissen Portion Realismus und, wenn möglich, sogar etwas Humor anzugehen. Wie die meisten berufstätigen Menschen haben wir zu wenig Zeit und nicht die Geduld für einen perfekten Küchengarten. Also einigten wir uns darauf, symbolisch etwas Salat und ein paar glückliche Kräuter anzubauen. Wir wollten den Garten ernst nehmen, aber nicht so ernst, dass er unser Leben bestimmen würde.

Ungeachtet all seiner gesundheitlichen Vorteile hatte Gartenarbeit bis vor Kurzem ein Imageproblem. Es galt weder als sexy (trotz aller Bemühungen von Lady Chatterleys Lover) noch als besonders elegant, man verbindet es eher mit Dreck, Schweiß und Pensionierung. Es wurde im Allgemeinen als Beschäftigung für ein Alter abgetan, in dem Körper- und Gedächtnisleistungen nachlassen. »Gärtnern ist eine kontemplative Tätigkeit«, sagt Robin Lane Fox, »aber Denker neigen dazu, darauf herabzusehen.« Man hält es weder für dynamisch noch für intellektuell anspruchsvoll, obwohl man nicht sagen kann, dass große Geister keine großartigen Gärten hervorgebracht hätten und dass großartige Ideen nicht auch das Ergebnis davon sind, dass man sich die Zeit im Grünen vertrieben hat. Sogar der berühmte Philosoph und Denker Ludwig Wittgenstein hat einmal seinen Urlaub in den Klostergärten von Klosterneuberg (Österreich) verbracht. Überliefert ist der Ausspruch des Abts, der gesagt haben soll: »Wie ich sehe, ist Intelligenz auch beim Gärtnern zu etwas nütze.«

Robin Lane Fox, preisgekrönter Althistoriker in Oxford und Garden Master am New College, kennt das Stigma und die Imageprobleme des Gärtnerns nur zu gut und versucht mit seinem Buch *Thoughtful Gardening* dagegen anzugehen. Er, der mit bedeutenden und hoch dotierten Wissenschaftlern zu tun hat, erzählt darin, wie schockiert er war, als ihn ein Gastprofessor am Ende eines Sommers fragte: »Hatten die Blumen alle die richtigen Farben?« Und er stellt ernüchtert fest, dass auch seine Studenten im Grundstudium nicht viel besser waren, wie sein »Schlüsselblumentest« belegt. »Ich unterrichte sie nun seit mehr als 35 Jahren«, so erinnert er sich, »und frage sie von Zeit zu Zeit, ob sie wissen, wie eine Schlüsselblume aussieht. [...] Nicht einer von ihnen kannte sie.« Eine Studentin ging sogar so weit, sich zu beschweren, als er sie nach dem Aussehen einer Blume fragte: »Das ist wirklich eine pedantische Frage. Ich sehe doch genau die gleichen Blumen wie Sie, nur geben Sie ihnen akademische Namen.«

Ein anderes Problem ist, wie man hört, dass man mit einem Garten entweder nie mehr Langeweile hat oder sich mit ihm zu Tode langweilt. Vor ein paar Jahren hätte ich von mir noch Letzteres behauptet, doch als ich Matthias kennenlernte, hat mich sein Enthusiasmus für den Anbau seltener Tomatensorten angesteckt, man könnte auch sagen: Er trug Früchte. Warum sollte man langweilige rote Kirschtomaten ziehen, so seine Begründung, wenn man doch ganz leicht auch schwarze russische Tomaten, hawaiianische Ananastomaten, das Grüne Würstchen (»Green Sausage«) oder gelbe »Banana Legs«-Tomaten haben kann? Allerdings brauchen Tomaten Pflege. Viel Sonne, nicht zu viel Regen, aber genug Wasser. In seinen alten Hippie-Tagen, als Matthias übers Wochenende von Frankfurt aufs Land in seine Kommune fuhr, nahm er seine jungen Tomatenpflänzchen mit, um sicherzugehen, dass sie während seiner Abwesenheit nicht eingingen. Damals sprach keiner vom $CO_2$-Fußabdruck, und offensichtlich kannte auch noch niemand automatische Bewässerungssysteme. Jetzt kam er seinem Urinstinkt, für die Familie zu sorgen, auf eine neue Art und Weise nach; er begann Karotten, Rhabarber und eine Reihe anderer vom Aussterben bedrohter Gemüse- und Obstsorten anzubauen. Nachdem die letzten »königlichen« Obstbäume, die die Bulldozer auf unserem Grundstück übrig gelassen hatten, ziemlich mitgenommen aussahen, entschied sich Matthias, einige seltene Apfel-, Birnen- und Pfirsichsorten anzupflanzen.

Für die Zukunft zu planen heißt aber auch, daran zu denken, wie man sich die Gartenarbeit im Alter erleichtern kann. Da das Pflanzen, Unkrautjäten und Abernten anspruchsvoller Pflanzen ein gewisses Maß an Beweglichkeit verlangt, legten wir in rostigen Metallkübeln einige bunte und angenehm platzierte Hochbeete an, die ausreichend »designt« aussahen, um von der Tatsache abzulenken, dass wir uns eines Tages nicht mehr so leicht fürs Säen und Jäten würden bücken können. Die sechs Gemüse- und Blumenbeete wurden so angelegt, dass es schien, als wären sie in den Hang hineingeschoben worden – oder, je nach Standpunkt, als würden sie aus ihm herauswachsen –, und ihr absichtlich rostiges Äußeres stößt bei unseren Gästen immer wieder auf Erstaunen. »Oh, was ist denn mit euren Blumenbeeten passiert?«, fragte ein Freund, der mit Rost eher »alt« verbindet als »modernes Design«.

Aus den gleichen Gründen, aus denen wir eine klinisch saubere Stahlwanne für die Pflanzen ablehnten, wollten wir auch kein mit Chemie gefülltes blaues Bassin zum Schwimmen haben. Gucken Sie beim Landeanflug auf irgendeine Großstadt mal aus dem Fenster und Sie werden feststellen, wie diese kühlen, türkisblauen Formen die Vorstädte verschandeln. Und wenn Sie im Winter genau hinschauen, sehen Sie auch, wie sie sich in temporäre Müllhalden für alte Autoreifen verwandelt haben (dem Druck des sich ausdehnenden Eises können solche Reifen allerdings viel besser standhalten als der Pool selbst). Was

Sie von oben wahrscheinlich weniger gut erkennen können, ist ein Biotop, ein natürliches Schwimmbecken, das sich in die Umgebung einpasst. Es ist inzwischen zur grünen Alternative zur chemischen Keule Schwimmbad geworden, das in der Regel ja doch nur sechs Wochen im Jahr genutzt wird und den Rest des Jahres eher ein unnützes Loch im Boden darstellt.

Wenn ein natürlicher Swimmingpool beziehungsweise ein Biotop in Ihren Augen wie ein mit Pflanzen, Insekten und Fröschen gefüllter Teich aussieht, kann man Ihnen nur entgegnen: Das ist er auch. Es muss nicht groß betont werden, dass dieses Wasser besser für Ihre Haut, Haare und Augen ist. Und sogar wenn Sie zimperlich gegenüber kleinen, sich schlängelnden Dingen und grünem Glibber sind, werden Sie Ihre Scheu schnell überwinden können, schließlich springen die Frösche und Kröten genau in dem Augenblick aus dem Wasser heraus, in dem Sie reinhüpfen. Das Schwimmen in einem natürlichen Teich spricht die ursprünglichsten Instinkte an (einschließlich Nacktheit) und lässt Erinnerungen an echte oder eingebildete Kindheitserlebnisse wieder auftauchen, in denen man sich an einem heißen Sommertag mit einem todesmutigen Sprung in einen Teich oder Fluss gestürzt hat. Sehr zu meinem Missfallen ließen meine Eltern, kaum hatten sie in den Siebzigern auf unseren langen, heißen Touren durch Europa einen Bach oder See entdeckt, die Hüllen fallen und sprangen hinein, während ich schwitzend und schmollend auf einer Bank daneben saß, höchstens meine Zehen ins Wasser hielt und viel lieber mit einem vernünftigen Speedo-Badeanzug in einen richtigen Swimmingpool gegangen wäre.

Man schätzt, dass es in Europa heute etwa 50 000 künstlich angelegte Naturbäder gibt. Sie sind vor allem in Deutschland und Österreich beliebt, deshalb stammt auch ein Großteil des nötigen Know-hows für die Umsetzung von dort. Man muss den Teich in zwei Bereiche teilen – einen tieferen zum Schwimmen, der etwa zwei Drittel der Gesamtoberfläche umfasst, und einen flacheren, in dem die Pflanzen wachsen, die das Wasser reinigen. Eine kleine eingebaute Pumpe lässt das Wasser zirkulieren, Pflanzenmaterial wie herabgefallene Blätter werden in einem Filter aufgefangen. Was die Pflege angeht, so spricht man hier von »nasser Gartenarbeit« – man muss gelegentlich den Filter leeren, hineinwaten, um abgestorbene Äste abzuschneiden und im Frühjahr die der Kälte zum Opfer gefallenen Frösche herausfischen; den Rest übernehmen die Pflanzen. Die Baukosten sind in etwa so hoch wie die für einen konventionellen Swimmingpool, doch der Unterhalt ist wesentlich günstiger, da man sich die Ausgaben für die Chemie und das jahreszeitlich bedingte Ablassen und Auffüllen des Wassers sparen kann. Und auch wenn man ein solches Biotop höchstens um ein oder zwei Grad erwärmen kann, ohne das ökologische Gleichgewicht zu gefährden, fühlt sich das Wasser darin aus psychologischen Gründen wärmer an als in einem normalen, in kaltes Blau gehüllten Pool mit der gleichen Temperatur.

Einen natürlich aussehenden Garten zu schaffen ist ebenfalls ein erstaunlich unnatürliches Unterfangen. Pflanzen, die normalerweise keine Beetnachbarn wären, werden nebeneinandergesetzt, um der Landschaft Farbe, Form, Harmonie und manchmal auch etwas Witz zu verleihen. Einer unserer ersten Scherze im Garten war es, zwei Eiben zu pflanzen, wie wir sie um Wilanów-Palast bestaunt hatten. Die Warschauer Sommerresidenz von Jan III. Sobieski, dem beliebtesten polnischen König und berühmten Sieger der Schlacht bei Wien im Kampf gegen die Türken 1683, gilt als polnisches Versailles. Auf der Ostseite des teils romantischen, teils barocken Parks stehen eine Reihe knuppeliger Eiben, die sich leicht zu verneigen scheinen, als wären sie große, grün ummantelte osmanische Diener, die den König nach seiner siegreichen Rückkehr aus der Schlacht begrüßen. Die beiden Eiben, die wir zur Begrüßung unserer Familie und Gäste pflanzten, sind klein, schlank und verneigen sich, da

sie noch recht jung sind, etwas »übermütig« – so dass unsere
Besucher inzwischen gerne Witze auf unsere Kosten darüber
machen: Die Eiben sähen so aus, als seien sie von einem sturz-
betrunkenen Gärtner eingepflanzt worden und könnten jeden
Moment umfallen.

Die Wilanów-Eiben sind ein Symbol für Macht und Prestige,
doch man kann man sie, wenn man will, durchaus auch als Zeichen männlicher Leistungsfähigkeit deuten. Statt als demütige
Diener könnte – und sollte – man sie wohl auch als Phallus-
symbole verstehen, die sich den weiblichen Gästen seinerzeit
erwartungsvoll entgegenstreckten, wenn diese aus ihren Kut-
schen stiegen (sicher sollten sie bei dieser Gelegenheit auch den
einen oder anderen Konkurrenten abschrecken).

Die Verbindung von Gender und Gärtnern ist mir eigentlich noch nie als Thema in den Sinn gekommen, über das man
sich Gedanken machen müsste, doch genau dies hat der schon
erwähnte Robin Lane Fox, einer der bekanntesten Gartenkolum-
nisten Großbritanniens, kürzlich einmal getan. Bei seiner ersten
Annäherung an die bislang weitgehend unerforschte Thematik
der Beziehung zwischen Geschlecht und Garten erzählt er die
ernüchternde Geschichte von Studentinnen des Bryn Mawr Col-
leges, der einzigen US-Universität, an der nur Frauen zugelassen
werden. Dort wurde nämlich die Aufstellung des phallischen
Maibaums verboten und durch die Feier an einem Mailoch
ersetzt. Auch wenn sich diese Idee womöglich nicht durchsetzen
wird, so gibt es doch einen historischen, männlichen Vorläufer.
Im West Wycombe Park in Großbritannien ist ein Teil des Parks
in Form einer nackten, auf dem Rücken liegenden Frau gestaltet.
Es muss nicht weiter betont werden, dass es natürlich an den
passenden Stellen große Hügel und einen wohlplatzierten Tunnel gibt, dessen Eingang von Brombeerbüschen bewachsen ist.
Dieser große englische Garten des 18. Jahrhunderts wurde als
humorvoller Seitenhieb auf den alternden, männlichen Nach-

barn in Stowe gestaltet. Jedenfalls lassen sich mehrere Inschriften in verschiedenen Gartentempeln als Anspielung auf seine nachlassenden sexuellen Fähigkeiten verstehen.

Historisch gesehen waren die meisten Gartengestalter männlich, dabei war das Gärtnern über viele Jahre hinweg ein gesellschaftlich anerkannter Zeitvertreib für reiche, frustrierte Frauen. Jedenfalls zu den Zeiten, als es beim »Gärtnern« um die Patronage, die Planung und das Delegieren von Aufgaben ging, denn sicher waren damit nicht solch wenig damenhafte Beschäftigungen wie Umgraben oder Sich-nach-vorne-Bücken gemeint. Es ist keine fünfzig Jahre her, dass man in Oxford den jungen männlichen Doktoranden mit auf den Weg gab, sich bloß kein Haus zu kaufen, dessen Garten zu groß sei, als dass ihre Frau ihn beaufsichtigen könnte. Robin Lane Fox bringt es in *Thoughtful Gardening* auf den Punkt, wenn er sagt: »Es gab eine Frau […] im ersten Garten der Welt, doch ihr Mann übernahm das Graben, während sie mit der Schlange spielte.«

In unserer gut funktionierenden Partnerschaft herrscht im Garten die klassische Rollenverteilung. Mein Mann liebt es, mit der Kettensäge zu hantieren, den Rasen zu mähen und den Boden umzugraben, während ich Blumenzwiebeln setze, hier und dort etwas zurückschneide oder ein wenig Unkraut jäte, ganz nach Lust und Laune.

Was aber hat Gartenarbeit nun tatsächlich mit der Zukunft zu tun? Wie der berühmte tschechische Science-Fiction-Autor Karel Čapek in seinem Buch *Das Jahr des Gärtners* schreibt: »Wir Gärtner leben irgendwie in der Zukunft; wenn unsere Rosen blühen, denken wir schon daran, dass sie im kommenden Jahr noch schöner blühen werden. Das Echte, dass Beste liegt immer vor uns. Jedes weitere Jahr gibt an Wuchs und Schönheit zu. Gott sei Dank, bald sind wir wieder um ein Jahr weiter.«

# Das Home Office

»*Fragt nicht, was Kreativität ist, fragt,*
*wo Kreativität ist.*«
MIHÁLY CSÍKSZENTMIHÁLYI

»*Früher musste ein Angestellter noch darum bitten,*
*von zu Hause arbeiten zu dürfen. Heute heißt es*
*immer öfter: ›Sie müssen von zu Hause aus arbeiten.‹*«
TIM DWELLY

Je nach Standpunkt erweckt WORK, das kleine Büromodul unseres Zukunftsinstituts, entweder den Anschein, als wolle es den Hügel hinaufstürmen, um von HOME wegzukommen, oder als würde es wohlwollend und beschützend darauf hinunterschauen. WORK ist gerade so weit von HOME entfernt, dass man einen Schirm braucht, wenn es wie aus Kübeln gießt, aber nah genug dran, um bei leichtem Tröpfeln ohne Eile hinzukommen. Es ist ein durchaus belebender Spaziergang die drei Treppenabsätze und den Rasen hinauf, falls man nicht zwischendurch kurz anhält, um eine Tomate zu ernten oder schnell noch ein Salatblatt vor den Nacktschnecken zu retten. Wenn ich dann fünf Mal hoch- und runtergerannt bin, um all die Kabel, Telefone, Computer sowie Tee- und Milchvorräte zu holen, die ich regelmäßig im Wohnhaus vergesse, bin ich richtig erleichtert, mich an meinen Schreibtisch setzen zu können.

Für eine Firmenzentrale, in der auch konzentriert geschrieben, gedacht und diskutiert werden muss, ist das Modul mit 110 Quadratmetern relativ klein. Es umfasst ein Zimmer für unseren Mitarbeiter, ein kleines Schlafzimmer und Bad für Geschäftsgäste und je ein Arbeitszimmer für Matthias und mich. Mein Zimmer mit seinem großartigen Panoramafenster hat eindeutig die beste Lage – wie eine Art Kontrollraum bietet es einen guten Überblick, für den jeder ambitionierte Raumschiffkommandant töten würde. Unsere Gäste sind immer wieder erstaunt darüber, dass ich in diesem Zimmer sitze, weil sie vermuten, dass mein Mann und ich mit Zähnen und Klauen darum gekämpft haben. Oder sie arbeiten sich an der altmodischen, geschlechterbasierten Annahme ab, dass der Herr des Hauses das beste Zimmer haben sollte. Noch erstaunter sind sie dann, wenn ich erzähle, dass Matthias gar nicht in den ersten Stock mit seiner fantastischen Aussicht wollte – sein Zimmer unten, das sich wie eine lange, abgeschottete Höhle in den Hügel erstreckt, gibt den Blick auf unsere bescheidene Sammlung englischer Rosen frei. Als wir darüber sprachen, wer welchen Raum bekommen solle, ergab sich die Aufteilung wie von selbst. Ich hatte aus Kindertagen ein Erdgeschosstrauma, er ein Obergeschosstrauma, und so brauchten wir weder einen Mediator noch einen verständnisvollen Architekten oder einen Paartherapeuten, um zu einer Lösung zu kommen.

Von zu Hause aus zu arbeiten ist nichts Neues. Vor Tausenden von Jahren mussten die Menschen noch weit reisen, um Wollschweine und Mammuts zu jagen. Doch die neolithische Revolution änderte das, weil Menschen von nun an nahe gelegene Felder nutzten, um ihre Familien mit Fleisch und Getreide zu versorgen. Erst mit der industriellen Revolution kam es zu einer neuerlichen Trennung von Wohnen und Arbeiten. Heute vereinigt man zunehmend Arbeiten und Wohnen wieder unter einem Dach, was neue Herausforderungen – räumlicher und emotionaler Art – für die Räumlichkeiten und die Familie mit sich bringt. Wenn Matthias' Vater, der wie bereits erwähnt Ingenieur war, morgens das Haus verließ, sah er seinen Sohn erst abends wieder – meistens erschöpft und vor allem seine Ruhe haben wollend. Wenn mein Vater nach seiner Arbeit als Lehrer nach Hause kam, schloss er sich in seinem Zimmer ein, um ungestört an seinen Romanen arbeiten zu können. So oder so hatten die Kinder über Generationen hinweg recht wenig Kontakt mit ihren Vätern. Das wird sich mit dem Trend zum Home Office ändern, bedeutet aber auch, dass wir mental wie räumlich den Anforderungen an Wohnen und Arbeiten unter einem Dach gerecht werden müssen.

Wenn Sie ein Home Office haben oder von zu Hause aus arbeiten, wird dieses Arbeiten häufig gar nicht so sehr von der Frage bestimmt, wo und wie viel Platz es dafür gibt, sondern von dem Gefühl, den Sie für diesen Arbeitsplatz entwickeln, inwiefern Sie sich an ihn gewöhnen und ihn gestalten. Aber wenn Konzentration doch vor allem eine Sache des Kopfes ist, warum mussten wir dann unsere Büros in einem vom Wohnbereich abgetrennten Gebäude unterbringen? Sie erinnern sich vielleicht an den kreativen Vorschlag unserer Kinder, WORK und HOME mit einer röhrenartigen Rutsche zu verbinden, wie man sie in Vergnügungsparks findet. Ich vermute, sie fanden die Idee deshalb so gut, weil sie sich vorstellten, wie sie unter dem Vorwand, uns zu helfen, ins Büro rutschen würden, um kurz darauf ganz dringend etwas in ihren Zimmern erledigen zu müssen. Weil wir die Sache mit der Rutsche dann doch etwas albern fanden, haben wir uns dagegen entschieden. Egal, ob es ein kleines Extragebäude, ein Arbeitszimmer oder nur eine bestimmte Ecke in der Wohnung ist, es ist wichtig, einen Ort zu finden, an dem man konzentriert und kreativ arbeiten kann. Denn der Hauptfeind der Kreativität ist die Unterbrechung. Das menschliche Gehirn braucht drei bis fünf Minuten, um sich auf eine schwierige Aufgabe zu konzentrieren.

Studien haben ergeben, dass sich der durchschnittliche Büroarbeiter elf Minuten mit einem Thema beschäftigen kann, ehe er unterbrochen wird. Das heißt, alle elf Minuten wird man durch irgendetwas aus seiner Konzentration herausgerissen, sei es ein klingelndes Telefon, das »Pling« einer eingehenden E-Mail, die Post, eine Twitter-Nachricht, ein Papierstau im Drucker oder oder oder. Zu Hause zu arbeiten bedeutet einerseits, mehr Kontrolle über seine Arbeitsumgebung zu haben, andererseits aber noch mehr potentielle Ablenkung, wie etwa den Geschirrspüler, der noch ausgeräumt werden muss, die Katze, die gefüttert werden will, den Tiefkühlschrank, der unbedingt mal wieder abgetaut werden muss.

Eine der Grundvoraussetzungen, um konzentriert arbeiten zu können, ist die Stille, so meinen wir. Die klassische Fantasie eines Autors ist doch die, sich zum Schreiben an einen möglichst ruhigen Ort zurückzuziehen – am liebsten aufs Land. Doch Schreibblockaden, Ablenkungen und Unterbrechungen lauern überall, wenn man sie zulässt; sogar zu laut zwitschernde Vögel können für die sensible Seele manches Dichters zu viel sein. Die eher nervöse Autorin Rachel Cusk gab zu, einmal einen Schuh nach einer Taube geworfen zu haben, die es gewagt hatte, laut zu gurren, während sie an einem ihrer Romane schrieb. Und das in einer Landidylle, in die sie mit ihrer Familie eigens gezogen war, um in Ruhe und Frieden arbeiten zu können. Wobei Romanschriftsteller vielleicht die schlimmsten sind, was das Bedürfnis nach einer »splendid isolation« betrifft, wovon die Familie von Thomas Mann bekanntermaßen ein Lied singen konnte. Auch ich musste als Kind auf Zehenspitzen in der Wohnung umherschleichen, um meinen Vater ja nicht beim Schreiben zu stören. Vielleicht wäre ja eine Gummizelle die einzig echte Alternative für manche Autoren.

Möglicherweise ist Ruhe jedoch gar nicht so produktiv, wie wir gerne glauben möchten. Vielleicht brauchen wir diese Unterbrechungen sogar und mögen sie – und es ist nur die Frage, wie man sie kultiviert und zur Kreativität nutzt. Studien mit Büroangestellten haben gezeigt, dass sie pro Tag nicht mehr als drei bis vier Stunden wirklich produktiv arbeiten. Der Rest der Zeit geht mit Klatsch und Tratsch in der Kaffeeküche, Googeln, dem Verfassen privater E-Mails oder Telefonaten mit der Familie und Freunden drauf. All dies sind nicht nur Tätigkeiten, die Produktivität verhindern, sondern womöglich für die psychische Gesundheit und die Schaffenskraft notwendige Abwechslungen.

In unserem Fall kann man Matthias zwischen dem Schreiben oder Telefonieren des Öfteren draußen den Rasen mähen oder verwelkte Rosenblüten abschneiden sehen. Was ihm, nach eigener Aussage, die Möglichkeit gibt, »einen Vortrag oder einen Artikel, in dem ich stecken geblieben bin, aus der Sicht von Rosen und Raupen zu sehen«.

Auch die visuelle Ruhe muss beim Einrichten eines Arbeitsplatzes berücksichtigt werden. Noch heute arbeitet mein Vater am besten, wenn er vor einer weißen Wand sitzt – zwar darf der Raum, in dem er schreibt, grundsätzlich eine schöne Aussicht haben, aber sie darf nicht in seinem direkten Blickfeld liegen. Denn so wenig wie er von außen kommende Geräusche mag, so wenig kann er visuelle Ablenkung leiden.

In einer britischen Zeitung gab es vor ein paar Jahren einmal eine Serie über die Arbeitszimmer von Autoren. Fast ausnahmslos waren sie Beispiele für organisiertes Chaos, mit großen Papier- und Bücherstapeln, die unter anderem wunderbar zeigten, was in der Geologie die Schichtenkunde ist und wie ein Schriftstellerhirn arbeitet. Bücher werden als das Rückgrat eines Hauses bezeichnet, für viele Leute sind sie aber auch eine Art schützender, intellektueller Deckmantel – je nachdem, ob sie vorhanden sind oder nicht, sind sie ein Spiegel unseres Charakters und unserer Interessen. Ähnlich vielsagend ist auch das Treibgut, das sich auf unseren Tischen ansammelt. So hat Matthias den lebensgroßen Abguss eines Gehirns neben seinem Rechner stehen, der, wenn man ihn öffnet, den Blick auf sein vergoldetes Innenleben preisgibt. In vielen Büros wird diese Form exzentrischen Dekors missbilligt, vor allem in Firmen, die sich einem neuen, hochkreativen Arbeitsdesign verschrieben haben. Dort werden auch schon mal die gerahmten Bilder von Haustieren oder Verwandten von den Schreibtischen verbannt, ebenso wie die kleinen Schmusetierchen, die auf den Computermonitoren ihr Dasein fristen. Dank der Bildschirmschoner konnten diese familiären Ablenkungen jedoch größtenteils vom Schreibtisch auf den Computerbildschirm verlagert werden.

Nachdem wir die erste Runde der Inneneinrichtung und Möbelauswahl für unsere Büros abgeschlossen hatten, zeigte sich, das Endergebnis war erstaunlich geschlechterspezifisch. Um richtig arbeiten zu können, braucht Matthias eine höhlenartige Einrichtung wie die eines neolithischen Mannes: In seinem Büro finden sich neben 3000 Büchern das ein oder andere »Jungsspielzeug«, auf das ich instinktiv gar nicht scharf bin, wie etwa ein Beamer, ein laserbasiertes Raum-Steuerungssystem, eine Sternenhimmel-Lichtwand, auf der man auch Videospiele im Großformat spielen kann. Die berüchtigten nackten Betonwände werden durch die dicken schwarz-grauen Vorhänge mit einem Netzmuster des Künstlers Peter Kogler leicht abgeschwächt. Mein Zimmer hingegen hat alle Attribute eines Nests: einen warmen Holztisch, einen Teppich, ein bequemes Sofa mit molligen Kissen, eine kuschelige Patchworkdecke, Samtvorhänge und mehrere Kunstwerke unserer Kinder und Freunde an der Wand.

Uns ist klar, dass wir – auch auf lange Sicht – jeden Tag aufs Neue uns und unser Haus an die sich wandelnden Arbeits- und Lebensbedingungen anpassen müssen. Das Büro ist so konzipiert, dass es später als Wohnung vermietet werden kann und wir unsere Arbeitsplätze in die ehemaligen Kinderzimmer verlegen können. Doch bis dahin werden sich unsere Arbeitsgewohnheiten und Tätigkeiten weiter verändern, immer mehr Menschen können und werden von zu Hause aus arbeiten beziehungsweise, es wird von ihnen erwartet, dass sie dies auch außerhalb der Bürozeiten tun. Für diese steigende Anzahl von Menschen, die, und sei es nur in Teilzeit, zu Hause einen Arbeitsplatz haben, kann es sehr schwer sein, die notwendige Ruhe und Ungestörtheit zu finden, um sich richtig konzentrieren zu können, sich also nicht von der Hausarbeit, der Keksdose oder der Ginflasche ablenken zu lassen, ohne dabei aus lauter Einsamkeit völlig auszuflippen. Das heißt auch, dass neue soziale und antisoziale Kulturtechniken gelernt werden müssen, und zwar nicht nur im Alltag, sondern auch im Urlaub. Die extrem enge Bindung an den Laptop, das Handy und das Internet führt außerdem dazu, dass bei immer mehr Menschen die Grenze zwischen Arbeiten und Wohnen, zwischen Arbeit und Urlaub zunehmend verwischt.

In Babington House, dem angesagten Hotel und Rückzugsort für die Londoner Medienszene tief in der englischen Provinz, wird man in der Regel so gegen acht Uhr morgens durch Stimmen und Rascheln, die aus dem umliegenden Gebüsch kommen, geweckt. Anders als Sie es sich vielleicht gewünscht oder erhofft hatten, rühren die Geräusche nicht etwa von irgendwelchen seltenen Tieren her. Es sind Männer, die, nur in Boxershorts bekleidet, mit ihren Mobiltelefonen herumlaufen und verzweifelt versuchen, ein Funknetz zu finden, um mit dem Büro zu sprechen, während ihre Frauen und Kinder noch im Halbschlaf sind.

Einen unserer erfolgreichsten »Arbeitsurlaube« – denn »Urlaub« allein ist für Matthias ein Fremdwort – verbrachten wir in einem winzigen Ferienhaus in einem einsamen walisischen Küstendorf namens Abercastle. Während die Kinder und ich zum Angeln gingen und Muscheln sammelten, residierte Matthias tagsüber in einer Art Baumhaus im Garten. Von seinem wackeligen Tisch aus blickte er ins Dickicht der Bäume, doch wenn er auf den kleinen Balkon trat und auf einen wackeligen Stuhl stieg, konnte er gerade noch das Meer erkennen. So schlicht es auch war, hatte dieses Baumhaus doch eine hervorragende Eigenschaft: Es war nur über einen steilen und matschig-glitschigen Hang zu erreichen, was spontane Besuche oder Liebesbekundungen von mir oder den Kindern erschwerte. Für Matthias bedeutete das aber leider auch, dass man ihm keinen Tee in seinen Elfenbeinturm bringen konnte. Dieser paradiesische Zustand wurde dadurch vervollständigt, dass es keinen Handyempfang gab und wir daher die meisten Nachmittage damit verbrachten, umherzufahren und einen Ort zu finden, von dem aus er Artikel und Texte an eine Zeitung schicken konnte, für die er damals Texte schrieb. Das ist der Preis – oder die Belohnung – für die heutige kreative Klasse in unserer Informations- und Wissensgesellschaft. Es bleibt dem Geschick der neuen, aufstrebenden kreativen Klasse überlassen, die richtige Balance oder sogar Schieflage zwischen Arbeit und Freizeit zu finden und die neuen, dafür notwendigen sozialen Fertigkeiten zu entwickeln.

## Evolutionäre Architektur

*»Ein Gebäude ist nicht etwas, das man fertigstellt,
es ist etwas, das man beginnt.«*
STEWART BRAND

Auf die Idee, unser Haus als »Evolution House« zu bezeichnen, kamen wir nicht nur, um klarzustellen, dass manche Dinge, die eigentlich schon fertig sein sollten, es noch nicht waren und wohl auch nie sein werden, sondern um unsere Offenheit für neue Ideen, neue Technologien und die Tatsache zu demonstrieren, dass, so wie auch wir altern und uns den jeweiligen Gegebenheiten anpassen, es hoffentlich auch unser Haus wird. Wandel und neue Trends umgeben uns überall. Wir leben und atmen sie ununterbrochen, doch der Grad des Bewusstseins darüber und wie sehr sie die Art und Weise unseres Lebens beeinflussen, sind von Mensch zu Mensch unterschiedlich. Man kann sie natürlich einfach ignorieren – was die Menschen vernünftigerweise zumeist auch tun –, doch die wirklich wichtigen Veränderungen schwingen im Hintergrund immer mit und formen und bilden die Rahmenbedingungen unseres Daseins heraus.

Und so ist unsere Baugeschichte am Ende doch ein erfolgreiches Abenteuer geworden. Weil wir unsere eigenen, aber auch der Architekt UNSERE Nervenzusammenbrüche aushalten und bisweilen sogar produktiv interpretieren konnten, sind wir nun die stolzen Besitzer eines Future Evolution House für Individualisten mit Kindern und einer Katze. Damit habe ich den Mund ein wenig voll genommen, und es entspricht auch nicht wirklich dem, was wir zu Beginn dem Architekten gegenüber als Wunsch formuliert haben. Doch im Nachhinein scheint es eine perfekte, wenn auch etwas merkwürdige Beschreibung unseres Hauses zu sein. Es ist die Geschichte einer produktiven Kapitulation vor allzu großen Ansprüchen und allzu strengen Kriterien.

Was wir in unserem Bauprozess getan haben, ist eine Variante dessen, was Matthias immer »Schöner Scheitern« nennt: Ein Prozess, der an Fehlern, Unzulänglichkeiten und menschlichen Schwächen nicht verzweifelt, sondern daraus lernt. Denn es ist ja ganz schön viel, genau genommen ZU viel verlangt, dass ein einfaches Gebäude all diese Dinge seinen und unseren Ansprüchen genügen soll: Dass es sowohl flexibel als auch robust ist, behaglich ohne einzuengen, nicht zu groß und nicht zu klein, dass für all die unerwarteten Herausforderungen des Lebens gerüstet ist sowie seinen Bewohnern mental und physisch genügend Platz bietet – heute ebenso wie in der Zukunft. Das Problem dabei ist, so formulierte es zumindest Edwin Heathcoate, dass »Architektur in verschiedenen Zeitschichten existiert. Sie entwirft für die Zukunft, nutzt dazu das Wissen der Vergangenheit, bestimmt aber die Gegenwart.« Und auch der Architekt Tom Kundig trifft es gut, wenn er sagt: »Je weniger man die Natur eines Gebäudes festlegt, umso mehr Flexibilität erreicht man, umso länger kann man erwarten, dass es überdauert, dass es ein Teil der Zukunft wird. Die flexibelsten Gebäude sind alte Lagerhäuser; die ihnen innewohnende Einfachheit erlaubt es, sie im Laufe der Zeit zu verändern, ihre Gestalt zu wandeln. Der Trick ist, die funktionellen, kulturellen und fantasievollen Bedürfnisse eines Bauherrn zu befriedigen, dabei aber immer ein Auge auf die einfachste Lösung zu haben, die für einen Wandel offen ist – der Auftraggeber mag seine Ansprüche zu kennen glauben, aber sie werden sich zwangsläufig ändern.«

Auch wir machten den Fehler, nur für die Gegenwart zu planen, vor allem als es um die Zugänglichkeit, die Barrierefreiheit ging. Sprach man früher von einem Notfallplan für Behinderungen, lautet die politisch korrekte Bezeichnung heute »Inclusive Design«, auch als »Integratives Design« oder »Design für alle« bekannt. Gemeint ist damit »das Design massenkompatibler Produkte und / oder von Dienstleistungen, die so vielen Menschen wie möglich zugänglich gemacht und von ihnen genutzt werden können [...], ohne dass es einen Bedarf für spezielle Anpassungen oder spezialisiertes Design gibt«. Für den Bauplan übersetzt heißt das beispielsweise, dass die Türen mindestens einen Meter breit sein müssen, um Rollstühlen das Durchkommen zu ermöglichen, und dass das Leben auf einer Ebene stattfindet. Wir begannen mit großen Ambitionen und wollten dieses Prinzip als »gesetzt« auf das ganze Haus übertragen wissen, doch irgendwie ging diese Idee unter anderen Prioritäten verloren. Und so hoffen wir, in naher Zukunft möglichst keinen Fahrstuhl oder Rollstuhl zu brauchen oder vier pflegebedürftige Angehörige aufnehmen zu müssen. Konkret heißt das in unserem Fall, dass etwa die Hälfte aller Türen rollstuhlfreundlich sind, vermutlich auch eine Toilette, aber wir müssten, sollte es einmal so weit kommen, einige Änderungen an der Eingangstür und der Schlafzimmersituation vornehmen. Und um ins Büro zu kommen, müssten wir einen Rollstuhllift einbauen lassen.

Die Kinder hatten etwas dezidiertere Bedürfnisse, was die Anpassung des Hauses an die Zukunft anging, wie sie mir eines Abends ganz stolz mitteilten. »Mama, wir haben ein paar tolle Ideen fürs Haus«, ließen sie mich beim Abendbrot aufgeregt wissen, ein paar Monate nachdem wir eingezogen waren. »Prima«, dachte ich. Sie beginnen jetzt schon damit, das Haus weiterentwickeln zu wollen, greifen neue Ideen auf und sind inspiriert, ihre Designträume in das Jetzt einzufügen. Ich war gefasst darauf, nun eine Liste mit weicheren Sitzgelegenheiten / seltsamen Adaptern / elektronischen Tapeten präsentiert zu bekommen, auf die sie ein Auge geworfen hatten. Tatsächlich ging es ihnen aber darum, dass wenn wir, die Eltern, nicht mehr da wären, Julian den Ostflügel und Tristan den Westflügel des Hauses übernehmen würde. Ihr geografischer Orientierungssinn war eigentlich nicht besonders ausgeprägt, vielleicht mal davon abgesehen, dass sie wussten, wo sich das Tiefkühlfach mit den Pizzas befand, aber der Begriff »Flügel« erschien ihnen todschick. Als sie dann noch angeregt weiterplanten, etwa, eine Chill-out-Lounge mit Multimedia-Hotspot einzurichten, fing ich an, mich zu fragen, ob ich mein Abendessen nach Zyankali untersuchen musste. Zum Glück hatten unsere Kinder – zwar ohne unsere Zustimmung – schon einen Konsens darüber erzielt, wer was bekommen sollte; das gelingt schließlich nicht in allen Familien ohne Tränen und Streit.

Eine der besten »Zukunftsevolutions-Lösungen«, die ich kenne, ist das »Tokyo House« von Makoto Sei Watanabe, das der Architekt für eine Frau entwarf, die um ein schick designtes, gut aufzuteilendes »Haus zum Sterben« gebeten hatte. Es sollte nicht nur ein funktionales Haus sein, in dem es Spaß machen würde zu leben, sondern es sollte sich auch in zwei Hälften teilen lassen, sodass ihre zwei Kinder beide gleich viel erben konnten. Das Ergebnis ist ein offenes Wohnkonzept, das sich mit Hilfe von Glasscheiben und Schiebetüren in mehrere kleinere Räume aufteilen lässt. Der Architekt nennt es ein »fünflagiges Sandwich«, das so viele Grundrisse aufweise, wie es mögliche Raumkombinationen gibt. Lange Zeit galten flexible Wohnungen als der Heilige Gral der Architekten. Meister Mies sah »Flexibilität als eines der wichtigsten Konzepte der Architektur und die Rahmenbauweise als die angemessenste Form der Konstruktion an, um die festen Bedürfnisse für effiziente Formen der Konstruktion mit den wechselnden Bedürfnissen seiner Bewohner auszutarieren«. Wenn Sie einen Architekten finden, der Ihnen ein Haus verspricht, das sich all Ihren Lebensphasen anpasst und nur durch Umlegen eines Schalters an der Wand auf die neuen Ansprüche reagiert – dann sollten Sie gewarnt sein, dass Sie es entweder mit einem Lügner oder einem Wundertäter zu tun haben. Um es etwas diplomatischer auszudrücken: Es gibt seit Langem eine gewissen Diskrepanz zwischen den Realitäten und der Rhetorik der Flexibilität. Der Bauhaus-Architekt Marcel Breuer schrieb: »Da die heutige, äußere Welt uns auf intensivste und unterschiedlichste Arten und Weisen beeinflusst, ändern sich unsere Lebensweise schneller als in früheren Zeiten. Man muss nicht betonen, dass unsere Umgebung entsprechende Wandlungen durchleben wird. Dies führt uns zu Plänen, Räumen und Gebäuden, bei denen jeder Teil geändert werden kann, die flexibel sind und in unterschiedlichen Moden kombiniert werden können.« Das ist ein lohnendes, wenn auch abstraktes Ziel, für das die meisten Architekten und Bauherren weder ausreichend technologische Ressourcen noch Zeit oder Geduld haben. Dabei würde es viele Hausbesitzer von dem Zwang befreien, umziehen zu müssen, wenn Kinder kommen / Kinder gehen et cetera Auch wenn ein gewisses Maß an Flexibilität für die meisten Menschen ein Grundbedürfnis ist, können sich Hausentwickler, so heißt es, nicht recht mit dieser Idee anfreunden. Immer wieder hat man ihnen vorgeworfen, sie mit der gleichen Begeisterung voranzutreiben, mit der Gänse Weihnachten entgegensehen, denn solange die Menschen umziehen müssen, geht es dem Wohnungs(bau)markt weiterhin blendend.

Genau wie es viele Gründe gibt, sich für die soziale, ökonomische, technologische Flexibilität in einem Heim stark zu machen, so gibt es auch viele Möglichkeiten, diese anzugehen – angefangen bei Räumen, denen erst einmal keine bestimmte Funktion zugewiesen ist, bis hin zum sogenannten *scenario-*

*buffered building* (ein Haus, das sich verschiedenen Lebensszenarien anpasst). Le Corbusier produzierte 1928 eine Reihe von Entwürfen mit Tag- / Nacht-Szenarien, in denen man das, was tagsüber als Wohnzimmer genutzt wurde, nachts zum Schlafzimmer umwandeln konnte. Dies erreichte er durch verschiebbare Wände und bewegliches Mobiliar; auf diese Weise, so der Architekt, würden aus den 46 Quadratmetern bezahlten Wohnraums 71 Quadratmeter. Ein sehr extremes, etwas unpraktisches Beispiel für flexible Architektur stammt von Erich Mendelsohn aus dem Jahr 1923, der für eine Reihe von Berliner Wohnungen eine Drehbühne entwarf, auf der sich Anrichte, Klavier oder Sitzecke zwischen Küche und benachbarten Zimmern hin- und herdrehen ließen. Die Idee kam nicht an – möglicherweise weil diese Flexibilität auch eine gewisse Unflexibilität mit sich brachte (stellen Sie sich einmal eine Drehbühne in Ihrem Wohnzimmer vor). Man konnte solch theatralische Experimente an einzelnen Häusern durchführen, doch für die meisten Architekten war Flexibilität die Reaktion auf die Nachfrage nach Massenwohnungsbau und wurde erst durch neue Baumaterialien und -methoden möglich, die den ersten modernistischen Architekten zur Verfügung standen. In der Weißenhofsiedlung in Stuttgart, auf die man gerne und häufig verweist, verwand Mies in einem Apartmentblock Sperrholzplatten als Raumteiler, die es ermöglichten, je nach Lebenssituation die Räume neu zu gestalten.

Allerdings machen viele Erfahrungen mit dem Wohnen in solchen Häusern klar, wie schwierig die Idee »Offenheit und Flexibilität« im Kontext von Wohnen tatsächlich ist. In den meisten flexibilisierten Häusern oder Wohnungen, die im Laufe der Architekturgeschichte gebaut wurden, schufen die Bewohner gnadenlos Tatsachen, zogen Betonwände ein, gipsten Türen zu und beharrten so auf ihrem Höhlenbewohnerstatus: Alles soll so bleiben wie es jetzt ist! Wie schon unsere Kinder in allzu großer

Deutlichkeit erklärten, ist die größte Hürde für Flexibilität die Vorstellungskraft.

Wenn Gebäude also anpassungsfähig und flexibel genug sein sollen, um auch die sich wandelnden Bedürfnisse und Rollen von Mann und Frau aufzufangen, dann erwarten wir ebenso, dass sie für die Ewigkeit gebaut werden – dass sie Teil des Erbes unserer Kinder, vielleicht sogar des architektonischen Erbes werden, wenn man das so ambitioniert formulieren darf. Um es im Architektenjargon zu sagen: Diese konkrete und hochgeistige Kommunikation zwischen dem Kontext, dem Gegenwärtigen und dem Vergänglichen ist etwas, das sich nicht so leicht erreichen lässt in der modernen Architektur. Unsere zeitgenössische Design-Neophilie und unsere Obsession für Innovationen und neue Technologien bedeuten, dass es eine Unruhe und, vielleicht schlimmer noch, eine potentielle Heimatlosigkeit in der Architektur gibt. Wie kann man mitten in einer Energiekrise für die Zukunft bauen, wenn die meisten Gebäude nicht mehr als ein bis zwei Generationen überdauern werden? Darüber hinaus sind, wie es der Londoner Architekt Ben Pentreath beschrieb, »die zeitgenössischen Architekten vor allem an kontinuierlicher Innovation interessiert, doch was die Architektur angeht, die ja eigentlich dauerhaft ist, ist Innovation alleine eigentlich nicht von großem Interesse. [...] Es ist Zeitverschwendung zu versuchen, eine Architektur zu schaffen, die zeitgemäß ist, denn das ist sie von Natur aus immer – daher bemühe ich mich, daran keinen Gedanken zu verschwenden, sondern einfach nur schöne Häuser zu bauen.«

Also können Gebäude lernen, wie es der Titel von Stewart Brands Buch *How Buildings Learn* verspricht? Und können Architekten lernen, uns Bauherren zu helfen, den Stress besser zu ertragen? Können auch wir als »Heimsuchende« Bau-Frauen und Haus-Herren den Architekten dabei helfen, unsere Launen und Ängste besser zu ertragen? Können wir alle gemeinsam einen Weg finden, wie wir in Zukunft besser leben können? Die Lösung ist »evolutionäres Design«, Design, das wächst und aus Erfahrung lernt. Architekten werden, wie Brand es nennt, zukünftig nicht nur Raum-, sondern auch Zeitkünstler sein müssen. Das verlangt eine Menge – nicht nur sehr viel mehr Grundlagenwissen, als zurzeit Mode ist, sondern auch die gefürchtete Nach-Einzug-Auswertung und, last but not least, ein realistisches Nachdenken darüber, was wir in der Rückschau in Zukunft tatsächlich brauchen und wollen.

## Mein Dank geht an …

… meinen Vater Paul für seine architektonischen Anekdoten und dafür, dass er mich in einem Alter nach Neuschwanstein brachte, in dem ich noch leicht zu beeindrucken war. Von allen Menschen, die ich kenne, ist er derjenige, bei dem die Wahrscheinlichkeit, selbst einmal ein Haus zu bauen, am geringsten, ist, und doch tat er zwei Jahre lang freundlich und geduldig so, als sei er an allen Aspekten des Hausbaus interessiert.

… die große Gruppe der Architekten, Baumeister, Handwerker und anderen Experten, die so hart dafür gearbeitet haben, damit dieses Haus möglich wurde. Sie wissen selbst, wen ich meine.

… Matthias, der irgendwie auch dann da war, wenn er nicht da war (zum Beispiel um die sprichtwörtlichen Wollschweine zu jagen). Dank an unsere wunderbaren Söhne Tristan und Julian, die einige großartige Ideen für das Haus haben, wenn wir es dann endlich mal »geräumt« haben werden.

… Yarah David, deren erstaunliches Talent als Innenarchitektin und Künstlerin unschätzbar wertvoll für uns waren. Vielen Dank auch an Sofia Reich, die mir half optimistisch zu bleiben, und deren Mitdenken und gemeinsame Teepausen ich sehr schätzte. Ein besonderer Dank geht an Barbara Hickl, ohne die viele großartige Ideen und Besonderheiten gar nicht denkbar oder möglich gewesen wären, und an Piero Lissoni, dessen guter Geschmack und unbestechliches Design eine Inspiration und eine Bereicherung für das Haus waren.

… Gisela Erler, Ernst Beinstein und Hanni Rützler, den Vorständen unserer Familienstiftung, für das Vertrauen, das sie in unser Projekt hatten, und die Nonchalance, mit der sie jede Rechnung, jeden Änderungsantrag, unterzeichneten …

… Ike Ikrath, Robert Hahn und Andreas Gobiet für ihren professionellen und tröstlichen Rat bei meinen endlosen Fragen und Sorgen.

… all die innovativen Firmen, die verstanden haben, was wir umsetzen wollten, vor allem an alle Mitarbeiter von Boffi, Dornbracht und Alape, darunter Roberto Gavazzi, Michael Albert, Thomas Richter, Robert Schmiedlehner, Günter Schmidhofer, Hans-Jörg Salzwedel und Jürgen Kloss. Nicht zu vergessen Adele Steiner, die unser Büro geräuschlos weiterlaufen ließ, und Klaus Vyhnalek für seine großartigen Fotos und dafür, dass er mir die Baustelle Schadenfreude vorgestellt hat.

… Michael Meller (besonders für seine kleine Nebenrolle) und die geduldigen Lektorinnen Christiane Naumann und Julia Hoffmann bei der DVA.

Und schließlich noch meine Bitte um Entschuldigung an unsere netten Nachbarn. Und an den Architekten. Wir haben nie gesagt, dass es einfach werden würde. Aber heute leben wir sehr glücklich im Future Evolution House. Ohne Scheidung, ohne Abhängigkeit von Beruhigungsmitteln, ohne (echte) Krise, ohne Ruin und sogar mit Katze und Hund. Das muss man erst mal nachmachen!

## Literaturhinweise

Ariely, Dan: *Fühlen nützt nichts, hilft aber. Warum wir uns immer wieder unvernünftig verhalten.* Droemer Knaur 2010.

Bedell, Geraldine: *The Handmade House. A Love Story Set in Concrete.* Viking 2005.

Blake, Peter (Hg.): *Marcel Breuer. Sun and Shadow. The Philosophy of an Architect.* Dodd, Mead & Co. 1955.

Botton, Alain de: *Glück und Architektur. Von der Kunst, daheim zu Hause zu sein.* S. Fischer 2010.

Brand, Stewart: *How Buildings Learn. What Happens After They're Built.* Penguin 1995.

Bryson, Bill: *Eine kurze Geschichte der alltäglichen Dinge.* Goldmann 2011.

Bush, Andrew: *Bonnettstown. A House in Ireland.* Harry N. Abrams 1989.

Čapek, Karel: *Das Jahr des Gärtners.* Aufbau Verlag 2011.

Fitzgerald, F. Scott: *Der große Gatsby.* Nikol 2011.

Fuller, Richard Buckminster: *Utopia or Oblivion. The Prospects for Humanity.* Allen Lane 1969.

Gardiner, Stephen: *Le Corbusier.* Da Capo Press 1988.

Goldsmith, Sheherazade (Hg.): *A Slice of Organic Life. Get Closer to the Soil Without Going the Whole Hog.* Dorling Kindersley 2007.

Gregory, Edward W.: *The Art and Craft of Home-Making. With an Appendix of 200 Household Recipes.* Thomas Murby 1913.

Hirsch, Mathias: *Das Haus. Symbol für Leben und Tod, Freiheit und Abhängigkeit.* Psychosozial-Verlag 2006.

Jencks, Charles: *Le Corbusier And The Tragic View of Architecture.* Allen Lane 1973.

Lane Fox, Robin: *Thoughtful Gardening.* Basic Books 2010.

Lawson, Nigella: *Kitchen. Recipes from the Heart of the Home.* Hyperion 2010.

Martenstein, Harald: »Ein ungemütliches Angeberhaus«. In: *Die Zeit*, Nr. 30 vom 16.07.2009.

Mawer, Simon: *The Glass House.* Other Press 2009.

Pressmann, Andrew: *The Fountainheadache. The Politics of Architect-Client Relations.* Wiley 1995.

Proulx, Annie: *Ein Haus in der Wildnis. Erinnerungen.* Luchterhand 2011.

Rand, Ayn: *Der Ursprung.* Gewis 2000.

Rybczynski, Witold: *Wohnen. Über den Verlust der Behaglichkeit.* Kindler 1987.

Schütte-Lihotzky, Margarete: *Erinnerungen.* Unveröffentlichtes Manuskript. Wien 1980-90.

Selby, Lisa L.: *The Inscrutable Mrs Winchester and Her Mysterious Mansion.* PublishAmerica 2006.

Seymour, John: *Das neue Buch vom Leben auf dem Lande.* Dorling Kindersley 2010.

Strathern, Oona: *A Brief History of the Future. How Visionary Thinkers Changed the World and Tomorrow's Trends are ›Made‹ and Marketed.* Running Press 2007.

Till, Jeremy: *Architecture Depends.* The MIT Press 2009.

Wajcman, Judy: *TechnoFeminism.* Polity 2004.

Wolfe, Tom: *Mit dem Bauhaus leben.* Hain 1990.

York, Peter: *Zu Besuch bei Diktatoren.* Heyne Verlag 2006.

Interview mit Frank Lloyd Wright:
www.hrc.utexas.edu/multimedia/video/2008/wallace/wright_
  frank_lloyd.html

Weitere Informationen zu unserem Future Evolution House unter:
www.zukunftshaus.at